U0555570

中国易学文化传承解读丛书

明·清古版
金口诀注解

张得计 注解

中国商业出版社

图书在版编目(CIP)数据

明清古版金口诀注解／张得计注解．—2版 —北京：中国商业出版社，2012.4
ISBN 978-7-5044-7185-7

Ⅰ．①明… Ⅱ．①张… Ⅲ．①周易—注释 Ⅳ.
①B221.2

中国版本图书馆CIP数据核字（2012）第053590号

责任编辑　许延平

中国商业出版社出版发行
010-63180647　www.c-cbook.com
(100053 北京广安门内报国寺1号)
新华书店总店北京发行所经销
北京明月印务有限责任公司印刷
*
710×1000 毫米　1/16 开　24.75 印张　365 千字
2012 年 8 月第 1 版　2012 年 8 月第 1 次印刷
定价：50.00 元

****
(如有印装质量问题可更换)

《中国易学文化传承解读丛书》
出版前言

中国传统文化以诗、书、易、礼、春秋为源头经典。《三字经》上曾讲"诗、书、易，礼、春秋，号六经，当讲求"，又说"有连山，有归藏，有周易，三易详"。在这六种（其中礼，有周礼、礼记二种）经典中，又以易经为最重要的经典。儒家将其列为群经之首，道家将其列为三玄之冠。因此，武汉大学哲学学院博士生导师唐明邦教授将易经称之为"中华文化的源头活水"。

易经文化的传承，一向分为两大部分，一部分是义理的传承，主要从哲学、政治学、社会学、伦理学等人文科学的方面进行阐释、发挥，以指导现实社会发展的方方面面；另一部分就是数术的传承，主要从未来学、预测学、咨询文化的角度进行阐释、发挥，乃至创新、改造，以适应现实社会生活和各色人等的心理咨询需求。

该套丛书，虽然也有部分文章着重从义理方面进行阐发解读，但大部分著作主要是从数术角度进行传承，进行解读。这十几部书涉及到数术中的绝大部分种类，既有古代称之为"三式"的太乙、奇门、六壬，又有八卦、六爻、梅花易数以及四柱命理等，都是作者近几年最新的研究和实践成果。

数术文化，源远流长。中华传统文化从本质上讲是一种没有宗教的文化（所谓本土宗教道教，也是在佛教等外来宗教传播的形势下，才以道家老子为鼻祖而新创的一种宗教），而易经数术文化在中国历史上在一定意义上发挥着"准宗教"的作用，起着抚慰广大人民心灵的作用，换言之，发挥着社会心理学的作用。这就是它"野火烧不尽，春风吹又生"，能够顽强生存下来，得到持久传承的原因。即使到现代科学如此昌明的今天，有人称之为电子时代，信息化社会，但它不仅未能消亡，反而仍然在生生不息地传承着。

当今社会上人们对数术文化有着不同见解和看法。有人将它斥为"封建迷信"，有人将其视为"预测学"或"民俗学"，也有少数人盲目痴迷它，但大多数人处于不了解的状况。

为了使广大读者能够深层次地了解传统文化中的数术文化，以便独立地确定自己的意见和见解，我们出版了这部"中国易学文化传承解读丛书"，参与解读的作者提供的都是个人研究的心得和实验的成果，正确与否，只是一家之言，一得之见。广大读者可以从中辨别真伪，或赞同，或批判，或质疑，或否定。

本丛书的很多内容讲的是预测及占筮技术。对此，我们比较赞同著名作家柯云路先生的观点，他在给本丛书之一的《梅花新易》一书的序中写道："占筮技术在当今的实际应用则是该谨慎的。一个，是因为这种占筮技术本身的作用还是有其限度的，现代人该更多依靠科学决策。另一个，这一行良莠不齐，很容易给各种江湖骗子可乘之机。所以，对于一般大众来讲，我的告诫常常是：命一般不算，起码要少算。算错了，被误导，就真不如不算，那很有损害。而要真正使自己活得好，倒是该从大处掌握《易经》中的道理，那就是乾卦讲的'天行健，君子以自强不息'，还有坤卦讲的'地势坤，君子以厚德载物'。大的道理是十分简易的，再加上做事中正，为人诚信，与时偕行，知道进退，《易经》的大道理就都有了"。

目 录

校正官本《大六壬金口诀神课大全》序言 ………………… (1)
序　言 …………………………………………………………… (2)
引　言 …………………………………………………………… (6)
自　序 …………………………………………………………… (9)
　一、金口诀的渊源 …………………………………………… (10)
　二、金口诀的原理与方法 …………………………………… (11)
　　（一）金口诀原理 ………………………………………… (11)
　　（二）金口诀方法 ………………………………………… (11)
　三、金口诀的运筹原理 ……………………………………… (12)
　四、金口诀：定因、定性、定量 …………………………… (12)
　五、金口诀与玄学、科学、公理的关系 …………………… (13)
　六、金口诀的现代价值与成果 ……………………………… (15)

上篇——官版大六壬神课金口诀注解

卷　一 …………………………………………………………… (18)
卷　二 …………………………………………………………… (50)

1

卷　三	(87)
卷　四	(110)
卷　五	(136)
卷　六	(186)
卷　七	(215)

下篇——金口诀解课程序

第一章　金口诀起课程序 (274)

第一节　概论 (275)

第二节　确定课式 (275)

第三节　定位年、月、日、时 (276)

第四节　定位地分 (278)

第五节　定位将神 (279)

第六节　定位贵神 (281)

第七节　定位人元 (285)

第八节　定将神、贵神干 (286)

第九节　次客法 (286)

第二章　金口诀解课程序 (292)

第一节　定课内阴阳 (292)

第二节　定课内五行 (293)

第三节　定课内用爻 (294)

第四节　定课内用爻空亡 ································ (297)

第五节　定课内旺相休囚死 ···························· (299)

第六节　定课内四位五行主事 ························· (303)

第七节　定课内干支生克吉凶 ························· (309)

第八节　定课内干支所主事物 ························· (311)

第九节　定课内神将所主事物 ························· (326)

第十节　定课内五动 ····································· (332)

第十一节　定课内三动 ·································· (340)

第十二节　定课内干神将方主事 ····················· (341)

第十三节　定年、月、日、时主事 ·················· (348)

第十四节　定神煞主事 ·································· (352)

第十五节　定课内应期 ·································· (365)

第十六节　定课程序总论 ······························· (368)

第三章　课例精解 ·· (379)

后　记 ·· (388)

校正官本
《大六壬金口诀神课大全》序言

粤自河图洛书出先圣则之为经以开物成务而前民用诚万世道术之鼻祖也古设大卜筮人之观掌其事而今亡矣惜哉世传神课金口诀命谓述自孙氏膑膑始清大六壬尤歉其博而弗约遂择其简粹神妙之最辑为此书傅行于世占无不应后之好事者引申触类散其底蕴使观占者率多病其涣漫无所措手予时借员内书局供职之暇悉措诸说之同共参互官本于凡歌诀断例诗词赋颂之类巨细毕举重订校正间附已意补其阙晦而直解之捐俸锓梓以续厥传其为神课者以三传四用生克之占于天时地理人事之浩靡不奇验非天下之至神其孰能与于此其为金口诀者如令出人之口无所回互改易之谓也前人取名意或如此若其中幽深玄远者多不能尽晓姑阙以俟高明之士鉴之庶不失前人微意云。

洞春道人杨守一精阅

钟谷逸士熊大本校正

金谷居士周儆弦重订清代与明代版本

序 言

　　我与张得计老师的第一次见面，是1986年5月，在我校"光明中医函授大学"河南焦作所举办的"全国首届气功与易经学习班"上。

　　由于当时还是处于"气功热"的社会形势下，为了保证气功能处于传统文化正确思想地指导下能正常地推广与发展，同时又力求"气功"文化及其功理、功法与技术，能在中华传统文化的根基——"易学"文化以及中医理论的涵盖与指导之下，进行正确正常的传播与发展，"光明中医函授大学"校务会议，根据我的提议，决定举办全国性的"气功与易经"面授班。这才为我和张老师以及气功与易学界的各种有为人才的认识及受教，奠定了极好的机会和基础。

　　此后，在1986年9月我在北京香山举办的"全国气功与易经"面授班上，按照我所组织的学习班上的一般惯例，请张得计老师简单介绍了一些"金口诀"方面的基础知识。并且还将张得计老师无私奉献的亲自手抄本"六壬神课金口诀"一书，复印给广大的学员，借此进行了《金口诀》的普及学习与宣传。以至使后来该易学及数术学方法的推广，得到了真正的普及推广性地进展——2000年前后，社会上不少有关"六壬金口诀"基础知识方面的书籍面世。我想，其中不少书籍的基本知识来源，都与张得计老师的无私奉献，是分不开的。至今，我手上仍然还保存着这本幸运而来的复印"手抄本"——以作为我对"六壬金口诀"某些研探方面的不可缺少的基本依据资料。我还记得1987年秋天，在山东菏泽办班时，我到张老师的住处，我们将金口诀与天文学的关系，以及月月常加戌，日辰前一位，永世不传人的神秘口诀，进行了通宵达旦的深研。可想在那个时代他已对天文学执迷，已经知道金口诀的理论核心源于天象、地象、物象、人象之间的生克关系及兴衰规律。那时他的预测水平、预测准确度就极高。时间如流水转眼24年已过，我的心情非常激动，回忆往事如在眼前。他的成就是执着的产物，是辛苦的结晶。

从1990年前后，我们由于各自易学传播工作需要和环境不同的需求，一直到90年代中期，我们有幸再次在广州见面时，他已经不再是个像乡下人那样的打扮了，已是个文质彬彬、沉着冷静的策划"谋士"了，并且还能用现代的一些科学知识，来解释与表达对"金口诀"各方面组合结构的认识。真是让人有些刮目相看的感觉——可想而知，这些年来，他经历了多少艰苦磨练和充实知识及其实践的旅程。据了解，在此未面期间，他在北京大学哲学系许抗生教授的指导下，完成了对《揭开玄学之奥秘》的学术研究。并登上北大、清华的讲台，身体力行地传授中国的国学、预测学，培育了不少年轻有为的预测专家、学者和研究生。因为在此期间，他运用了系统论、方法论、全息论，以及其"数理时空统一论"的新的哲学思维观点，作为《金口诀》等预测方法的综合体系根本性的思维方式，所以在该时空及数理关系统一分析的基础上，判断结果的准确率是相当高的。故而其被聘于许多企事业单位及易学研发组织和机构，并且主动、免费参与支持各种易学、数术学及弘扬中国传统文化的各类研讨机构的活动与会议，以求"易华从现、易理再探"古为今用的预测价值。

自从2006年我再次涉入易学界的"第三届中华易学大会"盛会时，直到现在，我们往往在各次参与的易学盛会中，都会见面交流如何借科学思想，科学理法将金口诀与易经文化融为一体。并且有幸又获得了张得计老师2008年3月和2009年1月，在大陆及台湾出版的《金口诀》与《應用金口訣入門点竅》两书。并且在多次会议中，听取到了他的精彩演讲与学术交流报告，获益匪浅。他对《金口诀》方法的表述与认识，给我的整体印象是：对古代传统文化中的"阴阳"、"干支"、"五行"及其它们之间的各种内涵与变化的时空搭配与环境组合状态的认识，是非常的深刻。早在3000多年以前，殷商时期的殷墟甲骨文中，"干"、"支"及其"六十甲子"的表述系统与天文历法的对应表述关系，就已经是相当的完善了。该《金口诀》表达体系，不但能直接反映天体、天象运行的周期规律，而且还能反映出与该天体、天象运行所直接或间接对应的自然界人类，万物中的物、事、理、法与人、事、理、法等各种各样的复杂对应关系。可见他对"时"、"空"及其时空能量"理""法"统一的认识，是何等的强烈与深刻。正如他的书中所写："由过去天时、地利、人和，上升为天时与天象、地利与地理、人和与人合、人需与必须的人、时、空统一的关系。他并将人与人、人与物之间的比、合、冲、破、克、刑、害、绝关系予以定位、定因、定性、定量的分析，完善解决了历代流传下来的'干支'体系的生克关系之不足。"

他由其在"阴阳"、"干支"、"五行"的搭配表述系统中，我们又会体会与感受到：所有起出来的"课"，无论课式中是如何的生克组合结构状态，主要反映的都是各"干"、"支"能量组合搭配中，各个"干"、"支"本身的"阴阳"、"五行"属性与其他的各"干"、"支"、"五行"属性间的比、合、冲、破、克、刑、害、绝等的相互关系。这些相互的关系，决定着一切事物及其周围事物间的定性的本质关系。这些本质性关系决定着事物之间的运行与趋向之所指。这是自古以来，人们往往不太注意的问题。这也就是课式中的"贵神"、"将神"、"人元"、"地分"等，以及"劫煞"、"天马"、"天德"、"天喜"、"天罗地网"、"地医"等神煞定性及其关系的确定性基础。当然，其中还有许多的内涵与变化规律，可以直接或间接地引申到其他有关与"阴阳"、"干支"、"五行"对应表述的数术方法中去运用。比如，"八字"及《渊海子评》中的"正官、偏官、伤官、食神、劫财、败财、正财、偏财、比肩"等概念的产生与内涵意义；《卜筮正宗》、《火珠林》、《六爻课》、《无法六爻》等各爻所配置的"父母、兄弟、子孙、官鬼、妻财"等"六亲"，以及"青龙、玄武、朱雀、白虎、螣蛇、勾陈"等"六神"（有人称之为"六兽"）；还有《奇门遁甲》、《奇门五宗归》等数术之书中，绝大多数的"神"、"煞"的产生与定性，基本都是来源于"阴阳"、"干"、"支"、"五行"及其组合状态关系的确定，还有其关系中所对应形成的"生、克、制、化、比、合、刑、冲、害、绝、胜、辱"等过程。也就是说，在中国绝大多数的传统文化及其衍生出的处理技术中，"五行"性质及其间关系的确定，都是非常重要且能起决定性作用的定性质的标准型判断及表述模式。无论它对应的是什么样的组合结构状态及现象，只要是能判定出这些现象及状态所对应的"五行"属性及其属性关系，我们就一定能判断出事物发展变化所对应的本质性规律与发展趋势或指向。

到目前为止，张得计老师已正式出版多本易学类的图书。其间"数理时空统一论"的理论思想、方式方法的表述，以及其心得、感受与体会，都将会为我们提供及丰富"数术学"中不可或缺的一些表述方法、经验和教训。使我们大家所掌握的各种具有客观调查学、统计学、综合归纳学意义的"数术学"及其大量的实践总结，能为我们"中国特色的社会主义"国家的长治久安、稳定和谐地健康发展，提供各方面的依据和可能。

由以上极为简略的述说，我们就会发现诸多"数术"表述方法中，应该是存在有诸多的相通或共同的表述特点，这也正是各"数术"方法都应互相借鉴其他优秀分析与判断方法的依据。我想，本《金口诀》的经验及其诸多具体方法的延伸与创作，定能为"大六壬"、"八字"、"六爻课"、"增删卜易"等，以"阴阳"、"干支"、"五行"等为主要时空判断及表述特点的数术方法，进一步地充实、提升与灵活性的汇通，将提供诸多的思路和灵活运用具体针对性的研究方式、研究方法和研究思想。

易侠：张延生
2010 年 12 月 21 日于草昧书屋

引 言

谈到张得计先生，必须先追朔一下"大六壬神课金口诀"的历史渊源。据《史记·孙子吴起列传》云："孙武者，齐人也……孙武既死后百余岁有孙膑。膑生阿鄄之间。膑亦孙武之后世子孙也。"孙膑是战国时代伟大的军事家、思想家，其著作《孙膑兵法》不仅在中国而且在世界军事学术史上都占有重要的地位。

孙膑从师鬼谷先生。融兵法与阴阳五行为一体，行兵鬼神莫测，布阵变化无穷，将先生口传心授的日星象徽，阴阳数术，占往察来尽在掌中的方法立成文字。从而创造了"大六壬神课金口诀"。由于"金口诀"广含"天时、地理、人事"，大至宇宙，小到毫厘，皆可立课推演无不神验，遂有"学会奇门遁，来人不用问，精通金口诀，敢把天下论"之语。道出了"金口诀"的真实价值。也正因为如此，这种神算绝学才一直处于"祖师传下金口诀，千金莫与世人传"的绝密状态。翻开历代典籍，即使是"四库全书"也不见披露，足见"金口诀"传授确实只靠历代师父口传心授而得以传承。

张得计先生得其师吕鸿雁真传，遂为孙膑"大六壬神课金口诀"的第78代传人。由于张得计先生自幼聪颖好学，在师传绝技的基础上精研"奇门"、"太乙"、"六壬"等多门术数学，并在北大哲学系许抗生教授的指导下，完成了《揭开玄学之奥秘》的学术研究。探索出一条古老的玄学通向科学殿堂的道路，揭开了玄学奥秘之面纱。参透阴阳，妙悟玄机，并在古人的数理基础上，创新、发明了"人生节律预测法"。用数理的形式，直观地描绘人生命运轨迹。他撰写的多部专著，为继承和弘扬民族文化做出了贡献。

张先生以其独特的思维方式，综合系统论、全息论等观点，创建了"数理时空统一论"的哲学思维观。中国预测学专家委员会曾组织一批国内一流的预测学专家对其严格考核，证实其在经济领域内预测的准确率达到95%以上。尤其是张先生运用"金口诀"的运筹原理，预测股票、期货的行情，令人真实地感受到时空中那只看不见的手。早在1993年，张先生就被聘为深圳市预测专家委员会委员，1994年被选入了《中国当代高科技名人大典》。1995年任"中国易经学院"副院长、"河洛易经学院"高级预测师。1996年，张先生被"新加坡易经研究会"授予"当代易学家"称号。他走向了研究"兵阴阳"这个极少有人敢于涉足的领域，成为当代中国预测学史上第一位走向军事科学研究并被授予学术职称的人。

张先生的预测技艺炉火纯青，在他的课堂上，人们很容易理解什么是时间、空间与人间事物的统一关系。他曾经给许许多多以预测为职业的人授课，解答他们的专业疑难问题。学员中绝大多数是具有丰富预测实践经验的人，有研究风水的、精于姓名的、应用四柱的、运用六爻的，也有通晓奇门之人，还有一辈子深研《金口诀》的长辈。了解了他们的问题，知道了众多不明白预测原理的预测人士在为人民服务，也就不奇怪为什么会有人认为预测是迷信。如果知道了古人留下的预测方法是以时空关系为机理，我们的祖先是在二千多年前就清晰地知道了日、月、星、辰的关系和对地球人类的影响，人们一定会对古人的智慧赞叹不绝，一定会以是一位中华儿女而自豪，一定会重新理解什么是真正的国宝，什么是真正的宝藏。在张先生的课堂上人们能够领略《金口诀》的神奇，领略时空的神秘与规律，知道《金口诀》的理论是如何与现实生活息息相关，《金口诀》为什么能够给出真正的解决方案，《金口诀》为什么能成为真正完整的智慧体系，也就理解了张先生为什么能够那么神奇。张先生以他独特的研究方法，在传统文化的理论核心——阴阳五行、生克制化、天人关系中寻找并传递着古圣先贤给我们留下的珍宝。并运用古圣的哲学思想和思维方式，为我们描绘出在时空中发生着的事物和事物发展的规律。

多年来，张先生在国内、外讲台上呼吁"放弃门户之观念，把中国的传统哲学发扬光大"。他身体力行讲授的预测学的时空哲理。张先生说能作为古典哲学精湛思想代表的《金口诀》是人类文明古来已有的智慧体系，他的价值远远超越了任何一种高科技。

　　《金口诀》的哲学思想远远超越了唯心与唯物的局限。他是人们研究生命、场能、暗物质、暗能量等一系列人类最关注话题的金钥匙，他是指导尖端科研的工具。《金口诀》帮助人们认识玄学与迷信的区别。《金口诀》让我们知道了生活在大自然中的人类应该怎样珍惜生命，在时空构成的法网中留下真正趋吉避凶的生活轨迹。

田如意（博士）

2010年8月9日

自 序

古人借皇帝的"金口玉言"之意为"金口诀"预测法命名。可见古人对金口诀有着极高的认识、定位与评价。

古往今来"金口诀"的神奇性、可贵性为历代帝王所独享，尤为军事家所尊崇。几千年来流传下来的故事，使之传得神而又神。很多研究预测学的人都知道"学会金口诀，敢把万事说，学会金口诀，来人不用说"，以及"出人之口无有改悔之意"、"前人命名意会如此"等等。但金口诀的原理到底是什么，古人没有给我们答案，流传的故事也没有留下任何线索。

金口诀的原理到底是什么呢？通过几十年的研究发现，金口诀非神人所创，并非深不可测、亦非玄不可知。它是古代极具智慧的哲人对天象的认识及对天象运行周期规律的观察与总结，并将这一切规律按序编排在天神、天将与天干、地支的名上。这种方法被古人演释得神之又神，秘之又秘。

虽然经历了历史的考验，但究其理法仍不尽明朗。作为金口诀第七十八代传人，有责任将古人的代代口口相传的绝学给以现代解释，将金口诀的理论、方法给以更深入的挖掘和重新的定位，找出金口诀理法的真正源头。研究结果证明，金口诀的理论并不神秘，它是天象与天体运动的客观规律，天象与物象间客观存在的相互关系，金口诀借用了天象与天象、天象运动与天象运动、天象与地象及万事万物之象的相互关系。这样的相互关系为现代天文学的研究成果所证实。面对这样的事实，我们不得不惊叹古人发现与创造的智慧。

一、金口诀的渊源

金口诀源自孙武，孙武将之传给鬼谷子，鬼谷子又将之传给孙膑，孙膑编撰成口诀而口传心授，直至秘传到第77代传人吕鸿雁先生和第78代传人张得计先生。

孙武，乃旷世奇才。他吸取了无字天书的智慧并形成了《孙子兵法》。此兵法几千年来用于政治、军事、商业等领域经久不衰。孙武知道此种方法的惊人之处后便隐世云梦山，消失在世人视线中。

鬼谷子年幼时，家贫上山打柴，于云梦山中遇孙武，被孙武收为徒，最终将无字天书在云梦山的悬崖处授予鬼谷子，后人将此地称为授书崖。孙武要求鬼谷子将此无字天书传于孙氏后人。鬼谷子三次下山寻找孙氏后人，终于找到了孙百灵（即后来的"兵圣奇才"孙膑）。

"金口诀"秘传的是一本无字天书，方法是口口相传不留文字。孙膑自从师承鬼谷子后，继承了无字天书，将口口相传的无字天书编撰成诀，孙膑也因此成了金口诀的始祖。

回顾孙膑与庞涓斗智的历史可以帮助我们认识无字天书（金口诀）的价值。孙、庞都是鬼谷子的学生。庞涓下山后成为魏国的军师，他几次设计请孙膑下山，并施惠于孙膑，最后又将其陷害并打入死牢，均是让孙膑为其书写阴兵法；作为同门师兄弟，庞涓不知道的东西是什么呢？其实孙膑比庞涓就是多了这本无字天书，从以后的孙庞之战中，以及孙膑屡战屡胜的战绩中可以推出就是阴兵法。孙膑凭借着掐指运算之法，创下了"庞涓死于此树下"的千古著名战例。而这一切都源于孙武留给鬼谷子，并让其传给孙氏后人的无字天书。从孙庞之争中，我们不难看出无字天书对军事谋略中克敌制胜的重要性，历代军事家对此进乎疯狂的崇拜与追求，留下了"得之者胜，用之者神"的千古名言。

斗转星移，时光变迁，"金口诀"历经代代秘传，至吕鸿雁先生时已经到了第77代。由于特殊的历史环境，许多珍贵的传承资料及信物已化为乌有。但吕鸿雁老师却在那样的环境下，坚持把金口诀的传承和理论继承并教授下来，78代传人张得计老师把传统理论方法与先进的科学方法结合起来，发现、并勾勒出金口诀背后所含的公理框架理论，真正找到了"金口诀"古为今用的途径。它不但可以用于古代的政治、军事上，也同样用于现代的政治、军事、企业经济等各个领域的管理与决策上。金口诀的理论与方法完全适用于现代企业的管理与决策，并有其无法比拟的独特之处，它已经超越了现代管理理论、现代统计理论及现代决策方法等。

二、金口诀的原理与方法

人类生在太阳系，长在地球上，是太阳系中的时空产物。人及万事万物无论在何时、何地都无法逃脱太阳系时空的恩赐与制约。金口诀理论与方法就是充分运用太阳系时空理论方法的缩影。金口诀的立体思维框架结构，揭示了天体大宇宙，人体小宇宙，万事万物都是宇宙的立体思维框架。其由无极含太极，太极含两仪，两仪含四象，四象含立体，立体含浑圆，浑圆含角度（360度）。所以说这种结构是放之四海而皆准，这就是公理性的框架结构。金口诀是这套公理框架结构的化身，用他可以去分析万事万物、归并万事万物、研究万事万物、组合万事万物，从而对事物的源头、过去、现在、未来进行定性、定量的分析、判断、研究。当然也可以借时空的统一性及其时空的性质、方向、能量来补救人与人、人与事、人与物之间的不足，此方法在古往今来用之神验，例证比比皆是。

(一) 金口诀原理

天干：是太阳黑子活动周期规律，古人发现规律后命名为"天干"。

地支：是木星绕太阳运转的周期规律，古人发现其规律后命名为"地支"。

先哲们发现了宇宙的时间运行规律及时间的性质，并且深入研究验证了天与地的关系、与人的关系、与万物的关系。

(二) 金口诀方法

金口诀是瞬间截取了某一时点宇宙太阳系各星象运转时的角度关系，并用一种公式确定下来。通过对课式的各种关系定因、定性、定量分析后，可以找到自然界中的人与人之间的事、人与物之间的事、物与物之间的相互制约与生克制化的关系，通俗地讲，即好好事、坏坏事、好坏事、坏好事。此关系并非凭空产生，是由于时空变化角度而产生的生克之理法。所以自然界的事、物、理、法是合一的。这就是阴兵法讲的人时空统一论，正是这种人时空统一关系，才是真正的公理。

公理是不证自明的客观事实。金口诀的理法表达了自然界存在客观规律的事实，在经历了长时间、大量的事实验证后，充分证明了自然界的事理与公理的关系。

三、金口诀的运筹原理

时间是以太阳为坐标来定位的。金口诀课式也如此。

人元：人元在时间上即为时干。课内命名为人元。

贵神：古人将地球自转时受太阳影响的周期规律用在金口诀的组合上称为"贵神"。其可由日干推导出来。

月将：地球绕太阳公转一周时，月亮绕地球公转12周；月亮绕地球公转1周称为一月，将每年12个月命名为12月建，又将12月建的六合称为月将。月将在课内时称为将神。

月将加时：指月亮向前移动一个时辰，月亮位置与时间变化的结合关系。

地分：是指木星绕太阳一周大约12年。地球绕太阳公转一周约1年。地球绕太阳公转一年时相对木星移动30度的时间空间格，即一年，用十二地支表示。地支在课内称为地分。太阳系日月星辰相互关系变化从而影响地球万事万物，其周期规律的能量场古人用天干、地支表示。

时辰：古人将一日定义为十二时辰，即地球自转一周为一日，此一日中月亮绕地球旋转约12度，每度定为一个时辰。

四、金口诀：定因、定性、定量

我通过研究终于将"金口诀"的本源给以定位。"金口诀"源于天象及天象运动的规律，是宇宙太阳系中的时空起伏轨迹，这种轨迹正如我们地球上道路轨迹的纵横与交叉。我们又将人运、企业之运、万事万物之运比喻为道路轨迹；将人命、企业之命、万事万物之命比喻为列车，将人所作的一切一切事情比喻为列车上的物质。由此比喻足以说明：运理命理事理三理合一的公理。也就是天理、地理、人理、时空之理、理理合一、法法相容的时空公理。

金口诀时空理法：

瞬间立课，是截取某一时点，把木星、月亮、太阳的瞬间角度进行定位，分析在这瞬间万事万物的相互关系。如同我们在瞬间抓拍一张照片一样，通过对照片的分析对所抓拍到的万事万物进行过去、现在、未来进行推算、预测。由于我们事先知晓了日月星辰的场能兴衰关系，由此知道万事万物的过去、现在、未来的兴衰关系将瞬间课式与过去的时空进行比较，可以知道万事万物过去的兴衰关系。同理，可以察过去、知现在、推未来，因为万事万物都在时空的起伏轨迹线上。由此可知，时空面前人人平等，万事万物平等，是人类一切活动的轴心，也是万事万物的灵魂，是真正的公理。

五、金口诀与玄学、科学、公理的关系

金口诀是玄学吗？

当然，再多的例证都不能打消人们持有怀疑态度，有的甚至斥之以迷信。

我要告诉大家的是，如果你斥之为迷信，而从未去研究探索，甚至一开始就抵触，或者从未作过了解，我们就确实无话可谈。

古人的这些智慧如何得来？要想解开古人之谜，必须从源头谈起。古代科学技术的确很不发达，但并不能由此断定，古人认识发现天空及星象运转规律的可能性。天时离不开太阳系各星象间的关系，地利没有脱离山川河流。随着时空改变，慢慢地，人成为万物的主人，地球的主人，客观存在的万事万物反成为了客人，人类成为了地球及万事万物的主宰。人类随时空的流逝，人类在进化的同时，思想也在积累、进化，其认识天象规律和地利规律知识积累在不断深厚，创造了古天文学，创造了古地理学，并创造了人需学，创造了物象学，并形成了一套或多套认识万事的方法论。其中，由于认

识了人与人之间的竞争关系规律，而创造了兵法。而兵法的积累不是有文字之后积累创造的，而是在文字出现之前就有一个漫长的积累和发展。

历史告诉我们，在没有现代文字以前，中华民族知识积累是有传承的，这就是我们现代人所说的天书，据说古代先哲留下两部天书。

其一是象形：这种象形是人类观察自然，将万事万物的性质及外形用象形的形式模拟，简称为象形流传下来，这是文字出现的前期流传模式之一。

其二是图谱：这种图谱是人类自从有了自我保护意识之后秘传的一种方法。恰如我们现在的所用的密码。这种图谱就是现代人真正称呼的无字天书。这种图谱是古代智者对天象、地象、人象规律的一种忠实记录，即如图画般的图谱。

象形与图谱之间是有差异的。象形是取万物之象。图谱是将万物之象画于图谱之中，并描述着一种关系或多种关系。所以图谱称为无字天书。

金口诀的源头，先贤们口口相传不留文字，这种口口相传的方式正是无字天书秘传的方法。这种无字天书被孙膑用文字编撰成诀，才有了金口诀今天的文字传承，由此孙膑成为金口诀的始祖。如何证实无字天书的存在呢？这本无字天书至今还在孙氏家族中代代相传，孙武的七十七代孙所传承的图谱可以为证。

金口诀是一种立体思维框架结构的公理，是时空公理框架结构的缩影，是以鲜为人知的古代哲学精湛思想结晶之金口诀的理法去分析万事万物、归并万事万物、研究万事万物、组合万事万物，从而知其事物的源头、性质、含量、方向、角度，等等。"金口决"课式形象地揭示了天体大宇宙，人体小宇宙的原理，万事万物都是宇宙的立体框架结构。即无极含太极，太极含两仪，两仪含四象，四象含立体，立体含浑圆，浑圆含角度（360度）……这样的框架结构。

"金口诀"借时空干支立成课式，是依赖时空公理进行运筹计算的一种公式方法，是公理的产物。公理面前万事平等、万物平等，只有遵照公理法则才能引领天文学、地理学、人类学、遗传学、未来学，以及哲学等科学迈向更高的顶峰。

通过研究发现，公理是不可重复的。它以时空轨迹为载体，由时间与空间既分离又重合而成，这种分离指未来的时间与空间是分离的。当时间到达，时间和空间又重合，也就是重合是过去与现在的重合，分离是未来的分离。

六、金口诀的现代价值与成果

1995年，笔者在北大哲学系完成了兵法、金口诀以及阴兵法的合并研究。并且将兵法中的"天时"、"地利"和"人和"、"人需"给于定因、定性、定量研究，即天时、地利、人和全息统一框架结构。还完成了瞬间立体决策思维、人时空统一论、知彼知己论和先知论等学术研究。在研究中，还发现了现代天文学的不足之处，以及宇宙双螺旋本数的存在性。并且将金口诀的理论与方法上升为自然公理体系，并借此公理体系验证了现代人的诸多方面生活关系，证定了古人几千年创造的方法在21世纪的今天仍能准确地指导现代人的工作和生活。1996年，我在北大宗教系完成了"揭开玄学之谜"的课题研究，并且于同时期完成了"瞬间立体决策思维"、"人时空统一论"、"知彼知己论"和"先知论"等学术研究。

金口诀被受益者称之为人生的"罗盘"，被国外学者称为隐匿着的人类思维奇迹。金口诀将会引起现代管理决策思维的一场革命。因为它是哲学之精华，理论之源泉，智慧之宝藏。金口诀能使企业及个人由失败转成功，由成功更成功。它是企业及个人知胜而为的指南针。

"金口诀"是被证实的、放之四海而皆准的公理，是打开太阳系及宇宙奥秘的金钥匙，因为它的理论源于太阳系天象运转的规律，它的方法源于对太阳系存在着的相互作用关系的深刻理解与认知，它展示的正是简而精的无极思维及阴阳五行的时空模式。通过对金口诀的研究，一定可以让我们重新认识玄学，并对古人的智慧给以重新定位，凡是符合公理的就应发扬广大，否则应修补与完善。

张得计
2008年10月19日于北京

上 编

官版大六壬神课金口诀注解

金陵经正堂校梓
明适适子撰
明万历新安赤岸真阳子订
易潇、真语整理注解

卷 一

消息妙论①

凡占课，入式歌言其大象②，五动爻观其大意，以格局③看其事体，凭驿马④、神煞⑤定其吉凶，以空亡、月破、支干三合、六合验其成败，潜心推测，无不神妙。

注释：

①此节文字意思是：课体一成，即包含了问课人的各种信息，显得非常玄妙。我们要从五个方面进行分析。文中所提出的有关概念和方法，后文都有专题论述。

②大象：指事物的性质、形状、颜色发展变化等情况。

③格局：指申子辰水局主斗打；亥卯未木局主交易；巳酉丑金局主阴私合和；寅午戌火局主名利信息；土局主吃食之物。

④驿马：日支来确定的神煞之一。主事情进展的迅速。此处包括驿马和天马。

⑤神煞：金口诀中所列神煞多达三十多种，大多以时间来确定。

论神课入式法歌①

入式之法妙通玄，月将加时方上传。更看何神同一位，当令与否成败连②。

凡课有四位：一:地分也③、二:月将也④、三:贵神也⑤、四:五子元建也⑥。此四神都在一方位上，认其十干之五行、十二贵神、十二月将、十二地分，以看何神同一位，取之以辨吉凶；或相生相克，或比和，或间隔，或披刑，或带煞，更于一位之中旺、相、休、囚、死，被⑦之祸福成败，可以端坐而遂知之矣⑧。

注释：

①此节文字主要论述起课和断课的基本方法和理论，是金口诀的入门知识。但又过于简略，涉及的面又广，很难理解，要和后边的知识对照学习。

②这四句是起课法，但要在掌握后边"十干所属"以后七节文字才能弄懂,按照这四句的要求起课。方，即地分。

③地分：是问课人所立之方或所坐之方。

④月将：月将是月建的六合处，如正月寅合于亥为正月的月将；是正月登明从亥逆周十二位至子神后，以定十二月将。

⑤贵神：是天乙贵神。按照甲戊庚日牛羊之例，其用牛羊二位，取昼顺、夜逆行之义。

⑥五子元建：是五子元遁，甲己还生甲。以所占之日依例而取。

⑦被应改为彼。

此段文字说明金口诀的课式结构有四部分，金口诀的起课的条件是用干支表示的年、月、日、时和方位、座位、命上等确定的地分。由课式四位间的五行关系和旺、相、休、囚、死，则可端坐而遂知。

日干须用五子元①

五子元者，十干，即建也。既于地分，一得将神，又得贵神，末后把今日日干建元遁到即占方位上，看人元是何干，共成四位为课。

注释：

①这是起人元的方法，在掌握后边"十干所属"的基础上方可懂得金口诀中日干与人元的关系。

克者为无从旺断

为无者，是四位内受克之神，看其轻重？重则必死人一口；故曰克者为无①从旺断②，只取四位内无克旺神者，必然有喜也，故曰从旺断。

注释：

①克者为无是指四位内受克者其信息量不足以充分反映事物的本质，所以取旺爻为用，即四位内不受克的爻即是旺爻。

②从旺断：课中四爻，惟有旺爻是一个标准，从而判断其他爻位的相、休、囚、死。再者，旺爻主事明显，受克这个事情就不存在了。故曰从旺断。

五行之内细推元

知四位内辨五行有克无克，以见吉凶。

注释：推元：元，指四位。推元是针对着四位之间的生、合、比、克、刑、冲、破、害等关系进行分析推理，从而得出一个合乎实际的结论来。

更将神将详凶吉

以贵神为主，主者，尊神也①；以月将为相，相者，取事也。七分②灾福在此二神。分灾福及首尾，首尾者，天干、地分也。以其始事故为首，以其成事故为尾。至其论一课之首尾，则人元为首，而地分为尾矣。是以贵神与人元分其宾主③，将神与地分分其财宅，又神与将各定善恶，以断休咎④。将也，神也，人元也，分下中上为初中末。及其断灾福，亦并地分取之。

注释：

①尊神：贵神的位置在课的上部，上为尊，故把贵神称尊神。断家长以及官员的升迁提调，都要看贵神。

②此处灾福以十分为率，七分在此二神。

③宾主：贵神为主，为我。人元为宾、为客、为外。论与外人的关系，即以此二位判断。

④休咎：吉凶。

人元与贵神为事情的开始，贵神与月将为中间，月将与地分为结尾。何处受克则何阶段不顺。受生则为有人帮助，主顺利。人元受克，断病人有头患之症，断物上部有损伤，断事为初始阶段不顺。

方察来人见的端

察来人之方位，问从何方来，为发课首①。十二地分上有十二将神，又有十二贵神。上有人元，宜于四位内察之，从吉神上来②，主有财帛之喜，迁进之事。后旺成合就，百事不为凶。若从凶神凶位上来③，多主逃亡、走失、争斗、狱讼、官事、疾病之灾也。以方位知来意，以坐位知灾福，以命上知成败④，以日辰定之，然后定时成四位内消息，无不神验也。

注释：

①发课首：来人问事，要问他从哪个方向来，以此为题目，来判断这人的大概情况，同时以来的方向为地分立课，可以知道他为什么来问课。

②吉神：吉利方位。如喜神方，财神方、福神方、天月德方，生合旺方等。

③凶神：不吉利方位。如五鬼方，游都方、吊、丧、死气等方位。

④"以方位知来意，以坐位知灾福，以命上知成败"是金口诀确定地分的三种独特方法。金口诀素以"来人不用说"著称。即根据客人从哪个方向来，或坐（以及站立）的方位，或问课人的属相可知晓问课人的各方面信息，实现"来人不用说"。问课人来问什么，以其来的方位为地分立课。问事情的吉凶性质，以问课时坐或站的方位立课。他办的事情是成功还是失败，以他本人的属相立课。

二木为爻求难得

戊	+土 死
丁亥 (天后)	-水 休
<u>己卯 (太冲)</u>	-木 旺
寅	+木 旺

发课时须审四位，如四位内见二木者，不宜成就，难成也①。

假令地分在寅上，遁见太冲，是二木也。若贵神却是水，水下生二木，卯为门户②，应财在门；地分为寅，寅为财帛。此二木得水，化为生气，亦有喜事，七里应之也。又人元见土神，又以财帛课论之。土为我身，更克贵神天后水，主客旺也③。二木化为财帛，更遥克人元，必有大喜之事应也。虽有二木，又何难求？审而用之，慎毋执一④。只需调克、后二字回原句位即可。

注释：

①木为树，为植物，它们被风一吹即自己动摇易受干扰，故二木入课，求事难成。更看二木的位置以定事情的发展阶段上有无困难。二木在人元、贵神上，则事情开始难；二木在神将上，中间难；二木在将方上，则结尾难。卯是门，寅为财，寅见卯即是财来到门上，很容易得到的意思。

②卯为门户，除卯表示门户外，子午酉也是，与卯合称四门神。

③"更克贵神天后水，主后客旺也"应为更克贵神天后水，主客旺也。

④此处所举的例子如下。将方为二木，本应在事情的结束时发生困难，因有贵神亥水生二木，变难为易，求财易得。寅数为七，故在东北方七里地的地方要遇到一件喜事。课中如无水生，则断为事情难于成功。

二土比和迟晚看①

若四位内见二土，主客②作事迟晚，虽有成而迟滞也。

假令其家求财或争财帛，于四位内见二土，或地分是土，或人元是水，却主有喜事两重也。更得贵神是木，木为主人，主自克财土皆无气，财反遥克人元，主客又相生，故家财必得矣。虽见二土主迟滞，然求之立有大喜两重应也③。

水　休
木　旺
土　死
土　死

注释：

①土性厚重诚实，能忍辱负重生育万物，故土多主事迟。两土五行同，故称比和。

②主客：贵神是主，人元是客，客生主即外生内，助我财帛，亲友相访，家富贵有生意，并有官府中人。

③此例课题如下。此课人元与神相生，主客和合，月将土克人元，主喜事重重，求而必得。故此课虽有二土，不以迟断。主客：此处主是标志的意思，不是主人的意思，客指对方，土多指对方办事拖拉，事成得缓慢。

二金刑克都无顺

若四位内见二金，主凶，又主不顺①。

假令人元是金，贵神又是金，月将是木，更相刑杀，故主凶，主亡妻之灾，为二金克阴木，主假妻也。后取二金克贵神，亦主破财，蚕丝不成②。假令将神是金，贵神是金，人元是木，上克人元亦为二金，虽主官事、灾厄，更恶煞交割，但主客受刑，贵之不顺，官讼之中获吉矣③。又加二金在两头，上下见水及土，主有喜事；又如水在中心，主家产女子；如土在中心，主子孙出外为商旅；以上下比和④，必有进财添田土之喜，不然则移宅即应也⑤。

注释：

①金性刚暴，善从革斩杀，故课中有二金主不顺，又主有凶事。

23

②贵神主财，被地分克：主损外财。问求财，将克神，求财可得。课中大象同，但问事不同，断法也不相同。

③神将是金克人元，主官事，凶。问打官司之事，人元为客，为对方受克，主对方败诉，我则获胜。

④上下比和是指上二金生下二水主添田土之喜或上二金受下二土所生主移宅。

⑤金多虽主不顺，但要具体情况具体分析。相生则吉，受克则凶。这是解课的基本原则。文中所列举的几种二金课式组合如下：

人元	金	木	木	金	金	金	金
贵神	金	木	金	水	水	土	木
将神	木	金	金	土	水	土	木
地分	木	金	木	金	金	金	金

二火为灾百事残

谓四位见火为凶，虽见二火为凶神，殊不知见之却有喜庆者①。

假令南方午也为一火，更得伏吟胜光火见临午地②，若又得朱雀在上临其家，其人元又得土化为我身，其家必大富也③。若二火二水，百无一好，亦主大凶。水上失财，水下家不和。若二水在两头，主妇人生产；若二土在上，主夫妻不睦，须主分离④。

注释：

①火性燥而炎上，主伤残。火多又受克，主各种事情都不好。火见木、见土好。火见金见水，不好。

②伏吟：两爻五行阴阳都相同的叫伏吟。如地分午火，月将是胜光，也是午火，午见午为伏吟。

③此课下三火伏吟，同生人元土。虽三火不以凶论，应以吉论。戊土，

主家贫；戊土见火，主富；戊土得三火生，故其家大富。

```
戊            + 土
戊午 (朱雀)   + 火
戊午 (胜光)   + 火
午            + 火
```

④二火二水的四位组合如下：

人元	水	火	水	火
贵神	水	火	火	水
将神	火	水	火	水
地分	火	水	水	火
所主吉凶	失财血光之灾	家不和、官灾、病灾	妇人产生灾厄、外欺斗打	夫妻不睦、上吐下泻，凶灾多病

二水皆顺为大吉

但见二水不必便为喜用，不必便为凶断，须明神将以定吉凶。四位之中见二水，或比和，或间隔，或冲刑，或被杀，或生或克，亦无体也①。

假令伏位是子②，外为二水，上见二土，必伤人二口，又须破财，盗贼相谋害也。又如二火在上，必有官事分离之忧；如二木在上，出外求财大喜也；见二木内有青龙，主财帛；如见六合，只主成合婚姻，及和会交关役吏；如见火在木上，主有女嫁出；占宅，主南面展出③。又如二火在上，二水在下，必出劳病死者；二水在上，二火在下，出产死鬼，主妇嫌夫之象，又主火惊三两次④。

注释：

①水性流动，没有固定的形状，故曰无体。论人则东说东流，西说西淌，无有主见。二水入课，为顺为吉。二水入课见克绝非好事。

②伏位：即地分，也称方。

③展出：原地接出一块。

④二水的四位课式组合如下：

人元	土	火	木	金	水	火	火	水
贵神	土	火	木	金	木	木	水	水
将神	水	水	水	水	木	水	水	火
地分	水	水	水	水	水	水	火	火
	贼盗谋害，伤人二口，又须破财。	主心脏病死。	出外求财大喜。	主财帛。	主成合婚姻，及和会交关役吏。	有女嫁出，占宅主南面展出。	必出劳病死者主心脏病死。	象，更主火惊两三次。出产死鬼，主妇嫌夫之

水来入火妇难安①

水来克火者，以巳火为将，立于四季土上②，是火无根蒂，更被水来上克，而人元不救，主妇人心痛死也。

假令贵神带休衰之气，而亥子来克，占身主父母死亡。火不能生，其家必主死三口，二水上克下主死二口，一水克二火只主官事为灾也③。

注释：

①巳火属阴性，是妇女之形，如受克，主妇女有灾。

②四季土：一年分四季，每季的第三个月叫季月，是土月，故称土为四季土，即农历每年的三月辰，六月未，九月戌，十二月丑，都是土月。四季中的第一个月叫孟，第二个月叫仲，季排第三。

③以上二说更要视旺相休囚死而决。

金入木乡忧口舌①

金入木乡者，以申酉加临寅卯，内有冲刑。更上见朱雀、螣蛇②，口舌立争。或更见辰戌发用③，无不争讼也。

注释：

①忧口舌：金入木乡，金克木。主忧愁，口舌，或有争斗之事。

②螣蛇：即巳蛇，下同。

③发用：临用爻发动。

火临金位有迍邅①

谓巳午火临申酉也，如上更见玄武，主贼谋②文状论讼，或见官争田土而必失理。若更见贵神，主许了口愿。若更见青龙，亦主官事为挠，或争财帛金银也。若更见六合，主门上追呼。见以午为内也；若更见巳，主忧怪。

注释：

①迍邅：困顿失意，路难行。意思为出现了极大的困难。

②贼谋：有贼盗相谋害。玄武入课主贼，神克将主贼动，主损财伤妻。

以上的各种课式关系表示如下：

人元	木	木	木	木	木
贵神	子(玄武)	丑	寅	卯	火(巳午)
将神	火(巳午)	火	火	火	火(巳午)
地分	金(申酉)	金	金	金	金(申酉)
	主贼谋文状，论讼，或见官事，争田土而必失理。	主许了口愿。	主官事为忧，或争财帛金银。	主官事门上追呼。	火主忧怪血光。

木来入土为刑狱

木入土者，谓辰戌二神在巳亥上，又上见青龙、六合，是为木入土也。更上见金，则其罪不轻矣，主斩杀厄。土在上主刑徒，又主争财帛。见火主血光也。

注释：

人元	金	木	土	火
贵神	木（青龙、六合）	木（青龙、六合）	木（青龙、六合）	木（青龙、六合）
将神	土（辰戌）	土（辰戌）	土（辰戌）	土（辰戌）
地分	巳亥	巳亥	巳亥	巳亥
	主斩杀厄。	组成刑狱格局。有牢狱之苦。	主官事为忧，或争财帛金银。	主血光。斗打事。

土行水上竞庄田①

谓辰戌丑未加临亥子也，主立争庄田。如不见四季土，只勾陈临月将，或亥子上同，或玄武临月，大吉，亦同。又取朱雀临未，螣蛇临亥子，亦主争道之事。

注释：

①课中见水和土，即主争田地，家宅之事。不仅限于土上水下的格局。水流遇土而变，水土中力量大者在形成格局时占优势。

各种课式关系表示如下：

人元	×	×	×	×
贵神	×	勾陈	玄武	螣蛇
将神	辰戌丑未	亥子	大吉	亥子
地分	亥子	×	×	×
	主争田庄	主争田庄	主争田庄	主争道之事

上克下兮从外入，下克上兮向外迁。

事有从外起者，有内起者。凡人元克贵神、贵神克将神，或重重自上克下，皆主事从外入也。凡将神克贵神，贵神克人元，或重重自下克上，皆主事从内起也。

注释：

内外问题，需要分辨清楚。月将为内，人元为外。地分、贵神与月将比为外，地分、贵神与人元比为内。内外分清，就能准确地判断事情发生在内部、外部。

主克客兮来索物，客克主兮客空还①。

以此占身言之，贵神为巳。以求财言之，即以贵神为财，主人元为主②。以主怒客，故来索物。以客伤主，故主畏避，故客空还。凡有求索，皆详主客，主客不睦，又何得之？

注释：

①主客：贵神是主，人元是客。凡问事、求财一类课体，均是如此。主客相生其事可成，主客相克不成，或经努力，勉强可成。"四爻生克颂"也有此句，应以"四爻生克颂"为准。

②"贵神为财，主人元为主"应改为"贵神为财，为主，人元为客"。

四位相生百事吉，内有刑克忧患缠。

凡四位相生，即占无不吉，相克则凶。更看何位受克，克人元主官事，克贵神伤尊长，克将神伤妻财，克地分伤小口。凶神有生，必凶中获吉；吉神有克，必吉中隐凶。

注释：

凶神：白虎、勾陈、螣蛇、玄武。

吉神：贵人，青龙、六合、太常。

但取寅申为贵客，子午卯酉吃食吉。
巳亥常为乞索物，小吉妇女酒食筵。

寅为天吏①，申为天诚，故为贵客。小吉主妇人酒食宴会，亦可以邀候用也。子午卯酉为吃食果物之类，巳亥为乞索②之物，亦可以为射覆用此课，灾福亦准此。

注释：

①天吏，文官。天诚，武官。职位都很高，故称为贵客。寅或申入课，旺相，不冲破，则是个社会地位很高的人。

②乞索：指巳亥，表示有人索要东西，也表示要生气。

水土金火为窑灶①

四位神各依次序，主争田土。如占宅必周围有窑灶；占怀中，主瓦器。

注释：

①窑灶：古代做饭烧水炉灶是也。

庚辛碓磨及门窗

月将加正时①行到本位上②，见庚为磨，见辛为碓；见庚为门，见辛为窗；亦主水道也。

注释：

①正时：起课的时辰。

②行到本位：起课所确定的地分。人元与地分阴阳五行相同，如人元庚临本位地分申，叫行到本位。对庚的推断可以称门，也可断其家有石磨。神将干为庚或辛也可按此论。

庚午改门并接屋①

如人元见庚加于午，必是改门，主南面展夺②。不然接其门，或西南一根柱增接来也。如见二金，更主增接橡也。如上克下，其家石头必侧③。

注释：

①庚为门，受午火克主改门。又主伤灾，被马伤。支克干均可为改门。如辛巳。庚辛若逢巳午火，必有皮肉之伤。

②展夺：即展出。指在原有的基础上又接出了一块地方。

③石头必侧：把石头放在门旁。

四孟相生有草房

四孟者，寅申巳亥也。
假令行五子元见壬寅，是为相生，其家必有草房。

注释：

行五子元遁，见壬寅、戊申、乙巳、辛亥，是为干生支，其家必有草房。现代解释为有新房。

丙丁旺处人最恶。

凡占宅，更看四位是何神乘旺，不惟在高岗上住，主其家人必恶狠戾也。壬水主不义①，火主贼谋②，金主不顺。依此为类推之也③。

注释：

①水主沉溺，木主不义。

②主贼谋：应指见壬癸水旺才主之。

③指人元旺，如壬癸为人元旺是指水旺，其他木旺、金旺、土旺的也同。此处都是论人元。应用时也可论将神干，但以人元为主。

31

与姓相生子孙昌

即旺之辰更与本姓相生，主子孙昌盛。

假令课内火旺，又是角徵宫姓人占之，是宅有气又相生也，更无受制最吉。

注释：

姓：即姓氏。古代根据发音部位不同，把姓氏读音分成宫、商、角、徵、羽五种类型，叫做五音。五音与五行相对应，姓氏五音之五行与课中的旺爻五行就产生了生、克、比等关系。姓的五行与旺爻相生，相比，即主其家人丁兴旺。如课内见火旺，又是角或徵、宫姓之人占课，表示其家宅有气，是因为相生、相比故。主子孙昌盛。

四位相刑主有克，上下相生福满堂。

凡课，人命前五辰为宅，命后三辰为庄①。

假令卯年生人问课，即申是宅，便于宅上作方位，遁成四课，相生吉，相克凶也。如四位内是三上克下②，主破了天窗；三下克上③，主屋舍必塌坏，又主破财；亦有子孙独弱不均，其后主有后妇④也。三下克上，此课主官事重重灾滞多，有患头目⑤之人最凶。若四位内二下克上，亦主官事患病。二上克下，主杀妻男⑥。故云，上克下兮宅必下，下克上兮岭头庄。此宅亦主破财也。

注释：

①命，即该人的属相。从属相起向下顺数六个地支，就叫命前五辰，以这个地支立课可以断该人的家宅。故该地支为宅。庄，即村庄。从属相向上逆数四个地支，这个地支就叫命后三辰为庄。立课可断该人村庄的情况。

②应为三下克上。

③应为三上克下。

④后妇：再娶的媳妇，也叫续弦。

⑤患头目：头部、眼睛患病的人。
⑥妻男：即男女。

上克下兮宅必下

假令十月将是寅，甲子日寅时以辰为位，上见天罡为伏吟，辰为岗岭之神也；又上见六合木，木克两头，其家主不和，更无祖父。为木克天罡，又人元是戊，其与辰皆为一家，上克之，主兄弟分张。更木在中心，土在两头，大者主会争官事，小者商途，必主其庄在东西侧下住也。

注释：

　　　　戊　　　　＋土　旺
　　　丁卯 (六合)　－木　囚
　　　戊辰 (天罡)　＋土　旺
　　　　辰　　　　＋土　旺

六合卯木下克二土，为上克下，主其宅地形低洼。一阴木难克二阳土，故地势又不太洼。辰代表岗岭，戊辰为南北岗，东西坡。其家地势较洼，故不住在岗的东侧，即住西侧。此课卯木在中，土在上下两头，主其宅在东西侧下住也。

下克上兮岭头庄

假令十月将，甲子日、亥时、巳位，传申临巳，亦为下克上①，又得勾陈上，其庄在南山侧下门而西关也，不然去西，其家妇人争张。凡占宅，四位内见火旺者，主宅在高岗上，其宅与其姓相生有气，主大喜。如姓旺气在丙却克于下，主家内有分张事。其家主虽有旺气，主家人必凶恶也。四位内见土旺者，主宅必重岗上住也，其家必有坟墓，或近丘墓住。若土上见木，必主痛亡苦死之人。四位内见木旺者，有官事，其家主新盖房屋，必林木蔚茂，兄弟不义。如木上见金，亦主之司讼。木上见水，主财帛大喜。木上见

33

火，主家内生女子。如火上见火，主家中阴人患病也。四位内见金旺者，金为克刑之神，其家斗讼，兄弟不义，合出军人，入庙，出武贵②，亦主人凶恶也。如旺金上见土神，主诸般灾。比和合，主先凶后喜也③。如金上见木，主伤六畜；见火主大凶，又主官事，病患者尤凶。如金上见水，主大吉；若是玄武水，主作窃之人也。四位内见水旺，主出作贼人；其宅当近河，有水灾，出丑貌子孙，亦常为贼侵害也。火在上主产厄，在下夫妻不和；木上有财帛之喜；见金亦喜。上见土不利产妇，或水气残病死也。

　　　　己　　　　－土　相
　　　庚午（朱雀）＋火　旺
　　　壬申（传送）＋金　死
　　　　巳　　　　－火　旺

注释：

①下克上，主宅在高处。如是山区，主在山上住。如是平原，即住处地势较高。如是城市，其住处是楼房。要结合当地实际判断。

②庙：丑、戌为庙。入庙指申见庙神。申入丑戌为入庙，即庙神入课主出高级军官。

③比和，合，因其中无克，故主吉。金旺又主不顺，故先凶后吉。

甲乙为林单见树①

只用人元再见②，如上见甲乙行到本位，必为林木。如单见，或为双树子③，或为单树子。如甲乙临水④，其家必有菜园，内有小树子一棵。如甲乙行土上，其树必有枯枝。如甲乙临火，主有花树子，亦焦干⑤，如临金，必然有溪。亦主有树木，其树必虚空，多是槐树也。

注释：

①甲或乙入课，旺，则为有树，甲大树、乙小树。如见二木，为有树两棵，或有一行树。

②人元再见：也叫人元再遁，即行人元两遍之法。是以人元当做日干，

再起五子元遁到地分，看得何干，亦作二遁人元之干，写在第一次遁出的人元之上。

③单见，即见甲或见乙，因是行到本位，地分是寅或卯。这样树中有二棵，故也可以两棵树断。如双见甲乙为双树子。

④如甲乙临水，是指两人元中，甲乙见本干壬癸。

⑤花树子：即开花的树。其实松柏也会开花，不过花不艳，不为人注意罢了。"亦焦干"意为枝焦干的树。

见金枝损及皮伤

行人元两遍，只依人元上取之。如甲乙对冲庚辛①，被庚辛遥克，其树必无枝与皮也；见阳克枝，见阴克皮②。

注释：

①是两遁后的人元关系。再遁见庚辛。两人元，一木一金，金是阳，即庚见甲，可断树有损伤，树损枝。

②两人元，一木一金，金是阴，即辛见乙，可断树有损伤，树损皮。

丙丁旺处为高岭

亦行人元两遍，如见丙丁旺处，为有高横岗岭，若临子丑亦同，临午未为东西横；临寅卯辰巳申酉戌亥，为南北横①。更水冲为道，亦为水沟穿之②，上有克为高岗。如丙丁临寅卯木位，必有山林也。

注释：

①寅申巳亥在四角，主斜，或拐角，不以南北论之。丙丁旺处是指再遁人元上见丙丁火，再论旺相关系的火旺。用本四位可论，再遁也可论。

②前提条件应加：丙丁临亥子，更水冲道，为水沟穿之，或水沟穿过道路。如有土克水，丙丁又旺，则仍然以高岗判断。

庚辛为斜道正详

亦行人元两遍，其东西南北亦依前法。在四孟上见庚辛，其道必斜。又云干为大道，支为小道①。如火冲对为岔道，必分头去也②。如临本位，必为大道。若别方位上见，为小道子也。

注释：

①庚为大道，辛为小道。

②火对冲为庚或辛被火克。不完全是地分为巳午火，是丙丁人元。第一次人元庚辛、见巳午火时也为岔道。

戊己为坟看旺处

亦行人元两遍为法，若临旺处无克，必有坟。墓内死者患何病而死，依占病法断之①；若要见着何色衣服，再以人元两度遁之，只用纳音②推其色类也。

注释：

①占病法：这些方法参看"卷二·论占疾病吉凶法第四十二"和"卷二·论占五脏受病吉凶法第四十三"。

②这是纳音的第一个用法，是指用神之纳音。用爻之干随人元再遁而变，其再变的干支纳音。

土木坟陇痛苦殃

如戊己①在庚，或在寅木位上，其坟痛灾②，或主墓穴倒塌，必曾辰来③。如见青龙六合，墓上必有花树子，甲为林，乙为草，纳音为花。

注释：

①此处戊己是再遁而来，或本课均可论，只要四位见戊己必是。

②痛灾：恰如自然界土中生树，其土必裂开让其生长。此处用树长土裂

之痛形容土木坟陇的痛苦程度。该人患的是一种非常痛苦的病，因而致死。

③必曾辰（展现的意思）来应为必从展来。

壬癸长河及沟涧①

人元见癸为河涧，纳音见水必有水。若被戊己冲对处为道，又云河与道交遇。如见大吉，必有土桥。见太冲，有船及桥，亦必有车。

注释：

①课内人元见壬癸水旺相其地形为有长长的河流、大河。休主有沟、涧；囚主有池塘，死主水少、无水或曾经有水。

湾环曲折见刑伤①

壬癸为河涧，如见壬寅癸卯，其河南北长，水向南流，为南见丙丁在前也。故旺处刑克，即止却前。见辰暗克，水必向东南，然主南去；须向北入乾②，为下克上故如此也。

注释：

①壬癸为水，受克即改变流向，或折或弯。见辰土克，本向东南而偏南也。见寅卯无辰必向东南

②乾：后天八卦。位于西北。入乾水向西北流。见戌土也。

　　　　大树①死时家长丧，水上来穿近涧傍。
　　　　贵神神祠并堂殿，前一螣蛇为窑灶
　　　　朱雀巢窝梁上悬，六合树木看生死。
　　　　勾陈渠涧土堆滩，青龙②神树并枪刃。
　　　　天后池塘涧水泉，太阴碓磨共相连。
　　　　玄武鬼神并图画，太常酒食五谷言。
　　　　白虎道路及刀剑，天空庙宇道僧仙。

　　　　　　此是孙膑真甲子，天地移来掌内观。

　　注释：

　　①大树为青龙，受克又临休囚，主大树被刨。大树死时：是指课内寅青龙、甲、功曹死气时，家长死：代表家长。自然界也是一样道理，指长子或家长。人与物的天人合一场能是一致的。

　　②贵神青龙入课，其代表父亲，老翁，家长。青龙受克，所以表示伤家长，老人死亡。

　　以上十二句是十二贵神代表的各种事物。入课依此直断即可。

论十二神将法第一

　　　　亥为正月登明将水，戌为河魁二月将土①，
　　　　酉为从魁三月将金，申为传送四月将金，
　　　　未为小吉五月将土，午为胜光六月将火，
　　　　巳为太乙七月将火，辰为天罡八月将土，
　　　　卯为太冲九月将木，寅为功曹十月将木，
　　　　丑为大吉十一月将土，子为神后十二月将水。

　　注释：

　　①月将：每月一将，换月换将。每年二十四节气，其中有立春、惊蛰、清明、立夏、芒种、小暑、立秋、白露、寒露、立冬、大雪、小寒为十二节，其余的十二个叫气。在预测中使用的月份与平时不同，每交一节就是换了一个月份，如清明节到，无论清明是在阴历的二月二十几还是阴历的三月初几，就是三月份开始。立春节到，即是正月份的开始，也是新的一年的开始。大六壬是交气换将，金口诀是交节换将，二者是不同的。

论十二贵神法第二

　　　　天乙贵神己丑土，前一腾蛇丁巳火，

前二朱雀丙午火，前三六合乙卯木，

前四勾陈戊辰土，前五青龙甲寅木，

后一天后癸亥水，后二太阴辛酉金，

后三玄武壬子水，后四太常己未土，

后五白虎庚申金，后六天空戊戌土。

注释：

贵神的前后，表示了十一个贵神与天乙贵神的位置关系。把十二贵神排成一个圆圈，以左顺为前，以右逆为后。螣蛇在天乙贵前的左边第一位，故称前一。青龙在天乙贵神前的第五位，故称前五。天后在天乙贵神的右边第一位，即称后一。其他类推。

论十二贵神旺相①法第三

六合青龙木为主，绝在申酉并子午，

螣蛇朱雀火之精，卯酉亥上无气处。

太阴白虎是金神，祸败须防子午寅，

玄武天后藏于水，卯酉巳上不堪论。

更有天空及勾陈，太常贵神相为邻，

四神是土同所断②，天官休旺得其真③。

注释：

①此节以贵神的地支五行为准，观察比较该五行的十二长生的旺、相、休、囚、死。

②四神是土同所断，是指四位土性相同，所临旺、休、死自然也相同。

③休旺表示课内贵神为用时，掌握了旺、休、死就已得其真了。

论十二位神将吉凶法第四

登明无事莫追求，河魁狱讼畜亡游。

从魁妇女索离休，传送有人奔走出。
小吉酒食来合会，胜光发用忧惊恐。
太乙言事凶怪动，天罡战斗争文状。
太冲劫财伤人物，功曹官哥①欲追收。
大吉咀咒作冤仇，神后奸淫夫望求。

注释：①官哥改为官司。

论十二位贵神吉凶法第五

十二天官知者稀，贵神阳人得重威。
螣蛇朱雀轻薄妇，六合男为工力儿①。
勾阵丑妇更贫薄②，青龙官吏簿书司③。
天后太阴法重妇，玄武阳人斜眼窥。
太常妇人携酒少，白虎阳凶道路宜。
天空僧道忒好善④，妙法须详不用疑。

注释：
①"六合男为工力儿"应为："六合男为公义儿"，就是抚养他人儿女。
②勾阵应为勾陈。
③青龙指从官或从事文书工作。
④忒好善改为心好善。

论十二位神将所主法第六①

寅为猫犬外来家，口愿重重树影花②。
有克必伤尊长死，马亡神乱鬼颠邪。
太冲受克损门窗，怪见虚惊贼盗伤。
改户移门车船损，定知兄弟各分张。
天罡旺处家不和，六畜频死官事多。

有克奴逃及婢走，死亡人口肿疮魇。
太乙蛇禽现屋头，釜鸣光灼起烟楼。
旺相女家招外婿，克外幼妇女先休。
胜光当旺足资财，子孙富贵名自来。
受克官灾须见血，马亡子死产生灾。
小吉神临女守孤，鬼神缠惹病声呼。
有气婚姻珠宝吉，只迎酒礼出师巫。
传送由来入旺卿，儿男雄武乐刀枪。
申临巳午军人有，客途车碾患喉疮。
从魁囚死阴私祸，自缢人亡劳病多。
假若同带蛇玄虎，或然入魔出师婆。
河魁旺处魇神藏，推出军人夭寿郎。
更近宅边枯骨犯，徒刑须出痛伤亡。
登明囚死病萎黄，眼目斜牵少女伤。
当旺猪羊饶失散，宅推人少丑儿郎。
神后伏位见金神，儿郎豪杰乐工文。
中央若与勾空犯，后妇须多绝子孙。
大吉从来入旺方，子孙面阔肚脂囊③。
木土见之头必秃，亦须眼病有牛羊④。

注释：

①本节与"卷一·论十二位神将所临法第八"有相似之处。
②猫与虎为犬科动物见之为许了口愿，又主宅附近有大树其影照射院内。
③大吉为吉神，见之为吉。射覆人面阔，肚肥。
④大吉见木土主头秃。"亦须眼病有牛羊"应改为"亦须眼病损牛羊"。

论十二位贵神所主法第七

天乙贵神喜庆多，投知参谒①事皆和；

须逢接引来成就②，旺相相生贵客多。
螣蛇妇女应阴私，火旺光明鬼怪尸；
惊恐忧疑人口病，失物官灾须应之。
朱雀南方是火精，女人鞍马讼公庭；
火光口舌须见血，飞鸟文书是此情。
六合公吏应阳人，门上追呼官事临；
咸合婚姻事成就③，若居囚死病呻吟。
勾陈妇女爱争张，应得田宅竞土桑；
两木下伤来克紧，官灾妻女小丧亡。
青龙富贵人名贵，旺相资财喜自生；
益禄官迁进人口，适逢百事尽欢荣。
天后良家妇女名，为人多喜应财兴；
婚姻嫁娶临金上，得位重重禄渐生。
太阴妇女应金星，或吉或凶未见情；
立于水上多招吉，木火人谋暗昧生。
玄武阳人斜眼窥，有人谋害见逃移；
如被断贼妻女走，鬼动神来无不知。
太常阴人财帛喜，此神上课主亨通；
不忧上下临金火，只怕木来重克凶。
白虎当凶事不常，死亡道路见逃亡；
临于本位重重祸，入木口舌入火伤。
天空惊恐主先忧，辰戌临家主病忧；
木克本神家长死，阴支受克妇人休。

注释：

①投知参谒：投为投靠朋友；知为知己；参是参见或下级见上级；谒为拜见。

②接引来帮助成就。

③咸合婚姻事成就是指成合（地支六合、天干五合）婚姻事成就。

论十二位神将所临法第八

寅为功曹号役人，临于传送必伤身；
到亥便为猫入室，见戌还当犬出门①。
太冲本位后妇身，到于酉位必伤身；
见子得位主见怪，居于寅位兄弟分。
天罡②到戌家不和，临于寅位畜伤多；
见申奴婢须逃走，卯方病患肿疮魇。
太乙临卯③禽蛇现，亥上釜鸣光在楼；
午位女家招外婿，子午幼妇女先休。
胜光本位足资财，临寅必主名自来；
申酉官灾须见血，子方马死产生灾。
小吉临戌女守孤，临寅还主病声呼；
有气④婚姻申酉午，只迎卯上出师巫⑤。
传送到戌为旺方，临子雄文乐刀枪；
见午必主军人有，到巳位上患喉疮。
从魁到午必因宅，子位阴私祸更多；
巳上患劳兼自缢，到辰须是出师婆。
河魁到丑魔神藏，申上军人夭寿郎；
辰位宅边枯骨犯，徒刑卯上痛伤亡⑥。
登明到丑病痿黄，到巳必主少阴伤；
未上猪羊饶失散，戌上还出丑儿郎。
大吉到戌为旺方，丑上面丑肚脂囊；
临卯必须头顶秃，青龙位上有牛羊。
神后临酉见金神，到寅儿上乐工文；
戌上中央为病患，后妇辰方绝子孙。

注释：
①以上两句是打比方。寅到亥为生为合，旺相有助，办事成功率高。像

猫到了家里一般，行动自由，食物丰富。寅见戌为木克土，主口舌、官司、刑狱，办事不成，反而有祸，就像狗离开自己的家一般，俗称丧家犬，处处受欺侮。但寅戌再见午，须另论。

②天罡代表六畜，主大牲畜也。

③卯代表禽。

④气：因婚姻生气。

⑤出"师巫"类人才。

⑥痛伤亡：卯见戌论病十分痛苦。

论十二位天官所临法第九

天乙官司陈文状，谒贵投知处赛神；
有克尊亲防病患，家中土地犯伤人。
螣蛇神动主忧疑，失物光明鬼现之；
水克病缠应小口，妇人争境斗闲词。
朱雀口舌斗争来，文状人论火发灾；
焰影辉煌照堂内，飞禽为崇病为阶。
六合堂位喜情欢，或就交关和合安；
成就婚姻须见水，被刑勾唤急趋官①。
勾陈官讼竞田庄，争斗家中妇族强；
疑惑二心无定执，克来妇病怪财伤。
青龙逆行事可藏②，须损人财口舌详；
旺相贵人来接引，克来争物被人伤。
天后比和喜和谐，若乘水上必招财；
病灾产厄须临土，金上逢之嫁娶来。
太阴同处丑未宫，妇女妻财必信通；
火主灾生水谋害，若临辰戌病深浓。
玄武鬼贼二事同，人论官事状难穷；

更临二水非为吉，金上逢之定不凶。
太常妇人酒食宴，婚姻口愿两相关；
求就望成无不应，立于井灶犯中元③。
白虎闻丧道路中，亡人惊走失财凶；
须忧边境逢兵甲④，脱厄河梁被马冲⑤。
天空惊恐失精魂，奴婢逃亡屋作声；
忧见驴骡僧鬼怪，主为凶事克虚惊。

注释：
①六合卯木见辰戌位刑。急趋官指官事临门。
②青龙逆行指受克。
③立于井灶犯中元：井灶指未巳；中元指脐腹脾胃。
④逢兵甲：见巳午。
⑤河梁被马冲：河是河魁；马是午；白虎见午火、戌土灾祸多。

论十二位天官形貌法第十

贵神官贵富豪称，骨秀丰肥面貌清。
鼻似悬囊①仓库②满，语言沉静眼波明。
前一螣蛇妇女形，头与面赤鬓稀零③。
饶舌馋言贫且薄，髯鬖乱鬓④额前横。
神名朱雀火之精，贱劣卑凡妇女称。
面赤情急多淫性，摇身轻碎⑤好斗争。
前三六合木神名，色秀身长骨自清。
或作吏人还匠役，虽沾文墨亦经营。
勾陈形状本来凶，面丑唇粗腰脚癃⑥。
眼恶睛黄头鬓薄，多争饶舌是寒穷。
青龙上吏富豪民，眉眼分明近贵人。
身似青松无枉曲，神清胆赤好攻文⑦。

天后良家美妇人，眉长眼细面光分。
十指纤长牙齿密，性情闲谈好腰身。
太阴闲雅好高标，性善声清乐艺高。
形瘦面方眉眼细，梳妆冷淡忒妖娆。
玄武阳贼兵壮军，面小身微左眼昏。
色黑唇粗形必丑，眼斜觑物夜中人。
太常耳大面团圆，肉腻肌香口舌端。
好着鲜衣淡装饰，不然酒髻发斓斑。
白虎阳凶兵仗行，据神形状眼圆睁。
项粗颔阔身肥短，头发稀疏恶性情。
天空僧道善人家，冷面头黄软语遮。
本主贫寒孤饿困，如居四季有此些。

注释：

①悬囊：鼻如悬胆。

②仓库：仓为天仓，面上部。库为地库，面下部。

③鬓稀零：指耳前鬓角头发稀少。

④髾鬈乱髻：蓬松头发乱如鸡窝。

⑤摇身轻碎：行为不庄重。

⑥癃：衰老病弱。体弱多病。此处指行动不便。

⑦好攻文：爱学习，文化程度较高。

论十二位天官怪形法第十一

贵神当位作神头，纸钱猪羊许愿求。
功德外来浑破损，送迎官贵出追游。
螣蛇损失主惊忧，飞鸟兽鸣三度愁。
妇病不愈妻女走，鬼火光现屋山头。
朱雀神现光焰焰，斗打官灾病久缠。

见血损财出娼妇，宅中枪刃有多年。
六合神主立幡竿，柜破门伤上下看。
木盘铁锯香盒破，纸钱龙树鬼来缠。
勾陈当旺鬼风来，糠瓮灰盆院里埋。
更有水坑休尸地，穿墙鼬鼠入家来①。
青龙树影到堂前，大木损伐人不安。
家中火竟频作祟，外来功德数年间。
天后宅中有井凶，玄武功德在家中。
水穿出门山尸现②，妇女投井更私通。
太阴火光现入门，明师知识会难分。
只为妇来将鬼镜，破磨尖石有眼遁。
玄武凶生家近河，水灾鬼怪及妖魔。
出得儿孙多丑恶，贼来三度犬伤多。
太常幡子到佛前，口愿猪羊赛未全。
铜铁杯盆并井灶，釜鸣必定患疯癫。
白虎凶丧孝子来，丝蚕六畜血财灾。
家中虚耗未除了，门前石狮曾破来。
天空主瓮破伤声，托钵悬壶壁上行。
更有四足相趁人，宅惊屋爆为僧名。

注释：

①"穿墙"有些版本为"窦墙"。窦墙为墙上有洞，叫窦。鼬鼠俗称黄鼠狼从墙洞跑到家中来。

②山尸指山魈鬼即传说中山里的怪物。

论十二位贵神所临玄关诀第十二

天乙主有喜庆、卯信文字；有克，主有口愿，贵人有灾。
腾蛇主有招婿，文书喜庆。有克，主有阴人病患惊恐之事；怪梦、惊忧疑。

朱雀主有文字信息、口舌之事；有克，主有官事，见其血光。

六合主有相生、成合、交易或婚姻事；有克，主有官事追捉。

勾陈主有官职，技艺，先贫后富。有克，文状动、欲谋害事；主奴婢走失。

青龙主有迁官、财帛之喜或卯信文字；有克，主有官事急速。

天后主有阴私、美喜、妇人，主私情事；有克，主有神缠①妇女，出师婆逐人走者②。

太阴主有阴贵人、金银首饰，暗昧不明事，有克主夫妻不和、休离，又主阴人痨嗽、自缢死事。

玄武主有文状勾连、四足见、即贼神动；有克，主有怪见光影，或人形状，或神形像、失财。

太常主有阴人、财帛喜事；有克，主失却阴人财物。

白虎主有贵客，合有出入仆，道路③。有克，主有凶丧孝妇，亦避官事逃移，兵器。

天空主有孤儿寡妇，僧道善良，有克，虚诈不实之事亦主斗讼或有狗因僧④过去事。

注释：

① "神缠"指俗称的神仙附体。

② "出师婆逐人走者"古人称有些通灵者为"出师婆"。出师婆跟人走或被拐走。

③ "合有出入仆"后应加"相随"。

④ 有克时主其家过去有狗咬僧人。自皈依而心善，遇凶祸变安然。

论十二位贵神临本位吉凶第十三①

贵神临丑，此课主加官进禄，不然主家大富，其家必有口愿许之②。

螣蛇临巳，其家烧残害之人，亦主火光釜鸣，主招入舍女婿，其家专望书信、寻人也，亦主先凶后吉。

朱雀临午，主妇人邪淫斗讼也。若更遇火在上，须主官事。若临水上，须主死亡病患事。

六合临卯，主有妻家鞍马来到，其家主有喜庆，往来频频，常做吏人，足兴盛，合交易。

勾陈临辰，主争张暗昧之事，其家主贼人盗财出去，又主宅中合有虚惊，在门，亦主斗讼。

青龙临寅，主有财帛大喜。如旺相，主争财宝，须得理。其家必主商途，亦主富贵，得此无凶有吉③。

天后临亥，主酒食，或见婚姻事。更旺相，主居家大吉、富贵之事。

大阴临酉，主有阴人争斗讼也，此课亦为不顺，以见二金故也。

玄武临子。主有盗贼直入房，盗窃衣物。如临下是阳，必是男子；如临下是阴，必是女人为贼也。此课只主失财也。

太常临未，主有孝妇之人或遇斗争之人，后却有喜也，须逢欢乐，必有喜也，更主妇人财帛喜。

白虎临申，主子孙在外，卒难寻觅也；其家主有官事、伤财及伤六畜；更主有产死妇人，大凶，无有一吉之喜。

天空临戌，主有孤老之人及疯魔人在家④，主其家破散，子孙残病，阴人口舌⑤，官事斗讼，亦主有虚诈不实之事应也。

注释：

①贵神临本位，即贵神与地分地支相同。

②二土比和迟晚看。此处为二土相遇。主占事缓。

③二木为爻求难得。求难得不代表不得。求难得，主争财宝，但须得理。

④疯魔人在家，即家中有精神病人。

⑤阴人口舌：阴妇斗嘴，嚼舌头。物极必反，阳极以阴论。所以见纯阳时，以阴人口舌论事。

卷 二

论十二位贵神临劫煞吉凶法第十四

天乙被煞主灾同，贵人厄难有何通；
神被将克家长损，神克妻儿哭泣凶①。
劫煞螣蛇火现凶，鬼怪颠邪兆宅宫；
更主妇人心痛病，门椽屋爆影光红。
劫煞朱雀斗争张，文字凶来官事伤；
若见火光还应得，争妻竞妇女身亡。
劫煞六合事急忙，公私牵惹斗争张；
自家无事人欺辱，看取人元定祸殃。
劫煞勾陈入课排，上门子午必然灾；
更主争讼三五度，死亡人口犯神来②。
劫煞青龙莫上门，火光流血或成迍；
惊忧贼盗伤人物，狱讼纷纭死丧频。
劫煞天后女人连，申酉临之事并然；
况当奴婢私逃走，人元克将破钱财。
劫煞太阴不可当，妇人谋计事难防；
不明暗昧临小口，将与人元莫犯伤。
劫煞玄武凶事重，贼来谋害入家中；
临木防贼临酉走，贼神见虎杀伤凶。
劫煞灾煞遇太常，财帛散失两三场；

更主酒筵毒药害，如在魁罡主此殃。

白虎行年灾劫宫，必须丧失有重重；

两虎[3]当午魁罡上，人元是木有深凶。

劫煞灾煞合天空，惊惑相争分外凶；

若更人元来克将，望成求就尽胸中[4]。

解云：勾陈言上门者，子午卯酉是也；子午为天门，卯酉为人门。前云六合逢劫煞，主因公事损其身；更看人元与六合和不和，若更克人元必凶。又太阴劫言，克将，主破财；人元受克，主杀夫。又云：玄武之见白虎者，为临申是也；临酉主妻走也。

注释：

①关于临煞判断，参见后"卷二·论天乙贵神所临神煞法第十八"等章节，劫煞入课，不论在哪一位上，即为贵神临劫煞。天乙临劫煞也一样有灾。妻儿：此处指月将与地分，妻儿被神克鬼哭狼嚎。

②犯神指牢狱之灾。

③两虎：应是白虎，地支为申。

④此劫煞是指日之劫煞，在其他三位或年月时上见。劫煞前五辰为灾煞。无心就是天空。望成求就尽胸中是指胸中明了，大势已去。

论天乙贵神治旦暮法第十五

神枢经曰：天乙贵神[1]在紫微[2]宫门外，乃天皇大帝[3]下游十二辰位，家居己丑，于斗牛[4]之次执玉衡[5]，均同天人之事；不居魁罡[6]者，以天魁主狱，天罡主牢故也。

甲戊庚日旦治大吉[7]，暮治小吉；乙己日旦治神后，暮治传送；丙丁日旦治登明，暮治从魁；六辛日旦治胜光，暮治功曹；壬癸日旦治太乙，暮治太冲。天乙在东，南前北后；天乙在南，东前西后；天乙在西，南前北后；天乙在北，东前西后。常向地户背天门，以天门地户[8]为界。昼夜有长短，晨昏有早晚。故以星没为旦，星出为暮，则旦暮所临可知。

51

注释：

①天乙贵神：有时称天乙贵人，星名，此紫微宫门外左星南，属天龙星座。

②紫微：也称紫微垣，天区名，在北斗星以北，有星十五颗，分属天龙、仙王、仙后等星座。

③天皇大帝：星名，属紫微垣。即仙王星座第三十二号星。

④斗牛：两星座名，属二十八宿之北方玄武座。

⑤玉衡：其意有二：一是星名，属北斗七星之五。二是指秤，专门主持天下公道的意思。本书的意思指后者。

⑥魁罡：即河魁、天罡。天魁本书也叫河魁。

⑦大吉，即丑。以下几句使用月将的名字，分别代替了有关地支，应从地支的角度理解为准。关于各月将所属的地支请参看十二将神所属的介绍。

⑧天门、地户：意思是天宫的门户。天门在西北方，地户在东南方。

论天乙贵神所居法第十六

甲戊庚丑未①，乙己子申②，丙丁亥酉③，六辛午寅④，壬癸巳卯⑤。

注释：

①甲戊庚丑未，即甲戊庚日贵神为丑牛，旦顺行。甲戊庚夜为未羊，逆行。

②乙己子申，乙己日贵神为子鼠，日顺行。乙己夜贵神为申猴，逆行。

③丙丁亥酉，丙丁日贵神为猪，顺行。夜为鸡，逆行。

④六辛午寅，六辛日贵神为马，日逆行。夜为虎，顺行。

⑤壬癸巳卯，壬癸日贵神为蛇，逆行。夜为兔，顺行。

以上为贵神的起始点定位方法，以及日夜的顺逆关系。

贵神的排列顺序为：贵、螣、朱、六、勾、青、空、白、常、玄、阴、后。

论天乙贵神值人元克法第十七①

人元克神②争官讼，更兼父子不相同；
神临病罡墓上病，与土同乡见死凶③。
神到甲乙休会客，必然席上有争分；
水上见神阴小损，若居火位喜还生。
神临驿马添官职，定知官事损得理④；
合是青龙居宝位，全必逢之多见喜⑤。
贵神克将阴小损，贵神受克定灾同；
下克上兮子孙逆，上克下兮妻财凶。
日上见神当日事，月逢月内岁年中；
常取相生皆主喜，如逢相克必然凶。

注释：

①此节论述的是天乙贵神与人元的关系，属临劫煞的大范围内。

②此神专指贵神。

③此神也是丑。病是指病符、罡指魁罡、主争斗，主胃脾有病。墓土指非库之墓。土墓在辰，也是天罡之位。与上同乡是重复神临病罡墓土也。病：十二长生中的病，处于第七位，与天乙贵人是相冲的关系。

④损得理是失中有得，损中有成，破中有新也。

⑤合是青龙是指六合与青龙。宝位指宝座。全必逢之应是三合。

论天乙贵神所临神煞法第十八

贵神上见灾煞劫煞，主贵人有危难，诸事不和，文字凶。若贵神受克，主伤家长。

若贵神克将神，主妻哭泣，大凶。若如人元克贵神，主有官事争讼，更兼父子不睦。

若贵神临魁罡，据此课不得会客，筵上必有争张，兄弟斗讼也。故云：

神到甲乙①，今言魁罡者，甲乙木来克贵神，亦有不和争斗；今魁罡乃斗讼之神，故有不和斗争之理。二说皆通，宜从魁罡也。

若水上见贵神，主阴人小口有灾也。若火上见贵神，主喜庆之事也，或有官司灾难，必主消散得理通和。若贵神临驿马②，必主加官进禄，更主得珍宝及财物，定有大吉之喜。驿马主依前排也③。

故贵神主有二凶：若下克上，主子孙逆党；若上克下，主有妻子财帛之凶。若临年太岁，大凶，日、月亦然④。若四位相生有大喜，相克则有大凶也。

注释：

①神到甲乙——神见甲乙。

②神为丑。丑之驿马为亥，见亥亦依后排。

③驿马主依前排也。如申子辰马在寅。

④年论月上劫煞，月论日上劫煞。日论时上劫煞。劫煞入课皆主有大凶。

论魁罡所临吉凶法第十九

天罡争斗角雌雄，本与河魁一例同；

两将更加诸位上，必然斗讼入官凶。

解云：行将上下见辰戌，临诸方位及临辰戌上，主有斗打见于顷刻间也。又曰：凡两神临诸方位上，无不斗讼也，为是天之牢狱、宰杀、斗讼之神。如课内见之，定主斗讼之凶也。

注释：天罡辰、河魁戌都是斗讼之神，合起来简称魁罡，课中见一即主斗讼也。

本节文字的意思是辰戌同时入课，或其中之一入课又临用爻，都可以斗讼论。辰戌在地分、在神、将同论。

论传送所临吉凶法第二十

传送临辰丧事多①,到戌争竞官病魔;
更主鬼神远丧怪,占病为凶怎奈何?
传送临巳火中哀,到木口舌必有灾;
更主逃亡因事走,釜破门伤火损财。
传送奔腾入火中,官灾口舌有重重;
游行况是多迍蹇②,车碾喉疮道路凶。
传送临金变化多,无刑无克事消磨;
虽然丧孝重重过,却与兄弟两相和。

解云:申临处便为行移之神,若临寅卯上,主伤翁姑及破财也③。盖传送为行移神,车马号白虎,主远丧尊长;故寅为翁克,卯为姑克④;此定知蚕田不成,与破财同也。若病,主死,百无一吉。申到辰,主丧事,路行凶,主斗讼⑤。申到戌,主鬼怪、邪恶、官事、病患、死亡之兆。

又曰:传送临金上,亦主变化多般,或喜多怒也。若传送无刑无克,主诸事皆喜,纵有凶祸,主消磨了也。此课主先凶后吉,虽有死亡,却有不死之理。虽主重重祸来,其后却主兄弟和同。若更见天罡,主有斗讼,凶。

注释:

①此处传送指申,落于辰地分上,主丧事也。

②游行是外出、出行。

③翁姑:翁指父辈,姑指母辈,泛指老人。

④申克寅,伤老翁。克卯,伤老母。

⑤辰是地分,土生金也,相生相合成斗打局。若传送无刑无克,主诸事皆喜。是生为亲恩,克为仇敌。但从另一角度申子辰虽然相合但属斗打格局,应以格局的性质论。

论人元所主吉凶法第二十一

甲为神树天马上，口愿祈多未赛神。
有克伤财及骡犬①，兔猫为怪宅惊人。
乙来旺相资财足，天上逢之有火伤②。
有克门灾窗牖破，下来克上马频瘴。
丙逢旺相见烟光，必有蛇禽现灶旁。
若是更逢玄武克，尤多口舌贼来伤。
丁来本位贵贱残，后嗣英雄武贵迁。
有克畜伤并犬死，更兼子死病缠绵。
戊己入课主家贫，外来官事被公论。
占宅定知家宅破，克来灾祸损其身。
庚为金神临朱雀，定知损伤有灾亡。
上克必应人口死，旺相还生马越常③。
辛来有克劳病多，自缢恶疮无奈何。
当旺自然家大吉，重重富贵主谐和④。
壬旺相重喜自新，临金文雅越常人。
木上见之皆有气，克来刑破滥讹身。
癸来入课怪神动⑤，仍看将神并地分。
相乘更得旺相爻，决定家中有愁闷。

注释：

①骡犬为马戌为火局之物也，故有克伤此。

②天上指天干。

③旺相还生马越常：指天马是奔走迅速之神。

④辛金物质也，不受克定主富。

⑤癸主鬼怪，受克时影响减弱，旺相时主有愁闷。

论人元五子日干法第二十二

甲己之日起甲子，乙庚之日起丙子，

丙辛之日起戊子，丁壬之日起庚子，

戊癸之日起壬子。

注释：详见"金口诀起课程序第七节定位人元"。

论五行休旺吉凶法第二十三

春：木旺、火相、土死、金囚、水休，木墓在未，角姓忌[1]；

夏：火旺、土相、金死、水囚、木休，火墓在戌，徵姓忌[2]；

四季：土旺、金相、水死、木囚、火休，土墓在辰，宫姓忌[3]。

秋：金旺、水相、木死、火囚、土休，金墓在丑，商姓忌[4]；

冬：水旺、木相、火死、土囚、金休，水墓在辰，羽姓忌[5]。

注释：五律，也叫五音。

[1] 角姓：角，五行属木。其姓氏有，杨、朱、鲁、魏……

[2] 徵姓：徵，五行属火。其姓氏有，韩、曾、苏、乔、林……

[3] 宫姓：宫，五行属土。其姓氏有，肖、张、李、赵、金……

[4] 商姓：商，五行属金。其姓氏有，马、郭、郑、邱、王……

[5] 羽姓：羽，五行属水。其姓氏有，朱、房、刘、宋、钟……

论五行聚管吉凶法第二十四[1]

三水一金主文章，蟾宫折桂意扬扬，

禹门浪稳风雷变，不日拖绅上玉堂。

三水一木主荣华，田庄浩大足丝麻，

子孙定是身端美，兴旺家门福转加。

三水一火家屡贫，残伤恶死损其人，

久患风劳身不遂，终朝劳苦告天神。
三水一土破家门，人亡恶死不堪论，
庄田破财难拘管，纵有儿孙总僻贫。
三火一金受灾迍，疾病疮痍不离身，
昼夜呻吟床枕上，直饶扁鹊治无因。
三木一土家又贫，室中多行不良人，
岂凭媒妇相求就，邸店梳妆是立身。
三木一水人少亡，儿郎作事不谋长，
又无远行仍无信，虚诈多端取祸殃。
三木一火乏资粮，家财破散失田庄，
窃盗败来凶恶露，应须刺面配他乡。
三金一水最不强，家中多是恶伤亡，
纵有儿郎须夭寿，丙丁岁内定凄惶。
三金一火主家昌，福禄资财转更强，
屡有贵人来接引，不惟丰富有儿郎。
三金一木多软弱，儿孙生下还无目，
眷属阴人频死伤，丙丁之年灾更速。
三土一水出刚强，胆硬心雄甚勇张，
或遇丙丁来发旺，分符还用守边防。
三土一木太乖张，儿孙刺面配他乡，
家中破财无田产，更有童男赴法场。
三土一金出俊英，子孙聪慧有名声，
敦诗阅礼多渊博，科甲巍峨锦绣迎。
二水二金子孙多，有妻端美若嫦娥，
此课得之家富贵，钱财粟帛有绫罗。
二木二土克刑伤，尤多劳病面痿黄，
子孙官事何常绝，牢狱枷临有祸殃。
二水一木土怎当，性强还恐少儿郎，

乞得外姓为儿子，日久年深改赵张。
二土一水一木伤，有人患害及官妨②，
时常疾病灾无已，死丧年年有祸殃。
二金一水一木强，家中和会喜非常，
更主儿孙多俊丽，丝蚕每岁进田庄。
二木一水一土崩，家中常是有相争，
更知后代多淫乱，亦有儿孙向外行。
二水一土一木强，此人应是有田庄，
子孙骁俊飞声问，更得丝蚕岁岁昌。
二木一水一金行，子孙禀性各聪明，
田蚕兴旺无灾难，仍有资财喜庆生。
二火一金一木伤，有人灾病患头疮，
子孙忤逆难调治，人口凋残屡丧亡。
二金一水一火殃，儿孙多病患头疮，
闻有一人能好善，也须睁眼外来倡。
二火一水土刑伤，家中淫乱事非常，
此课有克家母丧，资财破败落人行。
二木一火土荣昌，子孙丰骨貌堂堂，
田蚕进旺人昌盛，还有官荣耀故乡。
三水一火不为灾，局成既济又和谐③，
田宅六畜多富厚，主有黑衣人间灵。
三火一木家破财，人多残疾绝后代，
家中哭泣不曾住，三女生来多祸害。
三火一土破家财，家中人口现多灾，
田庄破尽无分寸，纵有儿孙事转乖。
三火一水主不良，母行淫乱失田庄，
窃盗败来凶恶露，应须刺面配他乡。

59

注释：

①此节文字论述专以五行个数断事，又是一种断课的方法。

②"有人患害及官妨"改为"有人患害及官伤"因受骗受官府伤害。

③此句解释不通水火虽是既济，但前提条件是水火势力相同，在这里水势大于火当为大灾，水克火主心痛祸。

论解五行聚管吉凶法第二十五

三水一金，此课主有文章之人，不以为官食禄①，不然主大富，更子孙荣旺。此课大喜，更无凶恶事。遇丙丁在上②，必主发禄，或迁官应之也。遇水在上，主有争讼、外人谋害事。若发禄必非丙丁也。

三水一木，此课主家道荣旺③，子孙孝义和顺，庄田浩大，子孙丰标，兼有文章，大吉。

三水一火，主家贫，庄田破散。子孙作贼，多行凶恶，及有刺面，三人在外死也。又曰：二说孰是孰非，尤当详辩④。

三水一土，主家破人亡恶死，及主田庄倾败，或有子孙亦贫苦也。

三火一金，主有大灾，人口患病，疮痍不休，床席有呻吟之苦，药不能治。又主死伤人口。此课百事大凶，来意为伤人口。

三木一土，主家破贫乏，兼妇人淫乱。故曰："岂凭媒妁相求就，邸店梳妆是立身"。

三木一水，主家中兄弟子孙少亡，更为事多，无见长远⑤，全无信约，动作虚诈，主命促也。更家不和吉。来意只为失财，后主死人，官事应之也。

三木一火，主庄田破败，子孙作贼，多行凶恶及有刺面人在外死。

三金一水最不佳，其家主恶死伤者，又主一房绝，遇丙丁岁，其家主有灾病，田产不遂，多饶官事斗讼。来意只为官事争讼。

三金一火，主家业富贵，频有贵人接引，又主子孙兴盛。一火克三金，合主大凶，却为大喜，以凶中取吉也。法曰：凶中取吉，吉中取凶，此课中深旨也。来意只为争讼，更弟兄不义。

三金一木，主子孙羸弱，多有患头目之人，阴人频有伤。此课切忌丙丁之岁，主大凶。来意只为望远信、求财帛也。或作三水一火。

三土一水，此课合主出刚强之人，主胆硬心雄，其家虽主破败，若遇丙丁在上，主发旺。

三土一木，此课主有乖张事，主子孙必有徒配罪。家贫破财，亦无田宅，兄弟不义，更有赴法死伤之人。此课主君不君，臣不臣，父不父，子不子，法无纲纪也。

三土一金，主出英俊，子孙聪慧，有文章，出文武官，不然家大富也。占来意，只为问文字、远行，主喜庆。或作三水一金。

二水二金，此课主子孙荣旺，妻有安质，其家大富，其课主无不喜，最吉之课⑥。

二木二水，青龙见水大吉大利。卯木逢生主婚姻喜庆，故二水生木主大喜也，为双喜临门之象⑦。

二水一木一土，此课主为刚强之人，亦后嗣不兴，主绝嗣也。必以外姓为子，或招婿接脚也，又主官事，出残害阴人也⑧。

二土一水一木，主伤人口，多饶病患，年年丧死，官事不绝，此课大凶。来意只为他人谋害自己，人口病患。

二金一水一木，主家庆喜，子孙聪慧，田蚕兴旺，家中和顺。来意只为外人争讼，然二金亦为争讼不顺之神也。

二木一水一土，主妇女淫乱，出不良之人，或子孙向外走，求财不利。故曰二木为爻求难得，以一水不能生二木，水又被土克，生我无气，而生气绝矣。来意为求财不遂，家内不和也。

二水一土一木，主家道荣昌，子孙兴盛，资财进益。此课虽有刑克，却有喜者，以克我者反为木克，即以吉也。来意为贼偷了财物，主先忧后喜也。

二木一水一金，此课自下重重生上，故主子孙聪慧，田宅兴旺，资财喜美。来意为出外求财也。

二火一金一木，此课来意，只为两阴人患病，又官司牵惹。

二金一水一火，主有患头目之人，其间有好善者，又有颠狂乱性之人，此课大凶。来意如上为两阴人生患生凶及官事牵惹。

二火一水一土，主有刑伤之人，又主阴人不良，亦主伤也。来意为争庄田、官事、病患。

二木一火一土，主家荣昌，子孙好善，进益田宅，子孙兴旺，又主求官有喜也。来意只为一女子。

一水一火，主不为灾也。然三水克一火，合主凶，却无灾者，以水火既济，却主夫妇和谐，子孙兴旺，田蚕、财帛、六畜兴盛。来意为一人淫乱及患头目病也⑨。

三火一木，主家贫破败，出残疾之人，主常有哭泣之声。主家中只有三女，并无儿孙，出一房绝后。此虽相生，却为凶祸，何也？经曰：二火为灾百事残，今见三火，一木又生之，故其祸转深，即以凶也。生三女者，以一木生三火，然三火为纯阴也⑩。来意只为阴人有残患之事。

三火一土，主家破人亡、恶死。课中见三火一土，又是天罡土，故来意只为官事争讼也⑪。

三火一水，主家贫破败，子孙多行凶恶，作贼刺配他方。

三土一火⑫，土厚重，生万物，吃万物。土多恶性，火恶。恶加恶辰戌斗打。未丑男孤女寡。未丑遇火先喜后忧。辰戌先忧后喜⑬。

三木一金⑭亦坚强，儿孙兴旺成栋梁。眷属相助富贵昌，壬癸之年更吉昌。

三金一土人英俊，子孙文武名声旺。为人暴躁性刚烈、东奔西走四处忙。若逢火旺路神伤、正义受妒有谋害，阴私往来暗中藏。旺金最怕土神埋，有理难辩受陷害。

注释：

① "不以为官食禄"这里以和料同，其意为：没料到真做官食禄了；不然可发大财。

②丙丁在上是指人元，水为贵神为发禄或迁官。贵神为金则损官迁官。

三水一金课在丙丁时。人元为水时，火在下也，因水无形，润下也，是被争执者。发禄必是丙丁，是指丙丁在上，或丙丁年月日时也。

人元	金	水	水	水	丙丁	水	丙丁
贵神	水	金	水	水	水	水	水
将神	水	水	金	水	水	水	金
地分	水	水	水	金	金	金	水
	三水一金主文章，蟾宫折桂意扬扬顺，干生神方添子孙，增田宅吉主、干生神：亲友助我财帛，干生将意内外和	三水一金主文章，蟾宫折桂意扬扬	三水一金主文章，蟾宫折桂意扬扬人财兴旺，荣华富贵并有官禄。	幼尊长，人庆财丰方生干、方生神、方生将主印授、升迁、水为贵神为发禄或迁官妻动：求字，失名利。财不成，失田宅，伤六畜，伤小口，损文害，父母动：印授、升迁：方生将内外遇水在上，主有争讼必败，外人谋和合，婚姻暮美；事主晚成。	动：主伤头部。为金贵神则损官迁官。非所答鬼为家宅未安，职权在外，谋害他人；

③因水为财，木被生故主荣华。但一定要与时间挂钩。如水多木漂，应与四时（日与时）、四季（年与月）的关系论，如在冬天或子时。又可如此论，如木在地分为子孙端美，但冬天木会被淹死或为海草。

④终朝何苦告天神。此类人易恨天怨地。

⑤指无远见。

⑥二水二金其课属最吉之课，但仍要看金水在四位中所居的位置和格局。

人元	水	水	金	金	金	水
贵神	水	金	金	水	水	金
将神	金	金	水	水	金	水
地分	金	水	水	金	水	金

⑦"二木二水"应该为"二水二土"此课大凶。吉凶程度依课式结果详论。

人元	土	土	水	水	水	土
贵神	土	水	水	土	土	水
将神	水	水	土	土	水	土
地分	水	土	土	水	土	水

⑧该口诀是以水、木、土为课式,其他课含义相仿;但不尽相同。

人元	水	水	木	土	水	水	水	土	土	木	木
贵神	水	木	土	水	木	水	土	木	水	水	水
将神	木	土	水	木	水	土	水	水	水	水	土
地分	土	水	水	木	土	木	水	水	水	土	水

⑨水在上,火在下为既济。水过旺时未济。火旺时既济,如在夏天。要与时间挂钩。

三水在上克地分一火不宜以既济论之,因水多火灭。仅在一水一火是可论既济与未济。

人元	火	水	水	水
贵神	水	火	水	水
将神	水	水	火	水
地分	水	水	水	火
	水过旺时未济			三水在上,火在下不为既济

⑩三火为纯阴是指离卦或甲乙寅卯木生三丁巳火。

⑪此课若见天罡辰土旺,主家道不和,六畜损伤,走失死亡人口,必患沉疴。来意为官讼。

⑫下三条为注释者加。

⑬以辰为春末含木性，见火则燃，则有此患。其他戌、未、丑见上，较辰轻也。

⑭以三木一金，因木多需金克方成有用之才。木逢水、土、火茂盛，逢水时金又生水，水又生木，木得旺气。

论天子吉凶法第二十六

人中灾祸最幽玄，四位相乘一处看。
地分受克为六畜，更兼人死损财钱。
将神受克为财帛，妇死经来已数年①。
贵神外被天干克，合灾人口及伤残。
下克干兮人逃亡，死囚官事亦乖张。
地分克干祸在外，干克地分妇先伤。
将克干兮应有喜，重重喜庆合荣昌。
干若来克月将上，破家损财贼须防。
二火见金财帛损，阴私讹滥外边厢。
火克二金双女竞，外来妇女家中藏。
三水见金主文章，二金二水喜非常。
三木忽来临火内，火光口舌宅灾殃②。
三土有木争田土，官事坟塌恶妇狂。
田蚕不遂财难聚，外人到家祸难防。
又推何病立何干，喜神入临乐非常③。
干若来克将上宿④，损财伤妻贼盗猖。
宿又依前来克方，男有外遇宅畜伤。
太阳太阴为喜曜⑤，上和下睦皆欢畅。
此是孙膑真妙诀，后人加意细推详。

注释：

① "将神受克为财帛，妇死经来已数年" 改为 "将神受克伤财帛，奸私勾连已数年"。

②木见火自焚，问官、名利则通明。

③吉凶神将干的关系。

④宿：宿指星宿，指春夏秋冬。庚金旺于秋天白虎星座也，将木也。是与将神同类的星宿，参看神将所属图。此处宿指将神和贵神。

⑤太阳太阴：日建月建入课临用爻，不受刑冲克空破等，主有喜事。

论飞符更年月日吉凶法第二十七

若说飞符日上推，便于甲巳乙辰知；
丁寅丙卯须当起，戊丑己午庚未期；
壬酉辛申癸戌上，其神一干上居之。
倘遇斯辰同一位，遽然横祸有危疑。

注释：

飞符入课主行人道路凶，或损车，损财，盗侵人害。可从起课时的年月日分别核查，入课为准。

论丧门加年月日吉凶法第二十八

正五九当未，二六十辰推；
三七十一丑，四八腊戌知。

注释：

丧门主死丧之事，更看丧门在何爻，从而定什么人有丧事。丧门得年、月、日、时更凶。丧门是，或见未，辰、丑、戌主其凶力更大。丧门供择日避讳用。如寅午戌年月日时见未也可同论。

论天鬼加年月日吉凶法第二十九①

得春从酉起，三夏午方期②。
卯上逢秋住，言冬子位推。

注释：
①天鬼入课，主人有刑伤、破损，官讼血灾等、使用方法同丧门，飞符。入课均可。
②三夏午方期，就为三夏子方期；言冬子位推为言冬午位推。

论天罗地网加年月日吉凶法第三十

日前一辰为天罗，对冲地网更无疑；
若加年月日辰上，囚讼灾殃病必多。

注释：
占走失、失物、出行使用。主行人不远，失物可寻。如丁卯日起课，寅在日前一辰，为天罗，对冲申为地网。另一法即辰为天罗，戌为地网，也同样使用。年前一辰也为天罗。严谨来说金口诀使用的是日时的干支关系，用月将加时使其可在年月日时上公用。

论游都鲁都吉凶法第三十一

甲己之日丑为先①，乙庚神后不虚言。
丙辛长向登明上，丁壬之日在辰边。
戊癸传送游都处，游都冲处鲁都安。
要知贼伏藏人马，游都之法注推干。
出入鲁都临定处，依前法或可通仙。
游都鲁都法最玄，穿地寻尸见九泉。
鲁都临处逢白虎，戊己原加辰戌间。

常将月将地分数，两位相逢远近看。
此是孙膑真妙诀，千金莫与世人传②。

注释：
①凡见甲己，月将加时寻丑落处。
②用今日日干，取月将加时寻游都落处。

论占人贵贱法第三十二

占人贵贱亦非艰，便取行年方位端。
月将加于人坐处，辨其旺相坐中言①。
天乙乘马食神上②，或是白衣新得官。
蛇居巳午原来禄，水上逢之度日难。
朱雀旺处合蛇马，东方发用贵饶钱③。
六合得位亦须贵，巡到西方走吏班。
勾陈四季多孤寡，水上无男女亦残。
青龙水上田宅广，更看三乘禄马官④。
天后生干因妻富，上下多灾忌季年。
太阴得位拖青紫⑤，却到东方病怎痊。
玄武本位阴谋密，土上曾为贼相连。
太常旺处阴财物，受克虽荣窘迫牵。
白虎本方非是恶，重重见水挽超迁⑥。
天空主孝应无子，辰戌申乡恶煞煎。
却逢本位推奇月⑦，神见青龙合得权。

注释：
①月将加时寻人坐处，以坐位为地分立课辨其课内的旺相休囚死，可知其贵贱灾福。
②天乙贵神遇见天马、驿马落于地分子午卯酉上。

③朱雀在寅卯巳午为旺处，财源旺盛。

④官禄、驿马、官动为三乘。

⑤青为青楼，紫为僧尼。

⑥重重见水挽超迁：传送白虎主行移之神，如被重重水泄，其金无气，问事虽快而慢，虽刚而柔。

⑦奇月，指三奇月建。

论占阴人贵贱法第三十三

  天后金中妇女贞，太阴临火女奸生。
  玄武临季奸谋贼，太常之木须后嫁①，
  白虎本乡非是贱，天空水上必遭刑。
  天乙居南国号称，螣蛇东位遂②人行。
  朱雀临卯伤残甚，六合金位立身轻。
  勾陈次处嫁须臾，青龙得位郡邑猇。

注释：

①太常之木须后嫁改为太常见木需后嫁。

②东位：即见木，遂人行。螣蛇为淫贱妇女，得木生，主跟人走。

论占阴阳贵贱法第三十四

  人生贵贱何能通，岁干建取生月中。
  看是何神临命上，更详生月辨违从①。
  青龙贵神多官职，朱雀螣蛇贫且穷。
  六合丰足资产旺，勾陈迟滞困尘红。
  太阴天后更尊崇②，玄武好闲饶盗贼。
  太常买卖做经纪，白虎却值凶恶人。
  天空孤寡本好善，应为僧道闲散论。

更看本位胞胎性，受克残患在其身。

上干为禄下支命，纳音身里察其因。

兴衰旺相论刑克，贵贱尊卑主事分。

注释：

①起课方法：以本命为地分。生月月将加生时到本命为月将，以生年岁干起贵神，遁人元。

②尊祟应为尊崇。

论占年中吉凶法第三十五

要知今年一岁中，月将加临太岁宫①。

数至本相②看吉凶，相生相克察穷通。

劫煞刑冲并克战，官丧灾病事匆匆。

若问吉凶成败事，依其当课论始终。

注释：

①欲问年中吉凶，以课占之月的月将加当年太岁上数到本人属相上。以课占之年干起贵神、人元。太岁，为年支。常说的太岁有二：一是流年太岁，即起课那年的年支。二是生年太岁。即本人出生那年的年支。

②本相：即本人的属相。此类课以本人属相为地分。起课那月的月将加当年太岁上数到本人属相。以年干起贵神、人元。

论占月下吉凶法第三十六

若知月下将加月，却至本位乃方绝①。

天干月将生年喜②，干将克年多乖越。

本属相上得合同，日里青龙逢喜悦。

注释：

①却应改为劫，以本人属相为地分，以月将加月建到地分。以当月天干

起贵神、人元。

②年为生年，即属相。

论占日时下吉凶法论自己第三十七①

要知时下福与灾，月将加临本相来。
一下克上祸害起，一上克下伤人财。
二上克下妻损失，三上克下重丧哀。

注释：

①日下吉凶课起法：第一，以当日日支为地分，月将加本命到地分，以当日日干起贵神、遁人元。第二，指方定位或按常规起课。时下吉凶课起法又与上不同。是以时支为地分。月将加本命到时支。以时干起人元、贵神。但贵神顺序为贵螣朱六勾青，后阴玄常白空。应该注意日时贵神的顺序差异。

论占伤阳人老少法第三十八①

寅申老阳翁父称，辰戌中阳伯叔名。
子午少阳孙与子，门伤高下细点评②。

注释：
①课内将神为用爻时论伤阳人老少。
②门伤指家内。

论占伤阴人老少法第三十九①

丑未老阴人，卯酉少阴人。
巳亥为小口，入课自区分。

注释：
①用将神的阴阳旺休知其伤男、女、老、少。

论贵人受克伤阳人老少法第四十

贵神受克老人亡,天空青龙一类方。
虎武同刑兼六合①,其神旺处少阳伤。

注释:
①白虎与玄武见刑克神将旺处少阳伤。

论贵人受克伤阴人老少法第四十一①

天后勾陈及太阴,此神受克损老阴。
太常朱雀螣蛇类,三神多损少阴人。

注释:
①用贵神的阴阳、旺休知其伤男、女、老、少。

论占疾病吉凶法第四十二

占病之法妙最深,月将加时位上寻。
四仲卒患苦痛病,四孟天行外邪侵①。
四季痼瘝常患病,直须刑克辨浮沉②。
克金定喘克土胀,克水产妇病来临。
克木痈肿肝受病,克火应为病人心。
只把所传分四段,好凭神课用医针。

注释:
①"四孟天行外邪侵"为寅申巳亥受制约时易为外邪侵害。
②"直须刑克辨浮沉"辰戌丑未易患慢性病。

论占五脏受病吉凶法第四十三

占病之法妙幽玄，月将加时位上传。
人元贵神并地分①，四位加临一处看。
孟仲季兮前已辨，用起仍看甚脏间。
甲肝乙胆丙心腹，丁胸戊胃己脾连。
庚辛在肺癸主肾②，脏腑须随五色迁。
克金喘嗽肚胀泻，克水增寒脐下酸。
克火心痛伤冷物，克木风牙溢怒难。
假令克水病肝肾，须详男女别其端。
癸亥或伤为产妇，阳神水气男病缠。
会得孙膑占病法，不须诊脉看根源。

注释：

①"人元贵神并地分"应为"人元贵神将地分"。

②以上三句内容不确切，且内五行与外五行相混，无法使用。内五行应是：甲胆乙肝丙小肠，丁心戊胃己脾乡，庚是大肠辛主肺，壬是膀胱癸肾藏。三焦亦向壬中寄，包络同归入癸方。

论占墓吉凶法第四十四

克无生有理何微①，旺克宜将四位推。
祸福吉凶如眼见，始知神妙自天垂。

注释：

①"克无时有理何微。"受克为无。得时为有。其理微妙。

论占宝吉凶法第四十五①

命前五辰占舍宅，后三庄产看兴衰。

五行旺相相生吉，四位相刑祸必来。

注释：

①"占宝"应为占宅。

论占求财吉凶法第四十六

求财得贵看龙现①，更看主客和不和。

若得相生财有气，不求自获如意得。

注释：

①"求财得贵看龙现"，求财其贵神为青龙且不受克大吉。

论占亡失去往法第四十七

玄武入课忧失亡，妻位加刑①贼必来。

更若太冲乘旺相，徒教防守资财失②。

大都玄武贼难防③，失物须看阴与阳。

若是加阳男子取，若加阴位女贼狂④。

首饰被贼相刑克，必然败露被人擒。

贼神得位难觅踪，若更相生不可寻。

注释：

①加刑：月将受克贼必来。

②应为纵然防守还是丢失资财。

③大都应为太冲。

④玄武临阳地分为男贼，临阴地分为女贼。

论占奴婢走失法第四十八

奴婢逃亡看相属①，相属所临方位知②。

主客若和应走脱，相刑自获必来归。

注释：

①相属：走失之人的属和相。此处不再以属相论，应为奴看戌、婢看酉。

②以月将加时寻戌酉落处论之。失物以月将加时寻未落处取之，失六畜仿此。失驴骡应看戌，失兔看卯。

论占六畜走失法第四十九

忽报厩栏牛马失，便将月将加其日。

不知失日将加时，本身住处应自知。

数加支干必知音，若逢克处见其质。

论占禽噪吉凶法第五十

忽听禽鸣高树枝，便将月将加正时。

大吉途逢铜铁至①，太乙登明见乞儿。

天罡河魁主斗讼，小吉妇女携酒食。

功曹传送为贵客，子午酒肉宴会期。

太冲船车冲劫煞，从魁夫妇索休离②。

更把神将详善恶，前逢吉凶切难知③。

注释：

①"大吉途逢铜铁至"大吉丑土入课路途必见遇铜铁器具。

②"从魁夫妇索休离"月将从魁入课路途必见离异夫或妇，主索取、休弃、分离事。

③"前逢吉凶切难知"将神关系与贵神关系一并考虑时，信息量大增，所以，尽管关系纵横交错，仍然能够切准脉搏，解决疑难。

论寻人吉凶法第五十一

　　四孟门前立等渠①，季神家内候须臾②。
　　仲当远去或托辞③，更看行人实与虚。
　　行人有滞寻人出，下生上克动移趋。
　　二上克下坐家内④，反此车行到必迟。

注释：

①四孟门前立等渠：凡占人在家或外出，如将神加见四孟。其人立于门前，必见之。

②季神家内候须臾，如将神加见四季，主其人在门里，亦主相见。

③仲当远去或托辞，如将神加见四仲，主不见其人，因其外出或借故托辞。

④如二上克下，占人主在家坐。金口诀依照申、卯、子、午四游神判断人的行移。故曰：寻人只用孟、仲、季是也。

论占井法第五十二

　　课井之法术中稀，月将加时方上推。
　　方上月将常为定，又以加临时上知。
　　小吉见时为井地①，淡甜酸若切须稽。
　　四位之中须审察，二火应知是苦泉。
　　二金定为甜美水，木里带酸碱水宜。
　　更要临时仔细看，五行滋味讵能移②。

注释：

①"小吉见时为井地"月将加时寻将神小吉落处。

②"五行滋味讵能移"依据五行之五味可定井水之味。

论置井法第五十三

凡置井之时，先用净水香盘，将以精诚，又择吉月日，以十二个帖子书定时辰，令住之主人探得某时，然后作课。

论射覆吉凶法第五十四

青龙钱财铁木期①，螣蛇灰花砖瓦资。
朱雀文书毛兔类，文采红花锦绣衫。
六合器物须言草，竹木盘盒堪用时②。
勾陈是土应中央③，泥土砖瓦破难全。
更与天空同一位，壶瓶瓦罐手空翻。
贵神牛角镜石钱，光明圆滑金变迁。
天后疋缎襦丝绵，见水衣帛彩绳鲜。
太阴手帛钱和纸，妇人刀尺耳珠环。
玄武笔墨与墨斗，石灰木炭木匙端。
太常饮食妇人衣，甘美黄白头上钏④。
白虎纸布铜与鼠，骨瓶刀剑猿磨盘⑤。
此是射覆真妙法，发用临时解疑团。

注释：

① "青龙钱财铁木期"应改为"青龙钱财铁木器"。
② 用时：地分。
③ 勾陈是土位置居中央。
④ "甘美黄白头上钏"甘美为食物，妇人衣服与头上饰色为黄白色。
⑤ "骨瓶刀剑"指刀剑等坚硬物。

论射覆神将法第五十五①

寅木为衣服，卯草东园乡。
辰前为药类，巳火雀文章。
午红果文信，未食衣必黄。
申为金钱纸，酉为珍玉光。
戌土谷瓦类，亥绳带细长。
子黑文毛墨，丑铁五谷香。
学人消息用②，射覆见怀藏。

注释：

①射覆时指方定位，以用爻或旺相的六合地为射物所在位置。再以用爻干合之地分立课，取用爻论形状、上下可详细辨之。也可只立一课定之。

②学人消息用：指学人应仔细推敲。

论射人身上衣物法第五十六

午未头面，下克上、下生上者，为头面上物也。巳申二辰为肩膊，下生上与下克上，其物必在肩膊也。卯酉为腰胁间，下克上主悬空，上克下离身，物必是夹袋子也。子丑地户为鞋脚，二上克下者，必是鞋袜也。亥寅伏膝在下裳，或上克下，或下克上者，是襜褕裈幅①也。戌辰两位金铜作，上克下，下克上，必是在腰间，或腰带丝绊上有金铜之物也。

假令十二月将，甲子日午时课卯位；上见从魁加卯，其物必可食。何以知之？云："子午卯酉吃食吉"。又云："子午卯酉为食物，木乡当向果中求"。又云："若临四仲当为果"。方今四相加，岂不为果乎？他皆仿此。

注释：

①襜褕裈幅是古时腿上的装饰物。

论占人身上瘢靥法第五十七

瘢痕之法最难看，五子元中日干言。
生处应无克处有，不论幽隐察其然。
午面未头子丑足①，亥寅为膝巳申肩。
辰酉左右乙辛胁，甲背庚腰丙肩间。
申戌斑戊午痕靥，丙午原是火烧身。
庚记壬留旺处看，诀记身边验得真。

注释：

① "午面未头子丑足"改为"午头未面子丑足"。

论贵玄武法第五十八①

当以月将加正时，先取将神，后玄武一位定之②，必见盗贼去处也。
若见功曹为玄武，贼人在东北沟渠之道旁，近大树，其贼青衣大目。
太冲为玄武，其贼东方大树冢墓之间，其贼面青唇缺，大头小脚细。
天罡为玄武，其贼东南方水旁，或破井中，其贼黄白色，大恶，褰唇③。
太乙为玄武，其贼东南隅窑灶之中隐，其贼面赤大鼻锐。
胜光为玄武，其贼在正南落西空墓之中，此贼面黄目小。
小吉为玄武，贼在正南，冈岭灶窑旁，其贼赤色身轻。
传送为玄武，盗藏物在西南鸡栖下，其贼身白面紫。
从魁为玄武，其贼藏物在县西，近陵阜④，其贼身长黄面，好骂。
河魁为玄武，其贼西北之方潜身，必在墓边，或古穴之中，面貌淡黄白色，褰唇。
登明为玄武，其贼藏在西北园中楼子上，其贼短小，面上青黄。
神后为玄武，其贼藏在北园中，傍水新草下，其贼黑色⑤。
大吉为玄武，其贼藏物在正北潜形，落东破屋器物中，其贼黄色，身矮大目。

假令辰为财,玄武为贼,身克玄武,贼即不得;若被玄武倒克贵人,盗贼得之。欲知盗贼所在及藏物之处,但察玄武所主也。

注释:
①此为用活贵神法起课。
②以玄武落处定去处。
③褰唇:厚且外翻之唇。
④方位在西,地形处丘陵起伏、有水流弯环。
⑤旁边有水、新物、有草,草下藏贼,色黑。

论失物所藏方位法第五十九①

若见甲乙,藏在戊己之下;

若见庚辛,藏在甲乙之下;

若见丙丁,藏在庚辛之下;

若见戊己;藏在壬癸之下;

若见壬癸,藏在丙丁之下。

注释:
①失物所藏方位是以课中的用爻,取旺相的贵神干或将神干合处为物藏之处。如四位内贵神用爻甲寅,其贵神干甲的合之处为己未,未为其物所在方位。再以未为地分立课,以课内爻位生克制化来断物之位置与形状,如上克下,下克上,中间反复克或相生,知其物在上,在下或夹在中间,并知物的形状、颜色、新旧、成破、长方、扁圆等。

论支干数目法第六十①

甲己九,乙庚八,丙辛七,丁壬六,戊癸五。

子午九,丑未八,寅申七,卯酉六,辰戌五,巳亥四。

此数本出太玄,凡课内有六里路边,七里路边,准此支干数用也。

注释：

①天干数中没有论及零、一、二、三、四，地支没有论及零、一、二、三。注者将有专著论之。

论占修造宅舍吉凶法第六十一①

占问其家长行年加宅神、视本命前五辰，如见煞神也，见魁罡不可迁移造宅，凶。见功曹、传送、胜光、神后、大吉、小吉，宜修也。又当以家长行年加神将，见魁罡辰，有病，主家宅耗财。见从魁，主老小口舌火光②。见太乙、太冲主妇人争财。见功曹、传送，喜常不绝。见神后，盗贼死亡。见胜光，亦为喜用。见登明，忧财。见大吉、小吉，忧牛马及火光。

注释：

①本节介绍两种修宅起课方法。

②火光：应见火旺主有此事。酉金本身不主火光之事。

修造宅舍的吉凶更要看在日的何处动用起造。原则是旺相可动，刑克不可动。如在空亡克战之地和勾陈、玄武皆主不利。

论宅内见怪去住法第六十二

当以月将加正时，若见白虎、螣蛇临日辰①，耗在门。若见大吉、小吉、胜光临日辰，耗在家。若见功曹、传送、太乙、神后临日辰，耗在家。若见天罡临日辰，耗在牛栏，六畜灾。若见登明、太冲临日辰，耗在中庭之左右②。

注释：

①此处以日支为地分，月将加时到地分看是何将，以将定之。白虎、螣蛇应为河魁、从魁。

②"中庭"即为房屋中央或现代的客厅。

论占家中百怪法第六十三①

当以月将加正时②，天罡加孟，凶。加仲，吉。加季，大吉。

又当以月将加正时，看神后所临③，即知见怪也。神后临子，必是鼠或血光。临丑必是鬼作人形。临寅是四足或木器动转作声。临辰必是赤色四足声音作怪。临巳必是釜鸣。临午亦釜鸣、亦光。临申必是走兽。临酉必是飞鸟血光。临戌是枭鸣狐叫为祟。临亥是猪狗登厕，见鸣之物。卯与寅同。

注释：

①此节反映了古人对怪异现象的认识与解释。

②当以月将加正时寻天罡落处。

③寻神后落处。

论人行年运灾福法第六十四①

当于人行年小运上，行课依神将加临传成四课①，以取灾福。若小运与课干相合，最为吉用也，不合则否。若四位相生则吉，相克则凶也。又云：凶神凶将以凶断之，吉神吉将以吉断之。若运干课干相合，此运必获大喜也。

假令小运己亥课，见人元是甲，故甲己合也。如无干合，次用支三合，亦为喜用也。以小运支课上将取三合也。

假令小运是亥，课上见太冲，或六合、小吉、太常是也。如无三合，以用六合，亦为喜用，以小运支，课上将神六合。

假令小运在亥课，见功曹或青龙是也。

注释：

①人行年小运上，行课依神将加临传成四课。

论推小运入式法第六十五①

甲子旬生人，男一岁起丙寅，女一岁壬申，十岁但到亥，男顺女逆行也。

甲戌旬生人，男一岁起丙子，女一岁起壬午，十岁但到酉；

甲申旬生人，男一岁起丙戌，女一岁起壬辰，十岁但到未；

甲午旬生人，男一岁起丙申，女一岁起壬寅，十岁但到巳；

甲辰旬生人，男一岁起丙午，女一岁起壬子，十岁但到卯；

甲寅旬生人，男一岁起丙辰，女一岁起壬戌，十岁但到丑。

假令甲午生男，一岁起丙申顺行，二岁丁酉，十岁在乙巳，二十乙卯，三十乙丑，四十乙亥，五十乙酉，六十乙未，六十一岁至丙申，六十二岁到丁酉，六十三岁到戊戌，六十四己亥，六十五庚子，六十六辛丑。其甲午生人属金，至丑入墓，大运又在午，又是本命伏吟，丑午相害。

注释：

①金口诀的推运法以六甲寻定位，男起丙六阳顺行，女起壬六阳逆行，数至年支上，知其运程，定其灾福，断其生死。

论小运行年灾福法第六十六

寅为元首号功曹，运限亨通位转高。

上士贵人相接引，亲朋知友共相交。

男逢此运防吊问，恐遇刑祸见天牢①。

此是运中灾福诀，后人留意细推敲。

卯为小运太冲宫，此限居时魂不安。

男子迍遭多疾病，须防官事横来愆②。

事饶心神多恍惚，运神求财百事难。

得病免灾须祷谢，更恐身归倒路边③。

辰为猛将号天罡，此运推移事争张。

虽处巽宫为地网，诸邪鬼怪作灾殃。
龙神土地俱递送，当家必定主重丧。
修造迁移皆不利，急宜作法水中禳④。
巳为太乙居斯地，多招疾病官灾至。
邪魅时时作祸来，釜鸣屋爆怪异事⑤。
祭灶须祭血腥鬼，看看又恐阴灾起。
如改此运迁须急，合有相当财禄喜。
午为离地胜光乡，此运求财百事强。
论讼入官须得理，参贤谒贵遇侯王。
经求通达过前载，来岁尤加大吉昌。
修造切须宜大忌⑥，除非作法水中禳。
未为小吉多啾唧，此运田蚕可盈溢。
百事经求宜避往，求财慎守防偷失。
吊问尤增减省宜，凶灾逸惹来相逼。
后贤披阅细搜寻，此中灾福不失一。
申为传送在家凶，此运官私并不通。
出外求财宜且喜，居家惟恐病疮痈。
造幡送去东方吉，逢着生财喜客躬。
修造迁移切宜忌，堪居甲乙猒青龙。
酉为太阴号从魁，鬼魅天罡终送灾。
五鬼临门财物散，更知此运大迍灾。
运中须逢牛马死，白虎时时灾火来。
二月八月宜慎守，必为丧事哭声哀。
戌为天空号河魁，此运逢时亦有灾。
闭塞不通多塞难，看看刑狱压头来。
遭遇天罗身难解，地网恢恢挣不开。
男忌官灾忧疾病，女防生产损娠胎。
亥为阴鬼号登明，此运经求事不成。

四足门前多作怪，更兼小口有灾迍。
暗被阴谋招口舌，时遭蹇难损资金。
己亥月日应须忌，吊问宜防惹祸临。
子为神后太阴精，此运经求不称情。
多半到门俱是怪，日中失脱必奸生。
迁移修造宜多利，好事无谋主损因。
子午卯酉休吊问，带将鬼祟入门庭⑦。
丑为大吉且安然，十二年中到丑天。
此运田蚕多称遂，今时福禄定高迁。
天后男女逢必咎，四煞⑧阴人遇有愆。
丑未月中宜避忌，遭他本命福连绵。

注释：

①"吊问"即金口诀的"吊客"神煞。男遇将有刑祸、天牢之灾。

②男子问课有慢性疾病或官事缠身。愆：同遭。

③易有不测横祸发生。凶死路边。

④辰土凶神，虽有龙神土地护送亦难跳脱。只有借水之力避之。

⑤凡见螣蛇精怪事。游逸为梦游或六神无主之感。

⑥朱雀为凶神，问修造必须避之，为天地之大忌。

⑦吊客临子午卯酉门户主鬼祟已经入门庭。

⑧四煞：四季会煞的简称，丑见戌名四季会煞，主人有精神病及灾厄。

论课见十干所主法第六十七

位至甲，喜庆婚姻官乘马。①位至乙，书信婚姻不由己。

位至丙，家宅不宁文字冏。位至丁，惊恐忧灾哭泣声。

位至戊，坟墓词讼贫后富。位至己，酒食田园婚姻喜。

位至庚，六畜道路血光凶。位至辛，外丧死怪有虚惊②。

位至壬，冤屈淫邪名不顺。位至癸，四足走失乞索累。

注释：

①人元见甲，主喜庆、婚姻、官禄、财，生贵神、将神、地分。

②人元见辛，有虚惊凶事，有车伤、刀伤等灾祸。因金克贵神、将神、地分。

论课见十二贵神法第六十八

见贵神：施德文流是贵人，见螣蛇：轻簿醉酒无妇德。

见朱雀：巧诈美人情挥霍，见六合：婚姻交易暗秋波①。

见勾陈：勾连斗讼家计贫，见青龙：贵客佳婿谒尊容②。

见天后：妇女邪淫贵贱肉，见太阴：金石口窍阴贵人③。

见玄武：阳人谋盗水墨鼠，见太常：贫薄老妇井灶墙。

见白虎：凶恶阳人持刀斧，见天空：孤残疯魔家逞凶。

注释：

①有异性参与之事，事体异常复杂。

②勾辰死气才可论贫贱，青龙旺相方可知家足丰否。

③此句缺失，应为"天后旺相美妇人"。休囚无力失去主动地位。太阴同天后论。

卷 三

论天官临十二位吉凶法第一

天乙临寅帝命恩，贵人文字犯宅神①；
射覆珍宝奇异物，路逢官鬼道游人。
天乙临卯兄弟乖，官事伤财又到来；
射覆水生须细碎②，逢医术士毂车推。
天乙临辰状落空，奸邪文字斗争凶③；
邀候兵官牛倒死，怀藏圆物及磁铜。
天乙临巳急书来，厨灶虚声怪见灾④；
射覆只言财宝聚，牵牛骑马次相摧。
天乙临午为徵召，进禄添财福有馀；
占射宝珍神祀物，送迎官贵马驰驱。
天乙临未投友知，喜事诸般见不迟；
怀里美香珍果物，路逢羊酒话婚期。
天乙临申贵客期，远乡书信带凶疑；
路逢甲队兵官过，珍宝金钱药石资。
天乙临酉酒食排，商远出入不为灾⑤；
射覆刀钱及盏镜，奴婢随求上任来⑥。
天乙临戌官事灾，旧来沉滞再成乖；
犬咬牛骡重接贵，怀藏药物及钱灰。
天乙临亥竞田庄，官事如何阴小遭；

87

邀候花珍及孕妇，物为眼窍带口圆。
天乙临子并神殃，猫鼠同行子必亡⑦；
射覆彩妆经妇手，逢人外死妇还伤。
天乙伏位课占神，惠泽迟疑铜铁求；
邀候双牛带花马，人持铁器道边遽。

注释：
①贵人临寅，寅为劫煞，为有惩罚。贵神主神，主宅不安宁。
②天乙临卯为木克土，射覆为细碎物。
③丑见辰为三刑，主有争执，贵人病困不和。
④巳火主灶神，火旺为见灾。巳酉丑金局主阴私合和，因异性帮助迁官晋职。
⑤丑见酉为外出、商途、阴私合和事。
⑥指带领随从人员异地上任，主迁官事。
⑦猫鼠同行鼠必亡。子水被丑土合为克合，非吉。

论螣蛇临十二位吉凶法第二

螣蛇临寅文字忧，光影空中神树求①；
射覆花锦衣赤白，鹊禽斗闹吏人游②。
螣蛇临卯为开窗，盗贼惊忧女病殃；
邀候小儿三五个，怀藏果食草花香③。
螣蛇临辰官事兴，六畜昏昧田土争；
射覆尾磁钱药类，路逢妇过见喧声。
螣蛇伏位梦中惊，鬼怪飞虫人病萦；
蛇鹊空中争散乱，射覆蝇虫花木青。
螣蛇临午远信附，官事火光忧惊惧；
邀候禽鸣游女逃，射覆绯红及翠羽。
螣蛇临未忧井灶，孤女财帛防失耗④；

路见妇女来迎人，射覆丝麻钱谷料。
螣蛇临申金器鸣，有人外病死萦萦⑤；
厨灶移断军人乞，怀中金石铁铜名。
螣蛇临酉主阴私，奴婢逃亡暗昧疑；
占射钱刀针钮镜，路逢女主发悲恸。
螣蛇临戌忧丧失，斗打冤仇何事急；
邀候驴驮一小童，砖瓦骨石觅怀中。
螣蛇临亥贼盗忧，水火冲刑急讼愁⑥；
路逢乞丐并燕鼠，怀藏乞索匙铁求。
螣蛇临子急闭门，蛇鼠堂中怪现频；
邀候同前依法定，怀藏尖细插花应⑦。
螣蛇临丑防咀咒，火光烧宅邻丘仇；
邀候园边逢二女，射为五谷铜铁求。

注释：
①相生中并且有刑，更深一步的说就是爱过之恨所造成的忧虑。
②鹘（gu）禽：猛禽类，鹰属，可捕食小动物。经训练可以捕猎。这句是螣蛇临于寅位，可以见到牵狗架鹰的游猎场面。
③巳火主小儿，主花果。
④遇未，好饮酒，见土木则吉。孤未、井，女巳、灶。
⑤逢申金，随人走失。
⑥逢克，主娼淫。落亥宫有水厄，主惊恐。
⑦子巳相绝。蛇吃鼠为凶险。夏季临之灾更凶。

论朱雀临十二位吉凶法第三

朱雀临寅文字信，官事追呼役吏因；
邀候见人随父母，射为花草赤衣新。
朱雀临卯信上门，火光口舌女灾临；

路逢夯床刺绣女,怀中果食味何新。
朱雀临辰僧道门,驭驾书画艺术人;
邀候逢人相斗打,尖刚破瓦赤花盆。
朱雀临巳口舌事,厨中火发病萦萦;
邀候飞禽及小女,怀中杖物似龙形。
朱雀临午火光惊,信因官灾病缠萦;
邀候倡优①骑马过,飞禽怀里已成形。
朱雀临未争婚姻,阴人财帛女婿分;
路上急逢尼女过,怀藏甘果赤衣文。
朱雀临申远信行,人亡官事怪妖生;
邀候道中鸦鹊闹,怀中石铁事推明。
朱雀临酉妇损胎,火起厨房官事灾;
口舌生疮头面肿,怀中书册及资财。
朱雀临戌贵家名,小人多事主喧争;
兽驮飞禽人怪恐,骨瓦文书是此情②。
朱雀临亥是非张,水火相刑夫妇伤;
在路忽逢禽打兽,怀藏尖细物非常。
朱雀临子主喧争,求事无成心痛生;
禽噪高枝兽引路③,射言毛羽黑灰轻。
朱雀临丑竞田庄,火烧屋舍厄桥梁;
妇嫁担盘及送柜,射为毛羽鼠巢根。

注释:

①倡优:歌舞演员。

②骨:甲骨文。瓦:瓦罐。文书:文契、图画。

③路途上有禽噪高枝。或有六畜引路。

论六合临十二位吉凶法第四

六合临寅文契交，公私兄弟有呼招；
邀候上梁新盖屋，怀藏竹器把枝条。
六合临卯交斗争，成和来合已两重①；
邀候担盘床重迭，竹箩盛果青柳松。
六合临辰契约交，争吏公私挚畜逃②；
邀候只逢车载草，射为竹器把枯梢。
六合临巳神宅厨，成就交关不义谋；
见视携瓶并挈甄③，射为木器火烧炉。
六合临午有追呼，文字交和望信书；
怀里物红并赤果，妇人担水又驱车。
六合临未和会亲，酒宴钱谷聚宾邻；
邀候乐声祈赛社，怀中甘果带青根。
六合临申逃亡因，捕贼官司禁系身；
邀候群车军伍过，钗环纸裹射如神。
六合临酉问易门，屋舍乔迁更改新④；
来意只因争役吏，路逢刀剑镜钗论。
六合临戌斗争论，田土奸欺在四邻；
习射伤人邀候见，怀藏印骨刻刀文。
六合临亥产儿初，心在阴人欲见之；
水上见木还是水⑤，路逢猪儿担瓦壶。
六合临子觅人难，求物参投事亦然；
射覆花果及细软，路逢竹笼手提竿。
六合临丑求望情，咒咀争论百事萦；
柜匣复随担笼担，盘粮斛斗铁铜名。

注释：
①六合临卯。主有妻家鞍马来到其宅，其家主喜庆，往来频频，常做吏

人，兴盛，合交易。

②六合遇土主官司文状。

③射覆：为投掷游戏。

④易：更改，移也。卯酉相见必有更改迁移事。

⑤"水上见木还是水"应为"木上见水还是木"。

论勾辰临十二位吉凶法第五

勾陈临寅妇女亡，争竞田庄叶木桑①；
邀候妇女陈状立，怀中有土圆及黄。
勾陈临卯家不和，妇人官灾斗口舌
邀候鬼风飞鸟闹②，怀中瓦器笔毛多。
勾陈临辰主争张，家宅不和田土殃；
见畜屠家并血肉，射为砖瓦土圆黄。
勾陈临巳宅灶凶，怪动忧疑梦贼冲；
见视鸟鸣空散乱，土中炉冶物中红。
勾陈临午文状争，争田竞土畜由行；
路逢皮毛杀四足，器物包罗果食名。
勾陈临未子孙孤，嫁妇重婿妻失夫；
狗随群羊骡负米，射为甘果食瓶壶。
勾陈临申必死伤，事占人口见逃亡；
避罪不然争战事，车担牛驮炭石藏。
勾陈临酉杀仆凶，妇人作事不分明；
怀中有物钱镜器，门前狞狗见人鸣。
勾陈临戌战斗正，坟墓迷亡子不兴；
坐视双宠③奔人去，骨磁怀抱土尘名。
勾陈临亥必争论，斗竞庄田有病人；
伤人丝蚕还耗散，逢途还有石磁尘。

勾陈临子绝嗣哀，水道沟渠人损灾；
邀候兔狐并死鼠，怀中刚物破痕开。
勾陈临丑争田园，分居新宅住不安；
车牛载柜人担瓮，砖石怀藏比类看。

注释：
①克，主奴婢走失，遇木，官事牢狱，为勾惹牵引之人也。
②鬼风指旋风。
③双宠：应指两只狗。

论青龙临十二位吉凶法第六

青龙临寅兄弟情，喜悦文书财立兴；
邀候贵人乘马去，怀中有物铁衣青。
青龙临卯远信来，忧财文状后和谐；
邀候草车逢术士，青红花木故钱财。
青龙临辰官司动，桑田钱财值词讼①；
怀中六畜文字争，路上公吏争送迎。
青龙临巳吉庆生，光影飞虫神树灵；
邀候带花二女去，射为椒果及花猪。
青龙临午书信情，文状争财役吏萦；
邀候贵人法重妇，文章花果缕衣轻。
青龙临未欲求财，妻损祈神和会谐；
邀候虫伤羊忽病，怀中衣物食中来。
青龙临申欲争财，出外商途贼窃来；
邀候官员远信急，怀中铁石宝金灰。
青龙临酉客上门，来意谋求财物因；
邀候军乐及筵散，怀中钱宝与金银。

青龙临戌贵人迁，民庶②占身财畜遭；
邀候青黄猫犬过，射为印物小刀环。
青龙临亥欲游行，财物须防官事争③；
生产或将财进纳，路逢车马水中生。
青龙临子喜重成，妇女婚席见产生；
买马辰中立神树，怀中花果食堪烹。
青龙临丑争名利，母亡官事财不济；
若言邀候与射占，图画神祇铜钱断。

注释：
①青龙遇土，有官司，辰戌为牢狱，丑未为笞杖。
②民庶：庶民，一般的老百姓。
③青龙临亥出行不利，亥是寅午戌的劫煞，须防官事争执。

论天后临十二位吉凶法第七

天后临寅财物交，婚姻和会富家豪；
七里路边逢贵妇，射为草木彩花袍。
天后临卯妇外情，贼盗人亡官事兴；
外妇人家蚕茧好，纯丝竹木带盐行。
天后临辰不可当，争张产难妇人伤；
园丘瓮破遭水溺，木杓破罐刀具藏。
天后临巳宅血凶，水火相煎口舌重；
旧病妇人心气痛，丝蚕减耗血财凶。
天后临午阴人灾，文状口舌事不谐；
水克妇人心痛祸，出门又见妇悲容①。
天后临未家有井，后妇损儿许愿成②；
邀候群女临井畔，不然夯莱③抱麻行。
天后临申儿诞生，夫妻分离向外行；

邀候妇人担小女，怀藏金镜及磁瓶。
天后临酉事不明，妻奴贼引出游行；
婚姻喜庆占财吉，射候为情是此情。
天后临戌有争呼，钱帛官私有外谋。
邀候必逢担瓦器，怀中红碎药钱毛；
天后临亥到本家，钱帛婚姻射是花。
望喜求官应不失，见猪形黑更无差；
天后临子神喜和，万事占之福必多。
射覆定知青细碎，路逢酒器及师婆；
天后临丑后妇多，公私争讼及沉疴。
射覆只言神器物，路上逢见瞎眼婆；

注释：

①子午为门，午亥相绝，火主心，被亥水克绝，故痛。

②天后临未亥卯未空合。主未土克亥水伤小口。因合局许愿可以补救。

③夯莱：莱，蔽，即萝卜。夯，应为扛。意思是扛着萝卜。应做：救晚了就只能披麻戴孝了。

论太阴临十二位吉凶法第八

太阴临寅文字交，财帛虚耗有呼招；
七里路边逢杀树①，怀中金宝火全销。
太阴临卯暗阴和，女子私通盗贼过；
六里内逢车载粟②，射为盏托竹丝多。
太阴临辰恶人欺，作事难成百事迟；
五里内逢屠户至③，怀中金石物推之。
太阴临巳主凶丧，悲泣沉疴火发光；
门里必逢丧孝郎，射为钱铁盏磁缸。
太阴临午主喧争，官事阴私斗讼生；

95

九里内逢急迅风，怀中尖物与金明。

太阴临未欲谋财，和合婚姻戴金钗；

八里内逢三孝子④，射为金帛在于怀。

太阴临申远行人，其家恐被贼兵惊；

七里内逢军队过，凶死龙虎石金形。

太阴临酉落天星，私情和合谋计成；

六里内中逢二女⑤，刀环钱物镜中青。

太阴临戌主争张，官事阴私妇女伤；

五里内逢兵卒过，怀中钱镜药中王。

太阴临亥人图谋，阴宅小口外人居；

四里途中逢一妇，手提衣物坐当途。

太阴临子忧胎失，盗贼临欺文字匿⑥；

九里路逢一妇逃，怀中五谷文书觅。

太阴临丑咒诅己，暗昧人谋灾祸起；

八里妇女牵黄牛，铜铁怀中见觅底。

注释：

①太阴见水土，则吉。见木则凶。寅在宇宙双螺旋本数主七。所以七里路边可遇砍伐树木事。

②六里内逢车载粟。卯为六。卯酉主园、车轮、扁圆等形状。古人以粟的形状比喻卯酉。金克木粟有口。

③辰为五。行至五里内遇见屠户或屠宰场。

④未为八，太阴酉金为三。又因丑土坟墓孤寡生太阴酉金。色白，披麻戴孝。

⑤太阴临酉为比。酉金为三，二者合而为六。酉金为女，见二酉金为逢二女。

⑥水盗金气忧早产、流产。"盗贼临欺文字匿"用假象欺骗受害者。

论玄武临十二位吉凶法第九

玄武临寅文状论，争讼托付鬼着人①；
七里树边见黑马②，怀中竹木帛缠根。
玄武临卯遭贼来，求事难逢官讼灾；
患眼缺唇六里见，发毛草木竹曾栽。
玄武临辰争斗击，恶人牵惹酒亡失；
五里必逢持猪屠，射覆瓶壶盏药觅。
玄武临巳鬼怪动，死亡口舌及恶梦；
四里乞丐及军人，射物灰石禽兽弄。
玄武临午六畜亡，官事口舌及见伤；
九里逢马及惊斗，怀中羽毛笔文章。
玄武临未井院坟，财帛失耗鬼神惊；
八里师婆道路见，射为盒子果中存。
玄武临申主逃亡，官事因争小道桑；
邀候军人并死贼，怀中石铁炭中藏。
玄武临酉贼上门，死亡官事欲缠身；
妻奴投井看应死，占射应藏黑石盆。
玄武临戌占墓丘，争讼贼伤死恨仇③；
五里有犬咬贫子④，军人争战射毛裘⑤。
玄武临亥死还生，虚惊后喜事还明；
四里只见九人至，怀中有物黑兼青。
玄武临子到本方，鬼贼投井产妇亡；
九里逢人来取火，堪食物鹊鼠怀藏。
玄武临丑文状殃，贼谋咒咀争桥梁；
八里见人逢水害，水土度量更求长。

注释：
① "托付鬼着人"：即民间所说的鬼缠身。

97

②"七里树边见黑马"寅为七里，寅主青龙，午为马，又有龙马精神。寅午戌为火局。寅本身含午火，寅木为树，午为马，寅午为半合局，树上拴马。玄武为黑，故树上拴黑马。

③"争讼贼伤死恨仇"，由于玄武水被戌土克，贼受伤结仇。

④"五里有犬咬贫子"，戌主五、主犬、子主小孩、贼子。子水受克是也。

⑤"军人争战射毛裘"，子水玄武征战事。又是申子辰水局的争执斗打之主宰。戌土为圆形，土克水，反被子水冲刷，故主争战毛裘事。

论太常临十二位吉凶法第十

太常临寅号得奇，万事宜占只克妻；
来意只因文契事，千般动用好行移。
太常临卯是为财，盗贼口舌不为灾；
六里路边逢羊兔，果花吃食在于怀。
太常临辰财物交，恶人诋毁逞粗豪；
家中迟疑逢载用①，药钱食物射难逃。
太常临巳妇人忧，井灶钱财散失愁；
占病必除逢绢帛，钱财吃食果中求。
太常临午家吉昌，近来添买外田庄；
家贫妇人道中见，女人头面及衣裳。
太常临未到家来，酒食财帛妇人陪；
邀候阴人求子息，占射还是自家财。
太常临申必外游，商逢百事好图谋；
假令贼劫人财散，外面来欺莫自求。
太常临酉喜为财，阴人酒食婚会谐；
六里出军逢赏赐，射为头面及金钗。
太常临戌贵家陪，民吏争财五谷灰；

邀候犬衔破衣走，更看嫔妇礼坟来②。

太常临亥宅不安，争田竞土女伤残；

破财只为神克将，小吉加亥必孤单。

太常临子与前同，家中多出少亡凶；

横死伤财兼患眼，射为衣盏物须红。

太常临丑家岂馀，争讼孤儿外姓居；

后妇虽多浑小事③，家舍竟被别人擎④。

注释：

①太常未土主迟滞，载为重复，迟滞、拖延、旧事重提等。

②"太常临戌"太常主女人、衣服，戌狗。未木库被戌火库破之、融之。"更看嫔妇"太常被戌刑，主有孝妇。

③主事体关系多、乱、杂。

④丑未皆为库、为家园。丑未相冲，后妇的家舍被别人图谋。

论白虎临十二位吉凶法第十一

白虎临寅主杀伤，远人凶死病须亡；

孝子军都逢七里，射为金宝及衣裳。

白虎临卯死伤起，人口不旺休问已；

官事贼人杀害伤，孝子丧车金木理①。

白虎临辰必死亡，六畜相争坟遗桑；

五里逢人相斗讼，丝麻瓦布袖中藏。

白虎临巳甑灶鸣，脓血人亡痛叫声；

四里逢人夯锅铫，砧刀金类事推明②。

白虎临午凶孝余，官灾病患宅难居；

九里路逢花马过，怀中梳物尖和破。

白虎临未主孤单，竞妇争婚病怎痊？

八里羊殂逢孝子，怀中有物角方圆③；

白虎临申武贵官，远事兵凶逃出难；
七里异兽逢兵队，丝绸金石袖中看④。
白虎临酉主死亡，不明暗昧有灾殃；
六里只逢人病死，怀里石金或刀藏。
白虎临戌占骨肉，争张多为道田期⑤；
五里内逢人蜀钉，怀中灰骨土烧之。
白虎临亥为之然，官事争讼断不偏；
邀候登明无定执，怀藏察日看堪传⑥。
白虎临子主逃亡，占病难安官讼长；
日似火神须见死⑦，水为贼怪土争张。
白虎临丑得外庄，外人咒咀起官方；
金木神同来一位，定知痛死被人伤。

注释：

①丧车入课有见申金克卯木，必见丧孝。

②夯锅铫：铫古时浇水煎药器皿，锅铫，指炊具。意思是，向东南走四里地，可以见到一个扛锅或铫的人。

③殂：与死之。有关。羊殂，残缺不全的羊。"怀中有物角方圆"系申方、未圆、合有角。

④白虎临申。主子孙在外，卒难寻觅，其家主有官事、伤财及伤六畜，更主有产死妇人，大凶，无有一吉之事。

⑤"道田期"意为道路、田土、契约。

⑥水有形无体，定其性时以日支定之。

⑦日似火神指巳、午日。

论天空临十二位吉凶法第十二

天空临寅怪惧多，文书鬼怪出癫魔①；
七里僧来忽乘马，毯瓶怀里射无颇。

天空临卯贼盗惊，门户开张屋爆鸣；
六里逢车有破瓮，怀中圆物眼刀成②。
天空临辰四足伤，恶人奸诈惹官方；
五里驴骡三五个，瓮盆破损药应良。
天空临巳怪虚惊，飞鸟毛虫官痛縈③；
四里瓮盆担已去，物因窑灶射分明。
天空临午不可当，惊怪文字官讼伤；
虚诈不实见争讼，怀中无物手虚藏。
天空临未孤独郎，疾病官私亡失伤；
八里有羊僧孝子，怀中有物未堪当。
天空临申道路乖，贼马忧愁恐祸灾；
七里有车声闹响，怀中金器自窑来。
天空临酉失惊忙，六畜分张口舌防；
六里有人将信过，如珠圆物铁为光。
天空临戌力斗强，狱讼人丧四足亡；
五里驴骡僧或见，射为枯骨及糇粮④。
天空临亥产生凶，争讼钱财亡失空；
邀候何临知边季，钱财乞索在怀中。
天空临子主奸讹，盗贼鬼神亡死多；
九里穴中见鼠出，物圆如镜似瓶锅。
天空临丑惊恐癫，贼火驴骡杀害冤⑤；
八里逢车翻在路，谷出铜铁隔衣言。

注释：

①逢木，主官司、牢狱。

②此句第六字，清末石印本为刀，四十年代石印本为力，一油印翻印本为刃，三种版本皆异，难定是何种本子为正确。而三种版本皆难表达准确的内容。从字句和有关论述断定，这句话的意思是：如果射覆，这个人怀里藏了一个圆东西，还带小孔。

101

③天空临巳射覆见飞鸟、毛虫、官人、痛患。

④糇粮：糇，干粮。

⑤天空临丑四季会煞主有疯癫之人，射覆见贼、火、驴、骡、屠宰生畜、含冤人。

论功曹临十二位吉凶法第十三

功曹临辰戌：主官事文书动，争竞钱财、马匹、奴婢之事①。

临卯：主有争张奸私。来意只为修宅展夺事。

临巳：主远信悲泣，亦主灶神动②。

临午：主必有官事动，以争文字交加，亦主追摄事。

临未：主来人必克妻，定有后妇，亦必有文契及财帛争讼。

临申：主有婚姻，然媒人反覆争张，谋害自己及财物，又牛马累次有伤。

临酉：主家乱，各争役吏应之。相逢吃酒，私情和合事。

临亥：主其家有入赘婿或外财，更宜六畜资财，其家必大富贵。

临子：与亥同断之。家有惊怪，疾病疼痛。

临丑：主有患脚及头目人，其家主破财及伤六畜。

临本位：主有神树动，其家新修舍屋，出高名人及役人。

注释：

①功曹见土，官事是非。

②功曹见巳火，主哭声、惊恐。

论太冲临十二位吉凶法第十四

太冲临辰：主其巽宅墙根被车碾破，水荡出尸应之。来意只为争财帛田土官事①。

临巳：主其家为生小口，灶神动，忧人口散乱，或有光影。

临午：主有官事，急速惊恐。文字伤损，

临未：主必有争张，伤妻财，散婚姻。

临申：主有车翻伤人，牛折却左角。

临酉：主门户反覆家内作声，三年内失锁一具。

临戌：主失了骨殖，或争财，更主枷狱，兼四足走失，则应之。

临亥：不宜占宅，弟兄不义，亦主破财。

临子：主有妻女逃亡，出外，主渡河有灾，大子投井应之。

临丑：主父亡妻死母患。其家割卖②，以分田土交加应之。

临寅卯：主门户作声，贼动两度，紧东有枯井一所，主生二女破家事③。

注释：

①水荡：指水流淌。

②"割卖"注者补入。

③太冲见寅，主兄弟各居。临寅卯应为临本位。

论天罡临十二位吉凶法第十五

天罡临巳：主有兵鬼作怪，因而为灾，兼灶神动，又主人有灾，小女病患。

临午：主有恶信来，主官事口舌。

临未：主有损牛羊，及妻争物。

临申：主贵客、军官；斗讼。恶疮、癌症；岗岭、道路；外人争官司、逃避、盗窃、田土。

临酉：主妇女清高恬静，阴私；爱文艺音乐；戴金银首饰；有作怪，或火光发，及有死丧、争财、及铜铁应之。

临戌：主争讼，买卖驼驴，其家主有死亡之事。

临亥：主有猪食其子、生财、争讼、惊恐之事①。

临子：主争水道井池、或四足怪动。

临丑：主有恶人仇恨起官事，兄弟不和，主分张。

临寅：主有文状，亦主贵客不和，或马伤人亡。

临卯：主兄弟生分，同居各食，又主不测灾祸，或争奴婢，或争马，有文状动[2]。

临本位，主岗岭、寺观、斗讼、勾连牵引、恶疮癌症。有井，水涌入坟墓，主文鱼[3]，亦主惊怪。

注释：

①天罡见水，主争竞田宅。

②主兄弟生分指兄弟分张事，天罡见木，主官司、牢狱不利。

③主文书。

论胜光临十二位吉凶法第十六

胜光临未：主争妇女头面上物，或争婚姻。

临申：主官司牢狱；车祸伤人，流移，被暗害。有死丧及铜铁鸣[1]。

临酉：主远信到门大凶、逃亡奴婢，首饰伤损，有官事之争。

临戌：主田宅，僧尼，骸骨事，阴人灾讼盗贼。文字信息动。

临亥：主有灾，官事主滞，见血光。为心痛病；

临子：主产灾、水灾，心脏胃病。夫妻分离。有妇人产伤应之。

临丑：主文字暗昧不明事。

临寅：主有文字动，或因花树争张。

临卯：主有信息，更主移宅两次也。

临辰：主有文字交加[2]。

临巳：主厨灶内火发，宅有破灶事。

注释：

①胜光见金火克金主血肉之灾，疾病。

②斗打与文字相遇主文字契约又争执。

论太乙临十二位吉凶法第十七

太乙所临各位吉凶与胜光同断。

论小吉临十二位吉凶法第十八

小吉临寅：主许有口愿；羊及神树动。

临卯：主有酒食信来召，及有财帛，出行，或失了羊及四足物。亦主门神不安，亦主妇人病患。

临辰：主争田宅、主争次邻财。

临巳：主得阴人财帛。更有小房主富贵应之①。

临午：主有孤寡妇人掌握家事，其家主阴旺阳衰也。

临本位：来意占羊及飞禽，主婚姻事应之。

临申：主家长妇女生外心。因此破家，及走失、远行、相送。

临酉：主争钱财，更主丧事及有后妇出嫁。

临戌：主争财帛，或争坟墓。绝却子孙，因为葬不着三，破散了家计，因后妇入室之故②。

临亥：主杀三阴，以女，又主猪食其子之事③。

临子：主有鬼怪，惊恐；多饶病患缠滞。

临丑：主移宅两次，子孙少，亦多残疾者。

注释：

①小房指妾。

②古时有一夫多妻制，故后因合葬发生争执。绝却子孙改为绝子孙。

③小吉见水，主争竞。主杀三阴，现代解释应为流产三次或解释为动物生育后受惊，或缺营养，会吃幼仔以补。

论传送临十二位吉凶法第十九

传送临寅：主有尊长死亡，或无父母，迁移旧宅则吉。

临卯：主无儿孙，出外自将财物去，又移门三次、频失物、或损车辆[1]。

临辰：主有客死，人在远方，或刀剑下死，或是军人[2]。

临巳：主家中灶鸣，及两度移灶，必主破漏。

临午：主其家出徒配刑人，及避官事走失[3]。

临未：主有口愿未还，更主逐他人走。

临本位：主其家有祖上贵人食禄，上得白虎，必主武官死在四方，移宅主破财[4]。

临酉：必主男子妇人恶声名死[5]。

临戌：主翻移坟墓，家出恶子孙，身小短肥，兼主不法之人[6]。

临亥：主折伤六畜、横死，又财不聚。

临子：主行迁；官贵，刚毅而性暴。小儿鬼祟在家，子孙孤独外死。

临丑：主有人偷牛，三年内曾有铜铁鸣；或四足怪，主有杀害。

注释：

[1]传送见卯木亦主口舌，金木相战主口舌。

[2]传送是路神、是凶神，主军人、刀剑，见水泄金气则不为凶。

[3]传送是路神、是凶神，凶神落于火中，主车碾、徒配。因逃避官司出行。

[4]临本位，如旺相主大凶。为武官则武艺超群。见死气必死在他乡。

[5]传送临酉有阴私之事，名声败坏。死，亦主恶疾呼声，死亡应之。

[6]金怕戌土，戌为污土。今指不廉洁之人。

论从魁临十二位吉凶法第二十

从魁临寅：其家则有贼开后门，盗窃财物，或出自缢阴人，恶伤死，其家内有刀一口，曾伤来人，其家必无尊长。

临卯：主有官事力争，主外人暗害自家人口，又主夜间屋舍作声，长现光影①。

临辰：主争铜铁器物，文字钱财，立有所争②。

临巳：必主钱财破，小人牵惹，阴人灾滞。

临午：为占白物；又主带孝、暗疾，来意必为心痛③。

临未：主有羊酒吃食，立应，吉。

临申：主有兄弟出，去远处，却转回家，或是姊妹，宜六畜④。

临本位：主门户夜间被贼开房门，奸妇女。

临戌：主门有伏尸在酉地上，其家不和，出恶徒伤人，主男子患头目。

临亥：主婚姻成，产生女，妻欲生外心。

临子：主夫妻分离，外与亥同断，如求财必遂，更主葬埋事。

临丑：主与邻阴人相谋，盗卖他人土地，虚立文契之事。

注释：

①长现光影，常有怪事出现。

②辰与酉暗合，所立契约有争。

③占物为白色，火克金意为心肺有疾，午酉相绝有丧孝事。

④申酉为兄弟姊妹，申为传送主远行。

论河魁临十二位吉凶法第二十一①

河魁临寅：主家有恶犬伤人事，又主官事。

临卯：主怪起，或四足相趁入门，又主官事。

临辰：主两次斗讼，又主兄弟分离。

临巳：主灶神，又主犬上屋作怪。

临午：主争讼口舌信来，当门有皮血②。

临未：主犬咬羊，妇人病，占贵人有禄，大吉。又主后嫁争婚姻事。

临申：主有游子在外，亦主儒士。

临酉：主有不语人，亦主不明事。

临本位：戌主斗打官司。孤独，皈依之人。主四足走失，因争人出外。

临亥：主田宅斗讼，六畜损伤；又伤小口四人，主小女私通也。

临子：主有贼怪，田宅争斗，又主伤财。

临丑：主，疯魔病人在家，杀害，斗讼官司，又主铜铁悲鸣之异③。

注释：

①河魁为凶神，见金火稍吉。

②当门有皮血为当污，及有伤破血事。

③戌为火库刑克丑金库。相遇有铜铁悲鸣之声。

论登明临十二位吉凶法第二十二

登明所临无定，益与日辰相合，以贵神、人元、将神、地分定之也。

论神后临十二位吉凶法第二十三①

神后临寅：主财丰，六畜荣旺，出高人，役吏人。

临卯：六合主交易，小儿，终生收养他人子女，有贼神动，缠缚，死伤六畜②。

临辰：主失四足，争婚姻，及人死，又主堂中怪现。

临巳：主投水、产灾，有口舌事，又主不祥。

临午：主伤马损男，又主火光。文字官司。

临未：主争财帛，亦争文字契书。

临申：主有游子在外，家中亦主有儒士。

临酉：主阴人掌权，冤仇，因奸私引起斗打官司；外财常进，有产生、分离、夫妻不和。

临戌：主家出虎狼子孙，邻居斗打；有孤寡妇人争阴私事，有水盆自破，黑犬自死；三年内子绝。

临亥：文墨，河泉，赏赐阴人，喜美宴会。主有贼神动，妇女奸淫，水破入宅。

临子：主盗贼入门，貌丑眼斜；逢扰而喜：贵人赏赐珍宝，子孙水溺死。

临丑：主有患眼之人。

注释：

①神后为吉神，见木金互生，故更吉。

②由于子卯相刑，缠缚不休。

论大吉临十二位吉凶法第二十四①

大吉临寅卯：主母灾，或伤牛，亦主出患目之人，或主有外游之人。

临卯：与寅同断。

临辰戌：主争张咒诅，及有仇怨争田土。

临巳：主争小口及禽鸟口舌，又主争金银。

临午：主惊恐火发、亲眷怨恶，却宜田土也。

临未：主损人、财、牛羊，自己争夺他家黍豆，因有仇恨兄弟不和。

临申：主远行人，亦主争道及铜铁。

临酉：主家内不和，阴人怨恨。

临亥：主有贼盗伤财，或争水堰道沟。

临子：主斗讼凶灾，盗贼囚禁争沟池，并小口主鬼殃。

临丑：主人的命，六畜兴旺，其家丰厚，子孙聪明。官禄。同子断之②。

注释：

①大吉最吉昌。金火相生官财旺。

②临丑：主人的命，六畜兴旺，其家丰厚，子孙聪明。官禄。同子断之。把"同子断"去掉。

卷 四

入式法第二十五

　　学课先须四法明，第一须交方位真。
　　月将加时日定位，将上干合是乐心。
　　来法便于方上觅①，月将从来认真取。
　　就法次于坐上取，飞腾次第辨来人②。
　　成法天官相聚会，归家次第取将形③。
　　去法便于干合位，阴阳匹配取飞腾④。
　　但认五行情好乐，便是孙膑玄妙门。

注释：
①来法：即取地分，应以来人的方位取之。
②就法：以来人的坐处为地分立课。
③成法：推断事物成败的方法。以神将的生克合比定之。
④去法：即出行一类的推断。应以干方为主。方生干，克干为出，为去。干生方，克方为入，归，等等。飞腾者黑虎遁即六十甲子纳音，以贵神的六十甲子纳金、木、水、火、土来辨人的形貌、性格、官贵、贫贱，旺相休囚死各有其主。

射覆法第二十六①

　　怀藏闭物审难量，幽玄课体伏行藏。

得气胜形为物类，验色相刑取已伤。
天官休旺为形状，人元颜色取相当。
土性形圆如包裹，水能细碎木柔长。
五行各取其形状，火性形尖金带方。
火类文化经火气，水唯柔软性杂苍。
草木物类兼丝白，金类皮毛石铁铛。
土是变化粗糙物，更看临变在何方。
子午偏斜颇孔窍，卯酉团圆口有伤。
巳亥不凶多手足，寅申四角是寻常。
辰戌有皮更带角，丑未眉目要思量②。
当旺新而圆成器，相气方而反更长。
遇死团圆须是破，囚而刚硬更寻常。
休尖两头不均取③，五行休旺莫匆忙。
方干相克破难用，与日干合可食当。
天官月将若相克，空虚形状衰室藏。
四位相生成合重，垒似粉妆万卷强。
四仲相加是吃物，当旺受克味不香④。
四位相克是碎物，与日相生诀定真。
此是六壬真秘法，天地移来在手心。

注释：

①射覆是博弈中的一种游戏，这里指猜谜。根据五行旺相休囚死的颜色、形状、性质预测此物置于何处。因五行物、事、理、法与游戏规则的事理法都是五行旺相、生克公理之化身。所以射覆游戏可知所藏物之性质、颜色、形状等。

②丑辰硬带角；戌、丑（眼）未（眉）为有眉眼的物质。

③休为两头尖且不均匀之物。

④"当旺受克味不香"应为"当旺受克变化多"旺受克由多变少。

又射覆法第二十七

射覆之法最为难，月将加时上下看。
子午卯酉为吃物，木乡临仲果中端①。
辰戌坚刚并药物，申酉金银纸钱般。
未为吃食并甘味，丑为铜铁粟米言。
寅为医药钱帛事，巳钱鹰禽炉冶看②。
亥为疋缎细绵物，辰磁戌骨兼缸瓮。
卯梳酉镜钱与食，若是四仲当果盘。
三火为珠三水豆。五行刑克验根元，
三土形园如器物。更有文墨发毛端，
三金成宝为金印，三木条直笔如椽。
四位俱同无刑克，其中定物必周圆。
火局光明微细物，克其伤缺豁为川。
下克上时有穴眼，上克下时不成圆。
更看天官与人元，辨其刑克五行运。
常将此法寻书意，要解根基出世间。

注释：
①甲乙寅卯为木乡。临子午卯酉射覆为吃食、果物。
②太乙螣蛇、纸钱、飞禽、炉灶、冶炼。

课宅外景法第二十八①

课宅之法妙通玄，月将加时宅头端②。
看是何神同一位，依次再加返来看③。
克者必是移动事，相生有气宅主园。
孟仲季宅看临处，人元起对见方圆。
庚辛道斜坤艮出④，壬癸沟涧河井边。

112

甲乙为林单见树，丙丁旺处高岗连。
戊己宅园坟向北，须知十干仔细观。
水土金火为窑灶，庚辛碓磨及门窗。
庚午改门半楼屋，四孟相临是草房。
火旺最贵火高岗，与姓相生子孙强。
土旺重岗⑤主坟墓，土木坟垅痛苦亡⑥。
四位相刑有灾祸，上下相生福满堂。
土为坤艮金乾兑，水火离坎必相当⑦。
木主震巽寻八卦，克宅必定有不良。
六合青龙甲乙树，对金枝损与皮伤。
朱雀丙丁高岗岭，戊己高坟上岭岗。
庚辛为道看斜正，壬癸桥河沟涧详。
要知四向看微对，弯冈⑧曲折认刑伤。
上克下兮地必下，下克上时漫坡岗。
命前五辰为宅用，命后三辰保是庄。
宅神⑨上克中必起，家破逃移见人亡。
阳见阳支损小口，阴见阴支母命悬⑩。
三下克上官事起，三上克下煞妻言⑪。
四位相生万事吉，见克被刑灾祸端。
此是孙膑真甲子，天地移来掌内看。

注释：

①占宅外景应与上卷入式歌解相互参看使用，有词句不同但意义相同之处。

②宅头：宅主人命前五辰。

③再加返来看：指月将加时复加时。

④坤艮位：坤、艮八卦的名字，后天八卦方位坤位在西南、艮在东北。

⑤重岗：岗山岗、土岗。岗上有岗为重岗。坟在山岗上为重岗。

⑥土木相克主人死的很痛苦。

⑦八卦的五行关系。
⑧徵对改为正对，弯冈：应为弯岗。
⑨宅神：宅课的地分。
⑩阳受克损男，阴受克伤女。
⑪煞妻：损伤妻子。

将神入宅法第二十九①

寅为猫犬外来家，口愿重重树影花②。
有克必伤尊长死，马亡神乱鬼颠邪。
太冲受克损门窗，怪见虚惊贼盗伤。
改户移门车船损，定知兄弟各分张。
天罡旺处家不和，六畜频死官事多。
有克奴逃及婢走，死亡人口肿疮魔。
太乙蛇禽现屋头，釜鸣光灼起烟楼。
旺相女家招外婿，克外幼妇女先休。
胜光当旺足资财，子孙富贵名自来。
受克官灾须见血，马亡子死产生灾。
小吉神临女守孤，鬼神缠惹病声呼。
有气婚姻珠宝吉，只迎酒礼出师巫。
传送由来入旺卿，儿男雄武乐刀枪。
申临巳午军人有，客途车碾患喉疮。
从魁囚死阴私祸，自缢人亡劳病多。
假若同带蛇玄虎，或然入魔出师婆。
河魁旺处魇神藏，推出军人夭寿郎。
更近宅边枯骨犯，徒刑须出痛伤亡。
登明囚死病萎黄，眼目斜牵少女伤。
当旺猪羊饶失散，宅推人少丑儿郎。

114

神后伏位见金神，儿郎豪杰乐工文。

中央若与勾空犯，后妇须多绝子孙。

大吉从来入旺方，子孙面阔肚脂囊③。

木土见之头必秃，亦须眼病有牛羊④。

注释：

①本节与"卷一·论十二位神将所临法第八"有相似之处。

②猫与虎为犬科动物见之为许了口愿，又主宅附近有大树其影照射院内。

③大吉为吉神，见之为吉。射覆人面阔，肚肥。

④大吉见木土主头秃。"亦须眼病有牛羊"应改为"亦须眼病损牛羊"。

天官入宅法第三十

贵神当位作神头，纸钱猪羊许愿求。

功德外来浑破损，送迎官贵出追游。

螣蛇损失主惊忧，飞鸟兽鸣三度愁。

妇病不愈妻女走，鬼火光现屋山头。

朱雀神现光焰焰，斗打官灾病久缠。

见血损财出娼妇，宅中枪刃有多年。

六合神主立幡竿，柜破门伤上下看。

木盘铁锯香盒破，纸钱龙树鬼来缠。

勾陈当旺鬼风来，糠瓮灰盆院里埋。

更有水坑休尸地，穿墙鼬鼠入家来①。

青龙树影到堂前，大木损伐人不安。

家中火竟频作祟，外来功德数年间。

天后宅中有井凶，玄武功德在家中。

水穿出门山尸现②，妇女投井更私通。

太阴火光现入门，明师知识会难分。

只为妇来将鬼镜，破磨尖石有眼遁。

115

玄武凶生家近河，水灾鬼怪及妖魔。
出得儿孙多丑恶，贼来三度犬伤多。
太常幡子到佛前，口愿猪羊赛未全。
铜铁杯盆并井灶，釜鸣必定患疯癫。
白虎凶丧孝子来，丝蚕六畜血财灾。
家中虚耗未除了，门前石狮曾破来。
天空主瓮破伤声，托钵悬壶壁上行。
更有四足相趁人，宅惊屋爆为僧名。

注释：

①"穿墙"有些版本为"窦墙"。窦墙为墙上有洞，叫窦。鼬鼠俗称黄鼠狼从墙洞跑到家中来。

②山尸指山魈鬼即传说中山里的怪物。

将神入宅内二度法第三十一①

寅为火炉福神位，卯为床并门窗类。
辰为磁盆衣麻物，巳为厨灶铛釜铫。
午是衣架并笼状，未为小院及神祇。
申为佛堂磁盏子，酉镜门窗碗瓶剑。
戌为盆瓮灰糠谷，亥是灯台并帐幔。
子为瓶盏及镜匣，丑是柜槛并斜斗。
此是六壬真甲子，至今留下少人知。

注释：

①此为宅课中的课内月将所主事物。

天官入宅内二度法第三十二

天乙佛堂神像言，珍珠钗钏异衣端。

腾蛇花锦妇人作，更有窑灶在其间。
朱雀笼纲或书画，毡皮毛褡架头看。
六合盘斗角门子，木勺檐子及为床。
勾陈盆瓮灰糠谷，破衣棉絮旧条单①。
青龙图画神龙树，钱镜衣衫刀剑端。
天后水盆瓶与盏，丝麻索子菜南园②。
太阴石头必有眼，古刀快钝在方间。
玄武布麻绸绢等，磁盆细盏在空悬。
太常依壁刀枪立，悬索笛帘位上占。
白虎石磨及狮子，盏瓶瓦瓮在头悬③。
天空葫芦及旧经。铜盏数珠及幡幢。
常将此神合时用，颜色需求五子元。
此是六壬真秘法，孙膑留下至今传。

注释：

①条单：床单。

②菜南园：南菜园。

③瓮大罐小。悬挂者应为罐。

课坟外景法第三十三

课坟占墓片时间①，万里如同在眼前。
常取正时加月将，人神将位手中安。
天乙神祇小庙子，大树峰恋如盖悬。
腾蛇远隔悬藤树，来岭横岗高下弯②。
朱雀鹳鹊鸦窝子，盆池花树有勾栏。
六合幡子并楼屋③，缺墙门外绰旂杆。
勾陈土台坟边冢，四角深坑渠道穿。
青龙怪树横风势，近泉树木上侵天。

天后池潭石叠砌，萱草梅花树头鲜。
太阴碑碣坟前立，石柱双双埋路边。
玄武河泉坟里出，盗贼曾揭墓头砖。
太常香台及醮器，树头纸缯挂钱财。
白虎石羊本家事。人行斜道路边穿。
天空枯树坟尖塌。邻近周围庙观环。
此是端坐金口诀，宇宙乾坤掌上看。
莫道此事容易解，截门更有万重关。

注释：
①片时间：指瞬间。
②贵神是螣蛇时，可见悬挂的藤、树。
③贵神是六合：有死丧事，幡子挂楼屋。

课坟外景法第三十四

寅为花树卯桥竿，辰冢高岗巳涧泉。
午岭横山未上堰①，申为河渠酉桑园。
戌为聚秽平尘土，亥地交差流水穿②。
子地又如仰瓦势③，丑作桑园墙麦边。
此是孙膑外景法，取用之时在意间。

注释：
①"未上堰"是未地上的堰。未如旺相主堤堰。
②亥地有水汇聚交叉流。
③如仰瓦：墓地两头高、中间低、呈瓦形。

课茔内灾福法第三十五

一茔之内甲丙丁，只如平课加本命①。

要知穴下真灾福，甲寅乙卯支干并。
将生天官富贵吉，福寿增添子孙兴。
天官若是生月将，妻子家道只平平。
人元三位相生吉，三位相克带煞凶。
功曹患眼卯勇猛，辰戌贼人腰脚病。
太乙血财文武位②，午地家道兴旺中。
未上孤老长病者，申家生分走无踪③。
酉中自縊外行去，戌位绝地夫妇容④。
登明噎病患头秃，子位先富后却贫。
大吉耳聋有军人⑤，仔细寻思莫容易。
辰戌丑未子孙少，太常勾陈后妇多。
玄武丑黑儿瞎眼，白虎受克主重伤。
月将克地为人死，天官克将死亡踪⑥。
人元克将为死人，看其刑克验其真。
阴将克阳主重死，阳将克阴主轻迟⑦。
此是六壬真妙法，莫遣凡夫取次知。

注释：

① "只如平课加本命"以问事人本命正常起课。

② "血财"因凶、伤、灾得财、福。

③ "生分"不合睦。

④戌为位：夫妇墓。

⑤ "大吉耳聋"指土克水的。

⑥ "天官克将死亡踪"天官指贵神克将神。人在外死亡、失踪。

⑦阴将与阳将的克制性质、力度、迟速有别。

课坟内阴人阳人法第三十六

坟子数个或东西，南北冢子怎生知。

排定亡人辨刚柔，刚日从来南起将[1]。
柔日西北行将加，数至天官看前后[2]。
月将加头分神位，一倒天官是要知[3]。
欲知地下阴与阳，便于日下认情光。
阳日阴方阴即是，阴日阳方却是阳。
阳将阳神阳人冢，阴神阴将是阴人。
一阴一阳难定夺，直须断决在天罡。
天罡临阴是阴人，天罡临阳是阳人。
子寅辰地是阳位，更兼午申戌为真。
天罡若还临此地，定知坟内是阳人。
丑卯巳却是阴位，又同未酉亥系阴。
天罡若是泊此处，必然茔内是女人。
常将月将加时取，要行须去逐时寻[4]。
寻着辰土天罡是，天罡所泊值千金。

注释：
①刚柔指阴日、阳日。刚日从巳起将。
②阴日从亥起将。
③月将加巳或亥找出贵神与地分。从贵神的性质即可断亡人的性别。
④常将月将寻天罡落处。

开冢见验法第三十七

开冢之法将加时，辨其视现本基支[1]。
戊癸合将土塞墓，乙庚配位白气缠。
丁壬合时蛇并血[2]，甲乙根扶穿骨尸[3]。
丙辛蛇侵尸地拒，五行刑克验根基[4]。
申酉端详麤瑾虎，寅卯根扶似龙须。
巳午热气宜回避，亥子蛇鼠好迁居。

120

上克下兮面合地，下克上兮头离身。
五行刑克须时断，便是孙膑真秘诀。

注释：
①月将加时天罡落的地分上，辨其墓内场景。
②丁火与壬水合化为木，木为弯曲，故见蛇、血。
③甲乙为木，其树根穿入骨尸。
④五行纳音刑克本性知其形状。

开坟见景法第三十八

开坟之法妙通玄，月将加时方上端。
看其神将量凶吉，贵贱推寻在意间。
天乙合旺相龙建①，三公为事事不烦。
螣蛇开墓虫满墓，必是家败妇人奸。
朱雀生光现蛛网，官事连连子更顽。
六合坟墓横根树，见水儿孙富百年。
勾陈贫贱伤残患，主出凶党贼盗连。
青龙水上生细马②，主出高官将相权。
天后墓岗须见水，当家兴旺子孙贤。
太阴金箔贴砖土，或为衣袍富贵迁。
玄武蛇鼠人主盗，坟中出水欠无官。
太常蕃芽蟣满墓，土上神竟妇女关③。
白虎土上毫穴孔，定知后代出军员。
天空墓塌穿为哭，土抹神吞骨不全。
三公王侯堪用事，巳外难升不尽言④。
此是坐端金口诀，等闲休共小儿言。

注释：
①天乙贵人遇合、旺相、太岁月建。

②"细马"无意义，应为驿马。
③关：指生产遇难关。
④遇螣蛇三公王侯不尽言。

内宅外宅外景法第三十九[1]

　　寅为大树花春发，见卯移门桥一边。
　　辰为麦地曾争竞，巳地交叉院水穿。
　　午为鹊巢梁上悬，未为井并小院连。
　　申道斜穿坤边艮，酉地墙道边桑园。
　　戌为聚屎堆粪草，亥地墙边有水沿。
　　子为菜地坡坑下，丑作桑园墙边道。
　　天乙神佛并堂殿，前一螣蛇窑灶事；
　　朱雀空巢树里悬，六合树木看生死，
　　勾陈渠涧土堆滩，青龙神树并枪剑，
　　天后水地并沟涧，太阴石磨共相连，
　　玄武鬼神并书画，太常五谷酒食言。
　　白虎道斜石狮子，天空庙宇秒僧仙[2]。

注释：
①与"卷一·论十二位神将所主法第六"，"卷一·论十二位神将所临法第八"类似。
②白虎为大道，道斜。占墓景为石狮子。

玄女射宅法第四十

　　月将加时寻子看，神后临处辨其端。
　　寅为香炉缺不圆，从外将来不估钱。
　　临卯树影巽乾现[1]，莫教四角树梢悬[2]。

122

临辰妇女难产女，一道血光宅内缠。

临巳妇女手中物，养蚕虚耗更鬼看③。

临午有灶内不安，季夏乱患火侵天④。

临未墓塌并灶叫，蚕虚婆婆守孤单⑤。

临申家中青龙剑，外来剑面死气寒⑥。

临酉口愿不与赛⑦，家亡亲子索银钱。

临戌辛下有骸骨⑧，田蚕虚耗辛下看⑨。

临亥鸡犬怪狂颠⑩，乾上破瓮底不完⑪。

临子乾上神不安，不是家神眼不圆。

临丑牛羊人横死，不镇必定子孙殃⑫。

此是玄女射宅法，纵有千金也莫传。

注释：

①乾巽：东南角为巽，西北角为乾。

②树梢悬：临卯时东南角和西北角有树。四角都有树。

③鬼：原指家中怪事，现理解为有精神病的人。

④火侵天：家有火灾。

⑤守孤单：老妇人守寡。

⑥龙剑是外来物，曾杀过人。

⑦不与赛，许愿但未实现自己的口愿。

⑧、⑨辛下应为乾下。

⑩鸡犬的怪狂叫，家中有精神病人。

⑪底不完：有洞，不完整。

⑫镇：俗称破解。

课日下十二时中灾福法第四十一①

要知自己甚时灾，月将加临本相来。

本相被刑逢劫煞，更嫌辰戌恶神来。

日生神辰无凶咎，辰神克日有凶来。
喜神逆转非为善，凶神顺转不为灾。
天乙乘事与客至，螣蛇见怪主忧来。
朱雀口舌官事起，六合和会有亲财。
勾陈萦克争田土，青龙宜动好求财。
天后婚姻和会吉，太阴妇女乱淫谐。
玄武奸淫贼欲动，太常须送酒食排。
白虎凶丧兵信至，天空逃失必惊怀。
蛇雀玄武勾陈到，客访休迎好避回。
日辰季上知凶吉，以上论书无不该[2]。

注释：

①与"卷二·论占日时下吉凶法论自己第三十七"的起课方法相仿。

②日辰季上知凶吉，已上论书无不该，按四时、四季论之。

占病法第四十二[1]

占病之法要须论，月将加时位上陈[2]。
四仲猝患痛苦病，辨其刑克认浮沉。
克金肺病大肠患，喘逆咳唾鼻相临。
木主肝胆眼相连，耳聋痛肿不虚言[3]。
克水肾家膀胱病，腰疼小便产生难。
克火大肠口干患[4]，咽喉生疮及心痛。
克土脾胃不知味，腹胀沉重肺虚迍。
人元为头天官隔[5]，月将腹内地脚真[6]。
此是卢医真妙法，孙膑留下不传人。

注释：

①此节与"卷二·论占疾病吉凶法第四十二"有关。

②位上陈（推），应为位上开始。

③此两句是木受克而产生的病症。
④大肠；应小肠。
⑤天官隔：天官，即隔，应为胸。
⑥月将主腹地分主腿脚。

占病甚处法第四十三

月将加时问行年，便知宿患在何边①。
大吉明光须患足，神后登明肠内寒②。
太冲小吉口口口③，若见魁罡患肿踵。
巳为胁痛并阴肿，传送心胃疼痛便。
周身疼痛寅并酉，胜光火热似汤煎。

注释：
①月将加时数至本命支上，根据神将的旺衰知病患在何处。
②大吉旺相时须患足疾，神后、登明主妇女肾、膀胱等病症；肠内疾病。
③"太冲小吉口口口"意为卯为肢、未为面，"口口口"应为"肢面疮"。

占病有祟无第四十四

月将加时看行年，若见功曹为灶神。
太冲宅上神为祟①，天罡囚死鬼来侵。
天乙大人并女鬼②，宅神惊动祸来频。
胜光更来家厨灶，小吉西南送大人。
传送老翁宅内鬼，从魁新死及家亲。
河魁文人对北斗③，登明便是犯宅神。
神后此神来作祟，大吉路逢五道军④。

注释：

①太冲入课主鬼神作祟。

②"天乙"应为"太乙"。

③"河魁"主文人触犯北斗。

④五道军是镇东西南北道路，保前后左右人家（五台山五道神）拴狼锁虎山神将，擒妖捉魔五道军，神威勇猛开五路，圣德刚强镇四方。

占患病痊除法第四十五

常以登明加月建，行年之上看神变①。

传送功曹无鬼神，六月安康复轻健。

若见从魁及太冲，树神为殃犯宅龙。

香水求之四日可，若言宿者更无凶②。

天罡天魁三日痊，三朝不瘥病连绵③。

大吉小吉五日可，不可稽留还准前。

太乙登明行年上，伏龙作祟索香烟。

清水求之三日可，九天玄女法相传。

胜光神后大人嗔，家内喧争为归人④。

又因四足为妖怪，求之六日病离身。

注释：

①以登明加本月月建上，数到行年。起贵神、人元以当天日干取之。

②课内见宿神玄武、朱雀、青龙、白虎无凶可言。

③天魁即河魁。三日为界，如三日不愈易转成慢性疾病。

④子午相冲家内争喧。"为归人"应为"为妇人"

占失贼法第四十六

觅失贼盗考正时，但于方上法求之。

若知失日加其日①，不知失日将加时②。
二上克下主失物，二下克上动官词。
将克主时财不失，主如克客必破之。
人元克主主先觉，主克人元贼伤肌。
将克人元财不失，人元克将已搬之。
贼临辰戌还入网，九个十个败闻之。
失贼之法有玄机，觉失贼时考正时。
月将若克方位上，其贼伤人取财欺。
方克月将财应少，干克神兮定空回。
干若合兮为去路，唯情好乐验根基。

注释：

① "若知失日加其日"若知失盗日，便将月将加到失盗的日支上。

② "不知失日将加时"如不知何日失物，便将月将加到来人问事的时支上。

占失六畜法第四十七①

忽闻牛马惊栏失，便将月将加其日。
不知失日将加时，本身在处应寻得。
失牛大吉所相逢，失马无非问胜光。
失猪远向登明下，天魁驴犬不虚言。
未为小吉牛栏里，卯兔船车酉鸡边②。
辰戌驴骡奴婢事，应是文字认往还③。
假令大吉临午地，失牛但向南方觅。
前行九里得之期，若逢克主牛方位。
五九七八自相乘，得知便是行里数④。

注释：

①请参阅"卷二·论占六畜走失法第四十九"。

②失羊用月将加时找未即小吉落处。丢失兔、船、车去卯即太冲落处寻找。同理丢失鸡酉处找。

③"文字认往还"即地支与所主物质之间的对应互换关系。

④如临其他方位，不以九数论。

占出门见事法第四十八①

寅为公吏是老阳，身披紫皂好衣裳。
卯为妇女车船事，果食吃物夯擎将。
辰为阳人医药者，丑妇驴骡行道傍。
更有他患腰脚病，路上相逢不妄彰②。
巳是少阴及女子，欲求外取物擎将。
午是少阳及鞍马，路上行时见血光。
未为老阴一老妇，酒食和会好相将。
路上蓦见尼姑女，赛神祈祷自牵羊。
申为阳人行在路，身在军兵负戈枪。
酉是阴人事破门，更兼柜坏有人伤。
戌为阳人担夯物，五谷粪壤两边厢。
又见骨殖并秽物，担惊在路正相当。
亥是阴人多幼小，猪应走失在他方。
子为阳人亦少小，骑马相逐为女娘。
丑是阴人年纪老，为他铁钱笔器忙③。

注释：

①请参阅"卷二·论占六畜走失法第四十九"。

②"不妄彰"真实不虚。

③"为他"指子孙，匆忙中手执铁、钱、笔、器等物。

占觅人法第四十九

寻人之法最当灵，四孟之时人在门。
四季常须人在屋，四仲寻人在路行。
巳上四仲人在外，辰上四孟人在门。
卯上四季家里住，天者若骇辨门程①。
旺处行程克者住，月将加时方验真。

注释：
①"天者"应为天干与贵神。由神煞定惊骇，用旺相定门程。

占失人法第五十

失人之法妙多灵，月将加时位上陈①。
天官人元方上见，看来刑克验其真。
时干克将相争出，将克时干取自行。
四仲相生人将出，若逢刑克自生心②。

注释：
①位上陈（推），应为位上开始。
②四仲为四游神。若逢刑克为自己外出，非他人引出。

课井法第五十一（略）

注释：与"卷二·论占井法第五十二"和"卷二·论置井法第五十三"重复。

占瘢痕靥记法第五十二

占痕之法又何难，只在先贤指掌间。

看得其人居何命，五子之中建日干。
人元建到命位上，再起人元定靥瘢①。
午面未头子丑足，亥寅为膝巳申肩。
辰酉两膊卯戌股，左右东西辨别观。
甲背庚腰丙肩间，戊肚己脐乙辛胁。
壬癸黑靥在身边，常取有刑为伤处。
丙丁原是火烧痕，庚针壬靥看旺处。
常取有刑为定处，异体占靥并陈看②。
甲午瘢子戊午靥，庚午针疮丙灰瘢③。
常取有刑为定夺，专心记得审须看。

注释：

①再起人元即人元再遁。取第二个人元定靥瘢的颜色、形状与位置。

②有刑有克为有、为所定处。异体即男女，颜色、形状与位置占靥时相同。

③"丙灰瘢"烧伤、烫伤。

占接屋梁柱法第五十三

接屋之法妙须知，月将加时方上真。
更看天官于位上，便向支干日上寻。
壬癸庚辛申酉位，必然盖造又还新①。
下克上兮应接梁，上克下兮接柱新。
二下克上檩应折，二上克下屋摧崩。
人元芭薄瓦木是，天官为梁将柱真②。
地分根阶石上顶，常用刑克定真神。
庚辛若临本位上，万物皆新如通神。
接屋但以方上起，孙膑留下不传人。

注释：

①凡见壬癸庚辛申酉，主破旧立新。

②人元为芭薄木板、受克瓦不足，贵神为天官为梁，将为柱。若受克皆不足。

占饮膳法第五十四

饮食酒馔客排轮，月将加时位上寻。
日干为肉月将面①，金为煿炒面相迎。
木羔菜味兼涝漉②，水上煮炸炒看宾。
火作蒸食兼炊馏，土为涂物③火中成。
四仲加临为果子，丑未面食辰戌药。
看神好乐何修馔，仔细研穷取的真。

注释：

①日干应人元。为肉，月将为面：面食。

②涝漉：水湿。

③涂物：涂上一层东西后烤。

占菜蔬法第五十五

菜蔬别取认的真，月将加于位上陈①。
丑为野菜寅荜莲，卯兼园圃是蔓菁。
辰为菠菱巳蒿苣，午为茄子不虚名。
未为茼蒿兰香味，申为狗头莪苣苓。
酉为葱薤兼萝卜，戌为马齿配葫芹。
亥主芸苔和葵子，子为白芥及菠菱。

注释：

①以月将与地分的关系定蔬菜的性质。位上陈（推），应为位上开始。

占食蔬动用法第五十六

占人食器验其真，月将加时坐上陈①。
孟匙仲箸季是钵，阳碗阴碟认五行。
寅碗卯筷并盂子，辰戌锝铛又瓦瓯。
巳午盂子未托罐，申瓯酉盏名细磁。
亥是壶格磁盏子，子瓶丑勺认本情。
莫交差变五行理，成去二法取相形②。

注释：

①位上陈（推），应为位上开始。

②何位为何物俱按五行之理定位，不容改变，成就，来去二种方法决定物质的形状。

十二将所主第五十七①

亥为高楼贵珍藏，胎伤贼盗小口亡；
应在孟冬十月将②，阴私鬼魅有逃亡。
戌为僧尼宅为坟③，须有官灾及病人；
玄武④更逢秋季里，神妖鬼怪哭声频。
从魁财帛事不明，阴人媒保口舌生⑤；
财帛⑥人离方始住，动在中秋辛与庚⑦。
申为往还宅移动，丧服官病有刀兵；
上神吉将相生喜，恶生⑧临申有祸殃。
未主婚姻宴会娱，丧服口愿有年馀；
将到季夏看神断⑨，井院风窗枉守孤⑩。
午为文状劾官方，阴私信息定紫畅⑪；
卯到蕤宾丙丁日⑫，妇人鞍马血脓疮⑬。
巳为忧虑失财惊，临病阴小影光生；

四月朱门多始旺[14]，梦魂厨灶釜虚声。
辰为斗讼恶人欺，家中不明看财帛[15]；
动在季春辰戌日[16]，死亡人口竟田宅。
卯主伤人贼盗财[17]，阴私抗拒口舌灾；
动在春分卯酉里，术人兄弟应时来[18]。
寅为文字动官私[19]，口愿神祇树影移；
应在孟春甲乙日[20]，贵人家长及僧师。
丑主比邻桥梁旺，上人进身小人闲[21]；
必是争竞田产事，季冬丑未日灾殃[22]。
子主奸狡不明白，定主婚姻有暗期；
必是仲冬十一月，不然人死更遭贼。
天乙求财看谒人，钱财信息徵召君；
文字贤人酒食至，寒热头目痛如真。
螣蛇惊恐梦多般，词讼囚系火异光；
门户不安有官事，血疾头痛凶事多。
朱雀口舌书信息，印绶女人兼怪异；
钱财飞鸟入官门，血光詈骂惊忧至[23]。
六合婚姻赏赐财，酒食交易合和谐；
妇女阴私求事物，场虚会众至亲来[24]。
勾陈斗打主勾连，争财入官为宅田；
逃亡捕贼妇人事，血光痈肿及伤残。
青龙婚姻书信来，和合金玉及求财；
酒食妇人及赏赐，寒热不定吏使来。
天后妇人阴私房，衣服嫁娶不明过[25]；
酒食钱财水溺至，便利不定怎奈何。
太阴妇女主虚姻[26]，阴私酒筵开匣中；
因讼奸祸丝绢嫁，不明女子哭声空。
玄武盗贼遭亡田，夫妻离散走失求；

133

口舌伏匿官事起[27]，肠虚腰痛足不周[28]；

太常和合酒食筵，婚姻会众徵召边；

衣服钱财赏赐得，天神送福吉神来。

白虎丧名病病哀，财散道路口舌来；

斗打哭声利爵事，官中见血谋我灾

天空妖祸虚诈取，流遗虚耗走失陈[29]；

夫妻离散阴私事，精怪孤独鬼乱人。

注释：

①这是对地分与贵神所主的更进一步总结。

②孟冬指农历十月。

③"僧尼"是指男僧，女尼。

④玄武。金生水，水更旺相也，也主晚上也。

⑤媒保：媒人，婚姻介绍人。

⑥财帛：此应为财散。

⑦从魁与太阴是酉金，凡事应期在庚辛日或秋天。

⑧恶生：应为恶煞。

⑨未为夏季之未。需与神之旺衰结合论事的吉凶。

⑩未为井、院、风、窗、守孤等。

⑪私下运作名利之事。

⑫蕤宾：十二律之一，排第七位，暗指申。卯到应为却到。午见申土，血、脓、疮灾。

⑬午卯相见主大凶。论事主妇人、鞍马、血脓疮。

⑭四月朱门多始旺。朱门，红色的大门。意指火，火到四月开始旺。

⑮家中不明看财帛。看为损意：家中不明损财帛。

⑯动在季春辰戌日。季春：农历三月

⑰卯主伤人贼盗财。盗贼入室门户分张。

⑱"术人"从事数术、法术之人将至。

⑲寅为文字动官私。官私；应为官司。

⑳在孟春甲乙日。孟春：农历正月。

㉑丑主桥；河里有船；亦主：升官进职；小人削官。

㉒季冬：农历腊月，十二月。

㉓詈：骂。

㉔"至亲来"凡占六合主亲友聚会。

㉕有阴私和合事。

㉖太阴空亡时主虚假婚姻。

㉗伏匿：为虚假之言。

㉘肠虚：应肾虚。足不周：脚不灵便，因子丑为足。

㉙"走失陈"应为"走失频"。

卷　五

论神课六十甲子钤第一①

①钤：qian，本意指锁，钤键又称锁钥。"六十甲子钤"的意思是学习研究金口诀的钥匙。六十甲子钤的组成是，六十花甲子的天干为人元，中间按顺序配以贵神，六十花甲子的地支为月将，地分虽没有，但可以认为与月将相同。六十甲子课前序号为注者加。

②人元与贵神，人元为上，贵神为下。贵神与月将，贵神为上，月将为下。做为文字叙述，可以横排。但为便于分析课内四位的关系，课式应按上下排列。

③作为一把打开金口诀奥秘的钥匙，应进行更详细的解释。为方便学习和研究者，每课之后，我们再详解一次，供参考。

1. 甲、贵神、子上克下，主有外人想谋害自己②。克神将，主破财，伤小口，亦主争田土官事③。

问求财。

甲	+木 旺
乙丑 (贵神)	－土 死
甲子 (神后)	+水 休
子	+水 休

注释：

（1）分析课式时，应先确定课内四位的阴阳、五行以及旺相休囚死。找出用爻后开始分析课式。

(2) 本课四位内以天乙贵神为用。

(3) 人元甲，主喜乐康宁，得子水生，主有财。

(4) 天乙人课，主有财，子为北。甲木为东，其财在北方和东方。

(5) 子水生人元为内生外，此求财要在外地才可求。应在冬天和春天。

(6) 甲木克天乙贵神，为主客不和，此财虽有两处，因两子水，不易求得。客克主，争而得之，需全力以赴，方可到手。

(7) 财神天乙丑土和月将子水均受克，须破财两次。故求财不可全得。

(8) 在丙戌月、丁卯时，神干乙、月干丙、时干丁合三奇，主三人合伙求财，但只有一人具体的干，另两人为助。

(9) 原课中虽因地分子受克，论伤小口，但月干丙为天月德，可以化解。

2. 乙、螣蛇、丑：上生下，主有惊恐，亦主争田土，文字，又主咀咒、破财物，或伤老母牛。伤为阴见阴；克，更人元地分也。

问求财。

```
    乙          — 木 旺
 己巳 (螣蛇)    — 火 相
 乙丑 (大吉)    — 土 死
    丑          — 土 死
```

注释：

(1) 以月将大吉丑土为用爻。干克将：求财不得，外人入家盗物，伤妻损财。干克方，失田宅，伤六畜，伤小口，有口舌由外引起，外来骗财、争物。

(2) 人元乙、贵神螣蛇巳、将神丑、为外层生内，故财爻乙丑虽死尤旺，其财在当地，求而可得。

(3) 乙木生贵神螣蛇为主客和合，求财易得。

(4) 螣蛇为妇女之形，此次求财有女子参加。其女脸形上窄下宽，赤红色，头发黄而少，善言语，举止不够庄重。

(5) 在丙戌月，课中有巳、丑，无酉，丙戌月为火库。此财得于本月酉日。但戌刑丑，求财人心情郁闷，巳主虚惊，本人多梦，而有虚惊。

(6) 在己巳日螣蛇为日建，贵神占日不出日，巳日亦可得到一部分钱财。

(7) 乙丑为十二月建，腊月可得大财。

(8) 但财数，乙庚丑未主八数。得八万，或八千、八百。应结合实际取之。因是假设供读者学习方法。如真正预测，要说出更确切的数字。

3. 丙、朱雀、寅：下生上，主文状动，挠发火光，有女嫁出门，又主有人在外，故致忧也。

问求财。

　　　丙　　　　＋火　旺
　　庚午 (朱雀) ＋火　旺
　　丙寅 (功曹) ＋木　休
　　　寅　　　　＋木　休

注释：

(1) 四位中以朱雀午火为用。

(2) 朱雀旺，内生外，此次求财，要到南方为好，木生火，东方亦可。

(3) 在丙戌月，课中寅、午与月建作合，此次求财，是合伙进行。东北方二人，南方三人，西北方一人，共计六人。东北方二人为主，但西北方一人说话也很算数。西北方是暗合戌也。

(4) 朱雀为官禄，此次求财是与公家打交道，得官中财物。

(5) 丙火克神干庚金，财动利求财：要防外人谋害、欺骗。

(6) 朱雀主官事口舌，防求财中与对方打官司和争吵。但因四位相生，其财仍可得到。

(7) 神干支相克。问课人应有伤灾，应发生在夏天、东西方向的路上，在路的南边被车撞伤。但丙为天月德，故该人被撞而不死。

(8) 寅为功曹，主官员，此次求财，应有国家干部参加。

4. 丁、六合、卯：下生上，主成合交易，或作公吏，亦有官司文状动，更主移宅及门户，自己欲寻人也。

问运气。

   丁　　　 －火 相
  丁卯 (六合) －木 旺
  丁卯 (太冲) －木 旺
   卯　　　 －木 旺

注释：

(1) 四位内以月将太冲卯木为用。

(2) 四位内丁火相，主该人有伤残，惊恐。家中不安，有忧愁。

(3) 课中见三木，主该人官司缠身，求事难成。如欲办成事，须逢冲才成，八月，或酉日才能办成。

(4) 三木生一火为争夺，在外办事求财对手较多防止别人争夺，插手。

(5) 由于相生故，如求财可到东方或南方。但火旺主自焚。虽得大财，终须有损伤，因财伤身。故主先吉后凶。如防凶灾，可到北方。但求财费力难得，而凶灾可免。二木为爻求难得。因六合卯木旺，到北方，可救卯也。

5. 戊、勾陈、辰：主比和，主兄弟相争，家无子孙，主孤独，整理藏物是圆。不宜问疾病，必主凶也。

问合作。

   戊　　　 ＋土 旺
  戊辰 (勾陈) ＋土 旺
  戊辰 (天罡) ＋土 旺
   辰　　　 ＋土 旺

注释：

(1) 四位内以勾陈为用。事体重叠，望用难成。

(2) 此为一类朝元课，主事体闭伏不动，淹延阻隔，土多又主迟，此事目前办不成，须一拖再拖，到土旺的月日时可成。因戊月起课，土旺，本月的后十八天内可成。成于酉日，取辰、酉相合。如非土月问课，则如一类朝元断之。因辰戌相冲，土三刑也变了，主节外生枝。

（3）四位俱比，主争；勾陈、天罡又主争斗、官讼。故此次求事应紧防之。

（4）此次求事主与人合伙，而合伙人中有一人独断专行，必生争斗，也应预防为上。

6. 己、青龙、巳：神生将，主文字动；贵神克人元，主官事、远信、悲泣之挠，亦主自己欲谋害他人。占病在头目，以人元受克故也。

问晋升。

```
    己         － 土  死
丙寅 (青龙)   ＋ 木  旺
己巳 (太乙)   － 火  相
    巳        － 火  相
```

注释：

（1）四位中以青龙为用，青龙为官神，问此课是有官职之人。问升迁之事课得青龙亦是晋升之象。

（2）神克干为官动，亦为升迁之象。

（3）丙戌月问课，丙为天、月德，主在此事上有二贵人帮助，定能成功。

（4）戌为天马，青龙临劫煞，主快，明天庚午日或本月的乙日可成。逢劫煞必止。寅为劫煞，君子得之吉。

（5）青龙生月将、地分，该人在本单位能关心群众体恤民情，表现廉洁，受到群众的拥护。巳财生干，轻财求官也。

（6）方生干，为印授，问官可升迁，该人的祖父也是有官职之人。

（7）四位内木旺火相，主家中女孩较多。

（8）巳为人元，主家贫。得月将、地分生之，为现在生活很富裕。

7. 庚、天后、午：神克将，主官事、血光①、马亡、妻死。人元生贵神，主妇人欲生外心。行移神动，主移门展宅接屋之象。有地分遥克人元，主官事逃移。何以知之？水能润下，火能炎上故也。

问家事。

庚　　　　+ 金 休
乙亥 (天后) − 水 旺
庚午 (胜光) + 火 死
午　　　　+ 火 死

注释：

①血光：指伤残、出血之灾祸。

(1) 四位内以天后为用，天后水旺，主妇女有暗昧、淫乱之事。

(2) 庚金生天后水，妇女欲有外心，外生内，被外追求，乙庚合外心，旧情，乙庚五合隔五相合，少则五日五时，多则五月五年。

(3) 神克将为贼动，天后水克月将，夫妻不和。亦主暗昧之事。

(4) 内见二火临家，水四大空亡，火旺有力，家内应有火灾。

(5) 月将胜光午火受克；主有官事口舌，午火克庚金，庚主行移，主该人家中有人因避官事外出。

(6) 月将、地分都是午火，主家中富裕，钱财多。

(7) 月将克人元，主家中有喜事两起，并且改过门，庚午改门或改嫁。

(8) 人元受克，主该人有头晕之症，血压较高，火也受克，注意心血管病的发生。

8. 辛、太阴、未：下生上，主阴人财帛暗昧之事，妇人欲生外心；庚辛亦为行移道路，未主孤寡妇人，下生上，亦主出外也，或有财帛逐他人，此课纯阴，必主邪淫妇人也。

问来意：一女子从未地来，问她有何事？

```
           辛        — 金  旺
       癸酉 (太阴) — 金  旺
       辛未 (小吉) — 土  休
           未        — 土  休
```

注释：

(1) 四位中小吉为用，主妇女婚姻，会合亲友之事。

(2) 未又主孤寡，神为太阴酉金，虽相生而隔角，主夫妻分离，该妇女失偶。未申隔角，酉也。因申酉戌西方南北向，巳午未是南面东西向。

(3) 已巳日，太阴入课，受日建之克，主妇女有暗昧之事。课中三金，主生活不顺。日时见刑克，不顺也。

(4) 小吉生神、生人元，主此女想再婚，月将为财，财生外，主此女想带财物改嫁。

(5) 下生上，父母动：改嫁得到父母支持。

(6) 此课纯阴，主妇女暗昧之事。

9. 壬、玄武、申：下生上也，主道路、有人走失，或是四足；邀候[①]主见亲人相随，必带财帛，或避官事走也。占怪影光。

问出行。

```
           壬        + 水  旺
       甲子 (玄武) + 水  旺
       壬申 (传送) + 金  休
           申        + 金  休
```

注释：

①邀候，就是，亦即之意。本书中指预测出外能见到什么事物。

(1) 四位中以贵神玄武为用，主此次出行应防盗贼。

(2) 申为传送，主奔走行移，生贵神和人元，这次出行要到两个地方去。

(3) 玄武亦主游神，这次出行属于奔走不停。

(4) 月将生神，主出外，亦主亲人相随，带财物外出，将财物求人之事。

(5) 下生上，这次出行比较顺利，虽遇玄武为盗贼，但在甲子旬水空，玄武水落四大空亡，失财不多，小心为要。

(6) 申主道路不顺，伤灾车祸。如己巳日，申为肩，遇日建巳火克之，主此人双肩疼痛。申为左肩，巳与申相见即是合，又刑也是劫煞也，故为双肩。

10. 癸、太常①、酉：神生将，主得阴人外财，因娶得后妇得财，因此富贵。神克人元，主妇人争财帛，发动官事。

问有财能得否？

癸　　　　　－水 死
辛未 (太常) －土 旺
<u>癸酉</u> (从魁) －金 相
酉　　　　　－金 相

注释：

①太常为妇女，为财帛。

(1) 四位纯阴，以从魁酉金为用，主此次之财与妇女有关。

(2) 太常生二酉，二酉在内，主妇女在家争财帛。

(3) 神克人元主官动，因争财而起官司。在丙戌月、己巳日，人元癸水四大空亡，官司不成。辛金临太常，辛为天月德合，此争财事有人从中调解。妇女一方取胜。

(4) 神生将，主外生内，太常主寡妇，得阴人财帛，并因而致富。

(5) 太常主酒食，也主妇人邀饮。应三次。

(6) 将生干，干空，如出外求财，只是有此想法，而不会实现。

(7) 方生干，为父母动：为印授，主父母有官位；主吉庆喜美之合。

11. 甲、白虎、戌：先以下克上，主官事发动，及有人在外死者，以白虎临戌，戌为骸骨之神也。白虎又为死亡、道路、孝服之神，主其家必欲大葬①，遗失骨殖，或走失四足。占怪同为四足②。占病，最凶。

问官运。

甲	＋木	死
壬申 (白虎)	＋金	旺
甲戌 (河魁)	＋土	休
戌	＋土	休

注释：

①必欲大葬：具规模的葬礼。

②占怪：古代对一些不能解释的现象称为怪。四足：四条腿的动物。通过预测，他们认为此怪事由四足动物引起。占怪同为四足：这里四足应指六畜及猫，不会是犬，马。

(1) 以丙戌月、己巳日论课。四位中白虎为用，旺相，又与日建作合，此人是一位军人；甲木入课，此人是一名军官，在单位是一把手。

(2) 神克干，官动，此人还要升官。

(3) 戌为本月建，主此事是本月之事，戌为天马，申为驿马主快。课中有壬水，与时干丁合，应丁丑日可得到消息，因壬空而不能定下来。

(4) 白虎克外，此人应死于外。因白虎为凶丧，戌为骸骨，皆主死丧之事。

(5) 甲木克戌土，主破财，但甲被白虎隔于外，月将又是月建，故不以损财论之。又戌空，故不破财。

12. 乙、天空、亥：以上克下，先以神克将，主争田土，伤小口女人。如人元克神，主有外人来相谋害，亦主争田土事，必见刑狱。何以知之？为乙是六合木，天空是戊戌土故，木入土为刑狱，土行水上竞田庄，所以见争田地之象也。其家必无尊长，或出僧，主破败之事。

问家事。

```
乙        － 木 旺
甲戌 (天空) ＋ 土 死
乙亥 (天后) － 水 休
亥        － 水 休
```

注释：

(1) 四位中以天空为用，主此家人心地善良。被乙克：主孤寒贫困。

(2) 人元克贵神，主有外人想谋害自己，也主其家有官事，因空而无妨。

(3) 神克将主贼入室盗窃财物，但月将与贵神皆落空亡，与财无损。

(4) 天空土克亥水，叫土行水上，故其家与邻居有田土之争。

(5) 戌土在亥水之上，又被乙木上克是刑狱之象，因争田土而有刑狱之灾，斗讼损财。因神将空而不成。

(6) 如丙戌月论课，天空为月建，以上的事皆是本月内发生的事情。

13. 丙、天后、子：主病患事，家中有井凶，或外人来投井。下克上，主官事，主妇人杀夫两次；占事从内发，占病在头目，占宅主散乱，占怪在虚空。

问官司。

```
丙        ＋ 火 死
丁亥 (天后) － 水 旺
丙子 (神后) ＋ 水 旺
子        ＋ 水 旺
```

注释：

(1) 四位中以天后水为用，主此家是妇人当家。

(2) 神克干为官动，主官司之事，又主我有理，我胜他败。但天后水旬空和四大空，主自己无力，官司无有进展。故看来吉而不吉。

(3) 天后水下临二子水，此官讼牵连三人。

(4) 丙丁同类、为朋友，两家关系原来很不错，后因妇女事生气而致讼。火在上，而水在下，两家从此而分散，关系恶化。

(5) 课中三水，主家中出贼盗、孤儿、寡妇，家住近河边，受水灾和盗侵入害。也主出暗昧不明之事。因空而轻微。

说明：与别人断事，四大空亡以吉凶不定论之。不空则以各主之事及其关系论之。此是假设之例，目的是为了让读者学习解课体的方法、思路以及书本上的知识如何运用于实践。

14. 丁、太阴、丑：先以人元克贵神，主病患疼痛①，为火在上，其人患心腹，却为神将相救②，自下来生，却主妇人带父母田产到夫家③，后宅吉。

问病。

```
    丁         - 火 旺
乙酉 (太阴)    - 金 死
丁丑 (大吉)    - 土 相
    丑         - 土 相
```

注释：

①患疼痛：指心胸疼痛。

②人将相救：人元生月将丑上。

③太阴是妇人，丑为金库，又借指为屋，丑土生上，主出外，故"主妇人带父母田产到夫家"。

(1) 四位中以大吉丑土为用，主其人淳朴，诚实。丑土旺，为常患病。

(2) 人元丁火克太阴酉金，此人胸闷气短，肺部有病。

(3) 神干乙木，生人元丁火，自身休囚，又被太阴金克，乙木受克，主肝部有病变，属虚证。

(4) 地分丑土为足，丑属阴，阳左阴右，为右足，被乙木相克，主右足部有伤。

(5) 丁火为惊扰忧愁，而生病。

(6) 如在丙戌月，丙为月干，又是天月德，能解百忧，乙、丙、丁三合奇，求医治病好。故不必担心。

(7) 神将相生，夫妻和睦。丁火在外，克太阴金，该女在外有被奸事发生，因阴贵神主女性。如男人问课则被他人侵。

15. 戊、玄武、寅：神生将，寅为财帛，玄武为神头①，上生下，主破财②。人元克贵神，主外来谋害、逃走之事也。占怪，光影形象，或是神树为祟，亦主争田土也。

问官司。

戊　　　　　+ 土 死
丙子 (玄武) + 水 休
戊寅 (功曹) + 木 旺
寅　　　　　+ 木 旺

注释：

①神头：天乙贵人才是神头。玄武是贼头，因玄武是子水，子是十二地支之头。

②上生下主破财：水木为财，水上木下，故主得财，这是正常的论断，说主破财也正确，因玄武是贼，寅木为财，同入课故主破财。

(1) 四位内以玄武为用，休囚，在甲子旬落空亡。虽主贼盗，破财事，但很轻微。

(2) 人元克神，主对方谋害自己。此讼事，我输对方胜。

(3) 戊土行玄武水上主田宅之争，因争田宅而致讼。

(4) 二寅木得水生而克人元戊土，主方联络了两人共同对付客方。寅木秋天死囚，此二人无力不愿帮忙。但在主方的请求下出面。这是主方的一手。玄武干丙被支子克，自身矛盾故丙生人元戊，又有求客方私和之意，玄武主奸诈。这是另外一手。

(5) 课有寅、月建戌，寅午戌无午火，此争执讼事应起于午月。

(6) 综上所述，主方官讼得输。

(7) 功曹寅木为将得水生，主该人家有外财进纳。

(8) 功曹为官吏，得水生，该人应是一个干部。

(9) 课中有寅、月建戌，无午，今年五月份曾与人做了一笔生意，被人搅散。因寅午戌和火局见玄武水。

(10) 人元戊土受克，戊为头，该人有头晕现象。戊土又主脾胃，受克主消化功能差，在春天正二月份最为明显。

说明：断课有两种类型，一种为专断，即来人问什么事，就给他断什么事，把这个事情的来龙去脉、得失成败解释清楚为要，断到第六为止，即为专断。第二种为兼断：也就是来人问一件具体事，除把他要问的解释清楚外，还要在这课中断出其它的一些事情，如伤灾，疾病，六亲情况等，其目的是让他注意到一些问题，并加防范避免损失，或是增加本人对你断课的信任。如该人兄弟几人，孩子几个等。加上其余四条事情即为兼断。

16. 己、太常、卯：以下克上，主阴人争财帛，因此分居；其家先伤长妇，孝服在身，移居则吉。更主有小口伤，阴人病患。占病在头目，占家主失财，主窗穿，或有孔窍，或失钱财也。

问官讼。

己　　　　　－土　死
癸未 (太常) －土　死
己卯 (太冲) －木　旺
卯　　　　　－木　旺

注释：

(1) 四位内以太冲卯木为用，卯旺，主盗贼，失财，门户分张。

(2) 木克二土，神为太常，主妇女又为财帛，故主争阴人财帛。

(3) 太常为年长妇女，受卯木之克，故主伤长妇。

(4) 二卯在下，克上二土，主兄弟分居，互不相让，由此而造成官讼。

(5) 人元己、神太常未，皆是一家之土主客比和，而己克太常干癸，此讼客方取胜。

(6) 方克干鬼动，此讼要牵连二人。

(7) 己为人元，主其家贫穷，并与外人有过官司，因而给自己和家庭造成极大的损失。

17. 庚、白虎、辰：下生上也，主凶丧动；人元与贵神同类，主凶两次。亦主有兄弟出入往来，或走失奴婢并四足及争道陌也①。

问家事。

   庚   +金 旺
  甲申（白虎）+金 旺
  庚辰（天罡）+土 休
   辰   +土 休

注释：

①道陌：道路。

(1) 白虎临辰，主丧事多，庚金又临之，主其家有重丧。白虎临辰戌丑未皆主大凶。

(2) 辰主高岗，其家住处较高。

(3) 庚主道路，辰位在东，主其家东边由北向南有大路一条。辰土生白虎与庚金、主争道路。

(4) 甲为大树，其路旁有棵大树，三金克之主三家因争树木而斗打。最后大树被刨去。

(5) 下生上主出外，其家有出外之人。

(6) 辰土休，主有患癌症之人死亡。

(7) 假令己巳日问课，申见巳主军人。白虎见日支巳，主其家有军人在外。

(8) 课中二金主不顺，其家因是非官司而得病破财。

18. 辛、天空、巳：先以下生上，主钱财空诈。又将神遥克人元，主财帛官事，或争头面上物①，其人必遭官事逃走也。亦主争道路，必有或曾四足游行②，又主灶厨惊也③。

问争执。

```
辛          －金 死
丙戌 (天空) ＋土 相
辛巳 (太乙) －火 旺
巳          －火 旺
```

注释：

①头面上物，指首饰之类。

②游行，本意指外出行走，此处指六畜走失。

③灶厨惊恐，巳为灶，旺，主釜鸣火光之类，故主惊恐。

(1) 四位内以戌土天空为用，戌为天狱，问争执将有牢狱之险。

(2) 巳火旺，主乞索，因争执生了很大的气。

(3) 两巳火克辛金，辛金主金银，在人元为头部，是因首饰而起争执。

(4) 庚申辛酉在外亡，若逢炎上必刃伤。下二巳火克上辛金，主在争执中发生了斗打，有人拿枪弄斧，造成了血光之灾。

(5) 如丙戌月、己巳日问课，天空丙戌为月建，巳火为日建，很旺而有力，斗争激烈，事应发生在当月当天上午十点钟左右。

(6) 四位层层生外主出外，该人想到外地躲避。相生本主出外顺利，但戌为地网，走是走不掉的。

(7) 丙辛合，本应化水，但合而不化，因水空。故主此次官司必起。

19. 壬、贵神、午：先以下克上，主尊长发动官事，为贵神克人元。将在土下，主有文字昏昧。人元遥克将神，主破财，又有频频灵贼伤财，灾及小口也。

问求财。

```
壬          ＋水 死
丁丑 (贵神) －土 旺
壬午 (胜光) ＋火 休
午          ＋火 休
```

注释：

(1) 四位内以天乙贵神为用，主财，干克方，干克将皆为求财不成。

(2) 贵神克人元为主客不和，求财当空手还之，但丁壬合，壬水空虽不化，但主客还有和合的办法。就是此次求财，要通过另一个人去办，才能成功。

(3) 午火生贵神，为动本求财，即做生意。

(4) 此次求财要到南方，忌东方，因克丑土。

(5) 从整个求财的经过看，开始，神与人元相克，但丁壬相合，主不顺，不要一人去求财，应与他人合伙可求。中间，神将相生，但又相害，彼此之间会有不愉快的事情发生。结局是二火，比较顺利。

20. 癸、螣蛇、未：先以上克下，人元克贵神，螣蛇在土上，故火无根蒂。更在外人谋害，主伤产妇，应在六月。其家必无父母，更出淫乱之人。问身体情况。

   癸　　　　－水　死

  辛巳 (螣蛇) －火　休

  癸未 (小吉) －土　旺

   未　　　　－土　旺

注释：

(1) 四位内小吉为用，旺主胃炎，呕吐常吃药之人，恶疮。

(2) 二土克人元水，主该人头晕，耳鸣。巳火也受克主血压高。

(3) 如在丙戌月、己巳日、丁卯问课，癸水克螣蛇巳火，主此人有轻微心脏病，因水落四大空亡。而螣蛇入库而当日令、得时生，处于旺相的状态。

(4) 螣蛇亦主虚惊，心跳多梦等事。

(5) 辛为天月德合，月干为天月德，此人身体虽几处有病，但无大事。

(6) 小吉见螣蛇主该人因婚姻事而生气。

(7) 贵神受克父母有病，病症为胸闷、气短、胃部胀满，因生气而致病。

(8) 人元克贵神，有人谋害该人。应损财，及官职有损。

(9) 未土旺主六月。巳火生两未土，辛生将干与人元，淫乱也。螣蛇入课女人残。

21. 甲、朱雀、申：先以贵神克将，主官事破财。又将反克人元，亦主官事，或争道，或争妇人头面饰物。

问工作情况。

    甲   + 木 休
  壬午 (朱雀) + 火 旺
  甲申 (传送) + 金 死
    申   + 金 死

注释：

(1) 朱雀官职，见天干甲木生之。官职大旺，应在寅午戌年。

(2) 甲木生贵神，主该人深得重用。

(3) 朱雀克月将传送，主破财，或妻病。家有不明之财，及有暗昧不明之事。

(4) 两金克人元主争树木，申隔火克甲，故克无力。树见火主空，被雷击过，故此树高大，曾有鸟巢。

22. 乙、六合、酉：主官事临门急迫，或追捉亲人，即争有伤；有奴婢走失也。

问官讼。

    乙   − 木 死
  丁卯 (六合) − 木 死
  乙酉 (从魁) − 金 旺
    酉   − 金 旺

注释：

(1) 四位内以从魁为用，主妇女阴私事，又主妇女闹离婚之事。

(2) 六合卯木与酉金相冲、克、破，主妇女自缢。因妇女阴私事被丈夫发现，主女方自杀。

(3) 六合临酉：六合与酉均为门户，故主官事追捉已到门上。女方娘家告了状，官府派人捉拿男方，已走到门口。

(4) 地分克干为鬼动，此官司还牵扯到另外一个人。

(5) 六合为丈夫，男方是一个面色发黄红，个子瘦高，性格诚直，认死理的人，有一定的文化水平，从事文教或贸易方面的职业，四肢曾有伤。

(6) 此人搬家四次。

(7) 人元乙和贵神、六合均为卯木，为近比，主事在外，乙生丁火，此讼事男方责任不大。虽官府来捉拿归案也无妨。

23. 丙、勾辰、戌：主两个亲人相争次邻田宅，文字美，为一火生二土，所以相争交加也。其家主孤独，两世不葬；占物，主圆；占坟，移。
问田宅争执事。

丙　　　　　+ 火　休
戊辰 (勾陈)　+ 土　旺
丙戌 (河魁)　+ 土　旺
戌　　　　　+ 土　旺

注释：

(1) 四位内以勾陈辰土为用，主口舌争执，临戌主斗打，其中有妇女参加，因勾陈主里勾外连，主不讲理的女人，故主妇女争张。

(2) 丙火生辰戌二土，主外生内，主事情由外人挑拨，两家争斗田宅。除争田宅、坟墓之外，两家还有文字契约上的争执。

(3) 辰戌土主孤独，是孤独人死，还没有安葬，两家就争起死人的家宅来了。

(4) 二丙火生戌土，勾陈为用，有力量，但受丁卯时克，处于不利地位。丙戌月问课时，丙戌河魁为另一方，临月建，与卯时合更有力量，河魁临月建冲贵神，勾陈用爻方失败。

24. 丁、青龙、亥：下生上，主新立了神树，或移改旧宅，主神未安宁①，其家现今觅投吏人，或得祖父母田宅，或有祖父曾作官。

问移宅如何？

　　　　丁　　　　　－火　死
　　　　戊寅 (青龙) ＋木　相
　　　　丁亥 (天后) －水　旺
　　　　亥　　　　　－水　旺

注释：

①青龙见水又见火，论树为神树，即长得高大旺的树，因与其他树相比有差异，旧社会人们认为大树上住有神仙。神未安宁，认为神不安会造成家庭不安，或家庭不安即怀疑神不安宁。

(1) 四位内以青龙为用，主有大财，又主其家出有官职之人。

(2) 丁火主家宅不安宁，有忧愁；主妇女私情及惊忧烧伤。

(3) 自下重重生上，主出外求财能得大财，又主离开原来的地方，搬新居，生活好。

(4) 青龙为用爻在外，即以此爻为内，亥水为外，外生内，主该家的父母曾经做官，并得到祖父母的庇护和财产。

(5) 四孟为内，主移宅和翻新旧房事。

(6) 青龙为寅，与月将相生合，主夫妻感情好。

25. 戊、太阴、子：神生将，主子孙聪明。为人元是土，贵神是金，金土相生，主阴人有不明之事。又人元遥克将，主破财，丝蚕不成，家内多有虚耗①，更主妇人欲生外心，亦有暗昧事也②。

问夫妻关系。

　　　　戊　　　　　＋土　旺
　　　　丁酉 (太阴) －金　相
　　　　戊子 (神后) ＋水　死
　　　　子　　　　　＋水　死

注释：

①虚耗：财产损耗。

②月将为子，名神后，主女子之事，得太阴生，主暗昧不明。

(1) 四位内以太阴为用，主妇女之事；得人元戊土相生，为妇女有暗昧不明之事。

(2) 神太阴酉金，将神后子水，相生，主夫妻感情好。

(3) 神后主婚姻不明有暗隔，又主女子淫乱事。

(4) 人元克月将，主破财，又主女子有妇科病，子水主妇科病。戊子自身克制，主其女子将来为孤寡。但子水落空，吉凶不成。

(5) 人元克地分：外人入家盗物，伤妻损财。

26. 己、玄武、丑：主两家争田土，比邻田宅频频失财，或被人偷了牛，来其家伤小口，亦主两次有哭泣，为见二土克一水也。

问争讼事。

```
       己           －土 旺
   戊子 (玄武)      ＋水 死
   己丑 (大吉)      －土 旺
       丑           －土 旺
```

注释：

(1) 四位内以玄武用，主贼盗事，该人曾与贼盗结伙，见丑为偷牛。

(2) 一水见三土，主争田宅。神干戊，人元己为朋友、同类，主两家关系较好，戊己相邻、子丑相邻，为比邻，两家住得较近。

(3) 己为人元，克玄武水，主此次争讼，来预测的一方不占理。打官司一定输。

(4) 土克水主哭泣。又主该人性情狠毒。

(5) 三土主迟，此讼事需一段较长的时间才能结束。

(6) 玄武落空亡，且死而无力，主自身无力争讼。

27. 庚、太常、寅：主破财，伤尊长父母。以人元反克将神，主无翁①，其家人死财散不绝，为太常是孤独之神，更得白虎在上②临门，所以凶也。

问出行。

庚　　　　　＋金　旺
乙未（太常）－土　休
庚寅（功曹）＋木　死
寅　　　　　＋木　死

注释：

①翁：老年男子。

②白虎是指庚金。

（1）四位内以太常为用，主妇女财帛之事，生人元庚金主出外。乙庚合，主到亲朋家去。

（2）庚主行移，亦主出发行动。

（3）太常主妇女孤寡，该人家是孤寡妇女掌家。

（4）庚金克寅木，主伤老翁，其家无老年男子；寅木为月将，又主破财。

（5）寅临劫煞克太常，主其家破财二次，太常临劫煞主其家有中毒之人。

（6）干克方：行必有阻。

28. 辛、白虎、卯：二上克下，先主官事，后伤人口，为白虎临门也。其家主移居，别了旧，吉；见怪，四足木声。

问家中情况。

辛　　　　　－金　旺
丙申（白虎）＋金　旺
辛卯（太冲）－木　死
卯　　　　　－木　死

注释：

（1）四位内以白虎为用爻，主凶丧事，也主家中有外出之人。

（2）人元贵神冲同克将神卯木，主翻车伤人，破财。

(3) 月将地分受克，主伤妻及小孩。

(4) 三金克卯，卯为门，主其家更改门户三次。

(5) 将与神绝，主夫妻分离；丙辛合，主先离后合。丙申与辛卯合为合中有绝，主藕断丝连。

(6) 干克方：主婚后有外遇；失田宅，伤六畜。太冲卯木为贼，外克内主损财，主其遭盗三次。

29. 壬、天空、辰：主争田土或争讼。四足，走失；占怪，主空虚；占病，在头目；占宅，主散乱，有井，主凶；占行路，主疾病也。

问家中事。

    壬   ＋水 死
  戊戌 (天空) ＋土 旺
  壬辰 (天罡) ＋土 旺
    辰   ＋土 旺

注释：

(1) 天空为用爻，主官司、牢狱之事，临辰主斗打。

(2) 三土克水，主三家争田宅而斗打。

(3) 辰戌相冲，夫妻不和。

(4) 三土主家中有凶恶丑貌妇人，而住处较高。

(5) 三土克人元，主有人头部有伤及眼病。

(6) 三土主办事迟缓。

30. 癸、腾蛇、巳：主惊恐火发，妇人争讼，病患，为一水克三火，皆主官灾，或争飞禽，或神不宁也。

问官司事。

    癸   －水 囚
  癸巳 (腾蛇) －火 旺
  癸巳 (太乙) －火 旺
    巳   －火 旺

注释：

(1) 四位内以太乙为用，主虚惊梦寐，又主妇女私情，旧事和合之事。

(2) 人元癸水，克下三火，主官事。此官事，该人不能取胜，因人元水克之。但水落空亡。又难克三火，造成将来互有胜败的局面。

(3) 客克主，客有理。

(4) 螣蛇主妇女，此官事因妇女引起。

(5) 此家妇女有心脏病，有斗讼伤财之事。

31. 甲、朱雀、午：主文字交美，为神将同家。上生下，主妇人淫乱，其家共一亲人争，常发火光也。

问升迁。

```
        甲          ＋木  休
   甲午 (朱雀)      ＋火  旺
   甲午 (胜光)      ＋火  旺
        午          ＋火  旺
```

注释：

(1) 朱雀为用，旺主此人是有官职之人，文化程度较高，大学毕业。

(2) 人元甲木生朱雀，主此人与领导关系好，领导要提拔该人。

(3) 朱雀与月将胜光比，主这次提拔还有竞争对手。

(4) 朱雀为火，主此人性情急躁。

(5) 外生内，主私情动，主此人与外人有情。

32. 乙、六合、未：二上克下，主妻死再娶，破财；铜器鸣，家中后妇不绝，为六合临门。

问夫妻关系。

```
        乙          －木  旺
   辛卯 (六合)      －木  旺
   乙未 (小吉)      －土  死
        未          －土  死
```

注释：

(1) 小吉为用，主妇人，婚姻之事。

(2) 神将相克，其妻不能结发，需分离。

(3) 外二木克月将地分未土，又主其妻因生气服毒而死。主官事口舌事

(4) 未土为木库，六合临之，为木入库，主有情女到家。男人问课主该男子重娶。

33. 丙、勾陈、申：主官事勾连，丙是火，与申金遥相克，主争张金银，或争头面物，或争道，或妇人田宅之事。

问官讼。

```
丙            +火 旺
壬辰 (勾陈)   +土 相
丙申 (传送)   +金 死
申            +金 死
```

注释：

(1) 勾陈为用，主官讼勾连之事。

(2) 丙火克月将申金，主争金银或首饰而起官司。

(3) 丙火生贵神，此官讼主胜客败。因相生，有私和之象。

(4) 此官司，因壬水克丙火而起，是有人挑拨造成的。壬水落空亡，官司不成。

(5) 月将为财，被丙火克，虽官司打不起来，但破财已成定局。

(6) 勾陈妇女爱争张，官讼因妇女引起。

34. 丁、青龙、酉：主下克上，有官事临门，必遭杀劫，树神所争，役吏临门，亦有病人。以人元克将神，所以内乱，阴人争，亦主贵人私情事争。

问升官如何？

```
丁          - 火 旺
庚寅 (青龙)  + 木 休
丁酉 (从魁)  - 金 死
酉          - 金 死
```

注释：

(1) 四位内青龙入课，主官职之事。

(2) 青龙生人元丁火，主该人已经找领导谈过自己的要求。但丁火克神干庚金，领导虽口头同意支持该人的要求，但内心并不赞成。

(3) 酉金克青龙为财动，青龙受克主提拔不成，不要白费气力。

(4) 月将从魁，主妇女阴私事，与青龙木为绝。主人情断绝，夫妻分离。

(5) 酉金受丁火之克，主破财，有奸私之事。

(6) 财动利求财，此人官运虽不佳，但财运尚可，可以做点小生意有利可赚，做大生意不可，因青龙为财神，受克主破财。

35. 戊、贵神、戌：两兄一贵人，同姓争田宅，或新葬。占怀藏，主圆物；占宅，主无子孙，且三世孤独。

问家宅。

```
戊          + 土 旺
己丑 (贵神)  - 土 旺
戊戌 (河魁)  + 土 旺
戌          + 土 旺
```

注释：

(1) 四位内以贵神为用，贵神为丑，其家丰厚，六畜兴盛。贵神丑土主田宅之事。

(2) 贵神丑土，上下临二阳土，月将戌土主斗打官讼，主兄弟二人争田宅。

(3) 课中三土，主妇女丑陋，又主僧尼，其家无子孙而孤独。

(4) 戊己入课主家贫，有讼事。故其家经济紧张。

36. 己、天后、亥：上克下，主妇人病，亦有官事，见血光；人元反克地分，亦伤小口，患眼，主家不和，移宅，即吉。

问家宅。

    己   - 土 囚
    己亥 (天后) - 水 旺
    己亥 (登明) - 水 旺
    亥   - 水 旺

注释：

（1）四位内以登明为用，干克将：外人入家盗物，损财伤妻。事情不定，看贵神与地分定之。

（2）亥主乞索之事，主心中有气。

（3）人元为土，下三位为水，为土行水上，是为争田宅之事而生气。

（4）人元为外，克神将，主有人侵占自己的田宅。

（5）课见三水，有孤儿寡母，贼盗相害之事。人元克天后，主妇人有病。

（6）天后临地分亥，主西北方有沟一条，常有水。由于亥水被土克，主已被土填去一部分。

（7）此家在土坡上住，自东向西地势渐低。

37. 庚、朱雀、子：主妇人投井，以下克上故也。或争河道，或火发惊恐，或厨灶破，主妇人患；人元为朱雀所克，更主官事逃移。

问出行。

    庚   + 金 休
    丙午 (朱雀) + 火 死
    庚子 (神后) + 水 旺
    子   + 水 旺

注释：

（1）四位内以朱雀为用，神克干：财动损官，外人谋害，暗设障碍，主官事口舌。

　　(2) 自下克上主出外。

　　(3) 庚金生月将子，主此人出外想回家。

　　(4) 此人在外面有官事，因为官动。

　　(5) 出行在外有大伤灾一次，因庚金落于午火之中，现九月为火库，如到南方去必应。

　　(6) 此行是为躲避官司而走。

　　(7) 朱雀落于水中，主此人曾被水淹过。

38. 辛、六合、丑：皆上克下，主伤母，亦主无妻，更主损伤牛；以"金入木乡忧口舌，木来入土为刑狱"，主官事大凶也。

　　问出行。

　　　　辛　　　　　－金 旺
　　　　癸卯 (六合) －木 死
　　　　辛丑 (大吉) －土 休
　　　　丑　　　　　－土 休

　　注释：

　　(1) 以大吉为用，主此人性情诚实。

　　(2) 自外克内，出行有阻而不顺。出外求谋不成。

　　(3) 辛金克六合木，主此人四肢有伤，有外人加害于己。

　　(4) 六合克丑土，主此人又有官灾牢狱之事。并损财伤妻。

　　(5) 克丑又主伤母。隔位克下，行必有阻。

　　(6) 丙戌月问课，辛金入丑库，在家求谋皆通。

39. 壬、勾陈、寅：下克上，主官事，争田土，妇人必伤，为"水行土上"、"木入土中"，故主官事，更主自缢而伤，或水溺，或破磁盆器所伤，惊恐也；以玄武为贼，水被克①，故主溺矣。

　　问明日有何人问课。

```
壬          + 水 休
甲辰 (勾陈) + 土 死
壬寅 (功曹) + 木 旺
寅          + 木 旺
```

注释：

①壬与子为一家，子为玄武，故壬亦可以玄武论之。

(1) 四位内以勾陈为用，主来一中年男子问课。

(2) 勾陈月破无力，又被寅木克，主此人身材一般，面色青黄，较瘦。

(3) 寅木克辰土，若己巳日问课，主因官司牢狱之事而生气。辰土克壬水，主官司有理。

(4) 地分为寅，主此人应从东北方向来。

(5) 壬为该人的父亲，受辰土克，主因田宅之事打官司而家道破落下来。

(6) 功曹为财，被外壬水所生，主有外财，但水空，又被辰土隔克，而财没有到手。

(7) 勾陈主数为一、五、七，月破主五被二木所克，主该人有兄弟三人。

(8) 神将相克，该人外情有动夫妻不和，经常吵架。

40. 癸、青龙、卯：上生下，主鬼怪动，有宅就树影人家，及铜铁鸣，主有杀害，以癸卯纳音见金故如此①。其人无子孙妻财，无归着，更主失财，或将财物出入一户，主鬼贼。

问家财能得否？

```
癸          - 水 休
壬寅 (青龙) + 木 旺
癸卯 (太冲) - 木 旺
卯          - 木 旺
```

注释：

①癸卯纳音为金箔金，九月为秋天，金旺，土月亦能生金，故以金克青龙木论。

163

(1) 青龙为用爻，主财帛之事。求财大喜，争财必得。

(2) 癸水生三木，为争，三木为比主同类，兄弟，兄弟三人争家中财产。

(3) 三木为爻，更被癸卯纳音金所克主口舌争斗两次，家财到手，还要下大力气。

(4) 太冲为贼，其人兄弟中有一人为贼。经常将家中财物偷出。

(5) 癸主忧愁。

(6) 木多主贫穷，虽得水生，水空而不生，其家外人认为很有钱，但实际上徒有虚名。又主无子孙。

41. 甲、贵神、辰：上克下，主尊长病，更主争讼官事。又人元遥克将，亦主破财，或器物有伤，或有口愿，又主家神临之，亦无子孙[1]。问官司。

	甲	+木	囚
辛丑	(贵神)	−土	旺
甲辰	(天罡)	+土	旺
	辰	+土	旺

注释：

[1] 甲克辰土主伤妻损财，小口有灾，辰土主孤独，故以无子孙断之。

(1) 以贵神丑土为用，主此家为妇人主家。问官司：外来谋害，他胜我负。

(2) 贵神受克主兄弟争执。

(3) 天罡辰土主争执、斗讼，甲木自外克之主损财，有刑狱之事。

(4) 贵神受克，主其许口愿。

(5) 课中三土，主其人孤独，无子孙。

(6) 若在戌月问课，戌月与贵神相刑，此家官司要输。

(7) 辛为月德合，有官司可能大事化小，官司虽输，但造成的损失不大。

42. 乙、天后、巳：以上克下，主伤小口。天后生人元，主妇人欲生外心。又主灶神动，更宜慎火光，或釜鸣；为见乙巳纳音火[1]，以一水克动故如此。又主妇人淫乱，外人谋害，主病，昏昧、死。

问家事。

    乙　　　　－木 相
   辛亥 (天后) －水 旺
   乙巳 (太乙) －火 死
    巳　　　　－火 死

注释：

①乙巳纳音为佛灯火。

(1) 四位内以太乙为用，主此家妇女有暗昧不明之事。又主其人多梦，虚惊。

(2) 神将相冲克，里勾外连：为家有不明之财亦有暗昧不明之事。夫妻不和，需分离。

(3) 天后生人元，主妇女有外心，又主妇女出外寻人。

(4) 乙巳纳音为火，主家中有火灾，需认真防备。

(5) 戌月问课，巳火入九月戌墓，主女子昏昧。

43. 丙、太阴、午：三火克一金，先伤阴人，内痨嗽喘疾死，后主发火光两次，哭泣，更害疮人，亦主在外死者应之。

问疾病。

    丙　　　　＋火 旺
   己酉 (太阴) －金 死
   丙午 (胜光) ＋火 旺
    午　　　　＋火 旺

注释：

(1) 四位内以太阴为用，主女子主家。此女面方色白红，生性活泼，瘦而个子不高。且有淫乱之事。

(2) 三火克一金，主此有胸闷，咳嗽，有肺病较重，但有土月为救，而不至于造成死亡。

(3) 丙戌月问课，丙为天月德，入课主解忧愁，病危。故虽重无妨。

(4) 人元为头，丙火临戌月又旺相，此人血压高，头晕目眩之病，因而心脏也受到影响。

44. 丁、玄武、未：下克上，主官事贼盗，未是井，又贼水临之，主溺伤小口或河伤也。又在外欲谋人，被人反谋害也。

问出行。

	丁	－ 火 休
	庚子 (玄武)	＋ 水 死
	丁未 (小吉)	－ 土 旺
	未	－ 土 旺

注释：

(1) 四位内以玄武为用，主贼盗之事。此行应防贼盗。

(2) 重重克外主出行。

(3) 官动主官事，官动求财损力，因官事而出外。有走失之象。

(4) 丁火主忧愁。此行不愉快。

(5) 玄武克丁火为欲谋害他人。未土又克玄武，主自己被另一人谋害。

(6) 未为井，克神玄武水，主有小孩溺伤，水厄之事。

(7) 小吉主酒食、宴会，亦主此人善饮。

(8) 玄武为地网，此行应遭刑禁。

45. 戊、太常、申：上生下，主行神动，有妇女带财帛出外，更有亲人相随，亦主争田土事也。

问行人。

	戊	＋ 土
	丁未 (太常)	－ 土
	戊申 (传送)	＋ 金
	申	＋ 金

注释：

(1) 太常为用，主妇女、财帛事。

(2) 传送入课，主行移事。此人已经动身来家。

(3) 二土生传送，亦是回家之象。

(4) 太常生内，亲友相访，主是妇女并带财帛来家。

(5) 戊土同生传送，主还有亲人一起回来。

(6) 干、神生将方：内外和合；得贵人相助、所谋顺遂。

46. 己、白虎、酉：上生下，主有亲人出外，或有军人却来回家①。以人元生白虎，白虎临门，或入家，或主出外也②。主走失人口，更主祖父母自将财帛出外，见喜；占病，主凶。

问出行。

```
己           - 土 休
戊申 (白虎)  + 金 旺
己酉 (从魁)  - 金 旺
酉           - 金 旺
```

注释：

①白虎为军人，军官，酉为门户，主白虎临门，即该军人已到门外。

②己土生白虎主出外，需再回家一次，再出外。故论行人论出行应分辨清楚。

(1) 四位内以白虎为用。主行移。道路不顺。

(2) 己土自外生内，主此行出门后，要再回来一次，或有事情嘱咐，或忘掉了应拿的东西。

(3) 课中三金，此次出行不顺。

(4) 己土是人元，为祖父母之位，生用爻，主此行祖父母相随。

(5) 己土生月将从魁，从魁主金银首饰，此行祖父母带金银首饰外出。

(6) 白虎主凶丧事，临门户酉金，为凶事临门。己巳日问课时，酉金被日支所克，故主凶丧事很快就要发生。

47. 庚、天空、戌：下生上，庚是动移之神①。须主两次移宅，或移坟墓。其家主孤独，或有僧道出游②。

问出行。

```
庚              +金 相
庚戌 (白虎)     +土 旺
庚戌 (从魁)     +土 旺
戌              +土 旺
```

注释：

①庚金为更变之意行移之神，受三下生上故主经常出行远游之象。

②戌土主佛道之人自然是清心寡欲故称孤独，见三下生上主经常在外远游度化人也。

(1) 四位内见戌土，在常人主虚诈之人，在宗、道则是清心寡欲遁入空门，故有不实之意。

(2) 因戌为火库庚金坐于重重火上主受旺火之灾。

(3) 本课若求人望事则主迟也，金口诀云：二土比和迟晚看故主迟。

(4) 三下生上又主三人同行或团伙出行，见河魁入课主无不斗讼矣。

(5) 断课须明五行之理，先观五行所主，再看五行生克，则无所不知无所不晓也。

48. 辛、腾蛇、亥：先以将克神，主妇人病；后有官事，为人元受克，亦主妇人头面上物也，又主妇人出外生产，以庚辛为道路事。丙戌月、己巳日。

问出行。

```
辛              -金 休
丁巳 (腾蛇)     -火 死
辛亥 (登明)     -水 旺
亥              -水 旺
```

168

注释：

(1) 以登明为主，因水无体，再看贵神，贵神螣蛇，因螣蛇为妇女事，主此行是妇女出行。此女好言语，赤红脸色，举止不够庄重。

(2) 内克外是出行之象，此行事情虽能办成，但是不顺利。

(3) 亥水克巳火，主妇女有心脏病，亥水空亡，其病无妨。贵神克人元辛金，主出外路上有伤灾。水本能制火，为救，但水空而无力，故其灾较重。

(4) 亥为驿马主快，很快就要发生。

(5) 辛为月德合，主解百祸，故灾虽重，而性命无妨。

(6) 官动，此女出外还有官司一起。

(7) 螣蛇主梦，此女夜间多恶梦。

49. 壬、朱雀、子：以二水克一火，主伤妇人两口，或是投井死，以壬子为贼水。后有官事文状，为朱雀是午，午为鞍马，主争鞍马事。玄武亦主文状勾连，或见血光死亡，伤四足及皮血。或遗失文字，皆以朱雀受克，故其如此。

问结婚以后如何？

```
壬              + 水 旺
戊午 (朱雀)     + 火 死
壬子 (神后)     + 水 旺
子              + 水 旺
```

注释：

(1) 四位内以朱雀为用，主官事口舌，争婚姻。又主此人性情急躁，受水克，但不向别人发脾气。

(2) 结婚时壬水午火相克主不顺，中间子午相冲主妇女投井，夫妻分离。晚年漂泊不定。

(3) 三水：其家近河主水灾；夫妇不能白头到老。见火主受盗贼之害三次。

50. 癸、六合、丑：先以上克下，主有官事，或者偷了牛，为见壬癸是贼神，六合是门户，更将神反克人元，主争邻畔。

问婚姻。

    癸　　　　－水　休

   乙卯（六合）－木　旺

   <u>癸丑（大吉）</u>－土　死

    丑　　　　－土　死

注释：

(1) 以大吉丑土为用，主此女子老实、直爽、圆脸，个子不高，面色黑黄。

(2) 六合主成合婚姻事，见癸水生主已经谈着对象。

(3) 丑土克癸水，主鬼动，家中惊恐起及走失牛等四足动物，此婚姻将引起官事。

(4) 婚后夫妻不和，因神将相克。

(5) 此婚主女方长寿。因地分克人元癸水。

(6) 丑土克人元癸水，主有二件喜事。又主与外人争田宅。

(7) 冲克丑土，丑即是牛，主牛被偷。偷二次。

51. 甲、白虎、寅：先以神克将，主口舌破财；又以贵神克人元，主官事。甲与寅为一家之木，金在中间之，主兄弟分散，以无尊长也，又主争杀了神树，其家凶丧不绝，移宅则吉。

问求财。

    甲　　　　＋木　旺

   <u>庚申（白虎）</u>＋金　囚

   甲寅（功曹）＋木　旺

    寅　　　　＋木　旺

注释：

(1) 四位内以白虎为用，主凶丧事。

(2) 神克将为贼动，求财不得，里勾外连，反而破财，伤妻。

(3) 白虎克人元为官动，主因求财而起官司。

(4) 将方为寅，人元为甲木，中间白虎克两头，主兄弟分散，兄弟又动，主兄弟之间口舌争执，甚至发生斗打，家财分散。

(5) 神将相克，夫妻争执口舌。

(6) 主客不和，求财不得，自己想谋害他人。

(7) 寅木被克，伤尊长，无父亲，又主争伐树木。

(8) 甲虽主喜庆之事，因受克逢喜不喜，因喜事而争吵。其家无一好事，只有搬家才行。

52. 乙、天空、卯：两木克一土，主其家多有虚耗，死亡子孙①，更主有僧外出，自缢而伤。或当门破了器物。亦主官事，占怪见犬，或伏尸②作祟③。

己巳日问求官。

乙　　　　－木　旺
壬戌（天空）　＋土　死
乙卯（太冲）　－木　旺
卯　　　　－木　旺

注释：
①死亡子孙：戌主孤独无有后代。
②伏尸指宅内有尸体。
③作祟：兴妖作怪。古时认为家中出现的不幸事故与宅内有坟墓有关。

(1) 贵神为官位，天空入课主虚诈不实，看着能求官，实为假象。

(2) 乙木克天空，有外人谋夺该人的官职，财动伤官，求官不得，反有灾祸。

(3) 乙木克天空土，为木入土，又见巳日日建，主有刑狱之苦。

(4) 此家出僧道，无子孙，受克而僧死。

(5) 天空戌土又主犬，卯为门，戌受克主犬死。

53. 丙、天后、辰：先以下克上，主妇人多病，又主争田土，为辰主斗讼故也。更土克水神，又以贵神克人元，主宅两次或有走失，更伤妇人也。

己巳日问到何方求财好？

   丙　　　　　+火　休
  癸亥 (天后)　 −水　死
  丙辰 (天罡)　 +土　旺
   辰　　　　　+土　旺

注释：

(1) 天后水为用爻，主该人家内是阴人主家。

(2) 辰土克天后水，天后主妇女，天后又克人元丙火，火亦为妇女之形。主妇女多病，两妇爻受克，主妇女走失两次。

(3) 财动，有财可求，但天后水空，自身无力，求而难得。

(4) 主客相克为不和，克干空手还之，神克干争而得之，亦主此财难得，当空手而归。

(5) 官动，求财不利，不要求财，财动损官还要谨防官司。

(6) 问到何方求财吉，用爻天后水，到生水之西方和水的本位北方最吉，到东方虽费力亦能有利可图，到南方不得财，如到辰、戌、丑、未四土之方赔本。

54. 丁、玄武、巳：以两火夹一水，主两阴人小口争斗，先伤在下一口，在上者止于疾病。以水性润下，即以在下者伤也。更主被人偷了铛锅釜灶之属。又有众禽入宅，主有伤害也。

己巳日问贼盗事。

   丁　　　　　−火　旺
  壬子 (玄武)　 +水　囚
  丁巳 (太乙)　 −火　旺
   巳　　　　　−火　旺

注释：

(1) 四位内以玄武为用，主贼盗之事。

(2) 玄武上下见三火，主此贼偷东西三次，其中一家的锅、家用电器被该贼偷去了。因巳主锅灶；巳见水主洗衣机、冰箱、空调。巳见火主电炉、电烤箱。

(3) 神将干合，此两家关系很好。

(4) 玄武空亡，此贼难寻找。

(5) 人元再遁得壬寅，子与丑合，此贼跑到东北方去了，跑得很远。寅临驿马，追赶不上。

55. 戊、勾陈、午：下生上，主文状，立争田土，勾陈主有文状，或妇人行游①，更主移宅，应之吉。丙戌月、丁卯时。

问身体状况。

    戊　　　　+土 旺

  丙辰 (勾陈) +土 旺

  戊午 (胜光) +火 休

    午　　　　+火 休

注释：

①行游：有的地方叫游行。主行走，此处为妇女逃走。

(1) 四位内以勾陈为用，旺，此人癌症在胃部。

(2) 戌月为火库，午火生戊土，主旺，此人有惊恐头疼之症。

(3) 辰土被时建卯木所克，主此人消化不良。

(4) 四位中无水，土旺之月，又是土旺之课，主此人小便不利之症。

(5) 此人病以正月、五月、九月为重，其他月份较轻。

56. 己、青龙、未：主土在两头一木间之，主其家分别。神克将，主妻亡财破，或妇人自缢死，更主鬼神缠缴①妇人，仍出师婆。贵神又克人元，亦主官事。

丙戌月问今年如何？

$$
\begin{array}{lll}
己 & -土 & 旺 \\
\underline{甲寅}\text{（青龙）} & +木 & 囚 \\
己未\text{（小吉）} & -土 & 旺 \\
未 & -土 & 旺 \\
\end{array}
$$

注释：

①缠缴：纠缠之意。

(1) 四位内以青龙为用，主官职，财帛之事，当得于三、六、九月。

(2) 到冬季，水能生木，亦可得财。

(3) 官动，今年春天有官事口舌。

(4) 神克将：家有服毒人，今春破财。

(5) 人元、月将受克，主此人头部、腹部有病。冬春较重，夏秋较轻。

(6) 七、八月间金旺木死，损伤老翁，有一场口舌争执。

57. 庚、朱雀、申：主兄弟有官事，或是妇人头上物色。庚主道路，火气①为灾，亦主妇人淫逸游行，以在凶迫，故走也。其家亦主子孙不和，以二金为火所间。

问求官。

$$
\begin{array}{lll}
庚 & +金 & 旺 \\
\underline{戊午}\text{（朱雀）} & +火 & 囚 \\
戊申\text{（传送）} & +金 & 旺 \\
申 & +金 & 旺 \\
\end{array}
$$

注释：

①火气：火克，朱雀为午火，克庚金人元，主有血光之灾。

(1) 四位内以朱雀为用，主官职之事，官动，利求官。

(2) 用神朱雀，驿马在申金，主到明年正月庚寅可以升官。

(3) 午火克申金传送，损财。

(4) 朱雀火克金，应在今年夏天路途有伤灾，车翻伤人。

(5) 人元庚，贵神午，主其家曾经改门或搬家三次。

58. 辛、螣蛇、酉：临本家，火在中心间之，主频频破财，官事不绝，亦无子孙也，更伤母，为课中阴见阴也。凡以阳见阳，阴见阴皆为不比，故凶。亦有火光，主妇人头面上物，铜铁作怪，欲移门户，应之，即大吉也。问出外。

求财如何？

   辛　　　　　－金旺

  丁巳 (螣蛇) －火 囚

  <u>辛酉</u> (从魁) －金 旺

   酉　　　　　－金 旺

注释：

(1) 四位内以从魁为用爻，主金银首饰

(2) 螣蛇火旺而克月将从魁，主破财：里勾外连，损财伤妻，求财不得，反而破财。

(3) 巳火克人元，主出外。又主有血光伤残。主客不和，出外求财不得。有官司。

(4) 课中三金，被螣蛇火克，主诸事不顺。

(5) 从魁、螣蛇，皆为妇女之形，此次出外求财，主有妇女参与，并有暗昧之事，而引起官司。

(6) 神将相克，其家夫妻不和，斗打伤残。

(7) 巳火主虚惊、忧愁、怪异之事。

59. 壬、青龙、戌：先以上克下，主刑狱事，又主盗贼入家，失了大子[①]，或器物即伤也。盖壬为贼神，青龙为财，戌为骸骨之神，其家或失了祖父母骨殖，主家中病患，常见怪也。

问有外财否？

```
壬           + 水  休
甲寅 (青龙)  + 木  旺
壬戌 (河魁)  + 土  死
戌           + 土  死
```

注释：

① "失了大子"改为"失了犬子"。

(1) 四位内以青龙为主，主财帛之事。

(2) 人元壬水生之，主有大财。主客和合，其财可得。

(3) 青龙克戌土，此财为来路不明之财。

(4) 青龙为官位，主财，为官中之财，壬为贼，生青龙，主此财是盗窃官中之财。

(5) 青龙木入戌土，主刑狱，此财将有刑狱之苦。

(6) 月将河魁，主斗打官灾。此次求财将有斗打。总之，此外财不求为好。

(7) 戌主骸骨，受木克，主父母祖父母骸骨被人盗走。

(8) 木入戌为木入火库，注意防火。

60. 癸、天空、亥：以两水为一土间之，主官事争田土，土在中心，两家争邻畔，或争次邻财，更主伤小口。夜里现四足作怪。主兄弟不义，分其家产，必无子孙，只有一僧应之。

问家事。

```
癸           - 水  旺
壬戌 (天空)  + 土  囚
癸亥 (天后)  - 水  旺
亥           - 水  旺
```

注释：

(1) 天空为用，主皈依之人。

(2) 水土主有田宅之争，坟墓争执。

（3）两水夹一土，主两家相争同一块土地。

（4）神克人元为官动，主田争邻居的土地而打官司。

（5）人元水受克，主其人祖辈失去田宅，到外地谋生，到处流浪，因水主飘流。

（6）课中三水，主盗贼之事，见戌土主其人与贼盗关系密切，并参与偷盗活动。

神课解入式吉凶法第二（略）

注释：此节内容并入"卷一·论神课入式法歌"一节。

论旺相死囚休法第三

天乙贵神为首，常居己丑土，主贵人之事[①]。上下皆和，主贵增福位。上生下，主贵人喜；下生上，主贵人迁官；上克下，主贵人离；下克上，主贵人忧患。旺，主贵人升高位；相，主贵人得财[②]；死，主贵人死丧事；囚，主贵人狱讼事；休，主贵人疾病。

前一螣蛇，常居丁巳火，主怪梦、惊疑、病患、惊恐之事。比和，主惊恐；上生下，主惊恐在后；下生上，主惊恐在前；内战，内忧火怪；外战，外忧火怪，惊恐。旺，主官事，惊恐；相，主酒食斗争，惊恐；死，主死丧，惊恐；囚，主牢狱系禁，惊恐；休；主疾病，惊恐[③]。

前二朱雀，常居丙午火，主文字、口舌。比和，主印信之事[④]；上生下，主文字暗昧；下生上，主口舌不成。外战，口舌外至；内战，奸邪内生。旺，主官事口舌；相，主争钱物口舌；死，主凶丧口舌；囚，主囚系口舌；休，主妇女奸淫欲至，文字亦然。

前三六合，常居乙卯木，主阴私喜美之事。比和，主论讼寄财物。上生下，主出入为凶；下生上，立筵会远行；外战，在外忧动；内战，主内争阴人财物。旺，主婚姻之事；相，主官事、婚姻；死，主阴私奸取；囚，主病者不至死；休，主病者因伤伤物⑤。

前四勾陈，常居戊辰土，主勾晋斗讼事。比和，主谋争田宅；上生下，主论讼有理；下生上，亦主争田宅；同谋者，皆外战外争，内战内争。旺，主贵人争质；相，主钱物；死，主争坟墓；囚，主争囚禁；休，主争论六畜事。

前五青龙，常居甲寅木，主财物喜庆。比和，主信望财帛之喜。上生下，主受印信财物；下生上，主贵人获福，亦主酒食欢会；外战，主财物外耗；内战，主财物内损。旺，主贵人有喜；相，主所求必得；死，主死失横财；囚，主囚人争财；休，主病者有失财之事。

后一天后，常居癸亥水，主阴私喜美宴会之事。比和，主与阴人宴会之事；上生下，主妇人作念；下生上，主有故旧交知相见之喜；内战内斗，外战外斗。旺，妇人宴会；相，主妇人欲喜；死，主妇人死丧吊慰⑥；休囚，主妇人病患事。

后二太阴，常居辛酉金，主阴私闲匿事。比和，主阴暗争已；上生下，主阴私喜庆；下生上，主奸淫人忧；外战，主奸人逃亡；内战，主内斗谋。旺，主贵人阴私；相，主阴私酒食交往；死，主死囚六畜；囚，主死亡走失；休，主盗贼图谋之事；皆主暗昧也⑦。

后三玄武，常居壬子水，主盗贼之事。比和，主计谋奸盗；上生下，主盗贼逃亡；下生上，主盗贼还伏；外战，盗贼远去；内战，分物至争。旺、相，皆主盗贼凶横；囚、休，皆主败、凶。此神大抵旺、相、死、休、囚，皆主凶也。

后四太常，常居己未土，主衣服、冠带、酒食、妇人、财帛。比和，荣旺，主欢、美、利。上生下，主贵人购衣服、酒；下生上，主远信财喜；外战，外有口舌，女人为灾；内战，家中财帛散失，妻女逃亡。旺，主得阴人财帛；相，主阴人有酒食和会之事；死、囚，主妇人病患；休，主妇人淫乱之事。

后五白虎，常居庚申金，主道路事动，或有人出外，又主凶丧之事。上生下，主外人引带家人远出；下生上，主自行；上克下，主有军人；下克上，主丧孝。旺、相、死、休、囚，皆主凶⑧。

后六天空，常居戊戌土，主虚诈不实之事，亦主出僧道。上生下，主有僧在家；下生上，主有僧在外，僧病患；天空旺，主家中出朱紫色衣人；相，主人福上增福；死，主僧在外死；囚，主有官事；休，主被恶人相欺凌之事。

注释：

①天乙贵神本属是己丑阴土。

②应为相官旺财。

③旺主争财惊恐；相主争官禄惊恐；死主死丧惊恐；囚主牢狱惊恐；休；主疾病惊恐。

④比和主官印、印刷、文书、信息之事。

⑤主人物同伤、因病损伤物、在休上有疾病阴私之事。

⑥死主妇人有死丧、吊慰之事。

⑦太阴阴私和合事，休时无力，与他人共谋或被他人谋。

⑧旺、相、死、休、囚，皆主凶，旺相主大凶。

论休旺吉凶法第四

凡课四位，皆内以贵神为主。但看四位相生相克、或比和，或隔位生克，看甚为最旺之神①，即知贵神在旺、相、休、囚、死也②。有位内之旺神，有四季之旺神，有日下之旺神③，相死休囚亦皆如此，宜参校用之也。

注释：

①最旺之神：此处不指贵神，是指五行中最旺。不要混淆。

②旺、相、休、囚、死是金口诀断课的第一步，也是非常重要的一步，关键是取课内的旺、相、休、囚、死，以知道用爻是旺是休。用爻如人身体，旺为身体强壮，休、囚、死为体弱多病。年、月、日、时的旺、相如行于大路，再遇身体强壮，一路通畅也。若遇年、月、日、时休、囚、死，纵用爻旺、相，亦如大路不通或遇山河阻隔不通也，测事业即时运不济，怀才

不遇。取课内旺、相、休、囚、死，关键是以不受克者为旺，生者为旺，知道了旺爻，也就知道其他爻所处位置。

③在四季旺或日下旺为在外有助。

天乙贵神：土、贵神、火、水。

法曰：此课主贵神旺也，谓四位内，火为水克，水为土克，火又来生土，即以土旺，天乙贵神属土，此为天乙贵神乘旺气也。上生下，主贵人有喜；下生上，主贵人迁官，不然，有大财喜庆。上克下，主贵人合故远游，主凶。下克上，主贵人忧远信及有官事。旺，主贵人升高位，增福庆，迁职品。相，主贵人得大财喜。死，主贵人死丧，更无尊长。囚，主贵人官事，斗讼，无理。休，主贵人家内人口疾病难安，或是长患病。来意只为贵人尊长迁改之事。

注释：

土	旺
贵神	旺
火	休
水	死

前一螣蛇：水、螣蛇、金、土。

此课只见土旺。以水克火，火克金，土克水，此土即以旺也，土旺即火休矣，螣蛇火在休气。大抵螣蛇主灾怪，或见火光焚烧，又主虚惊也。上生下，主惊恐在后。下生上，主在前。内战，内忧火怪；外战，外忧火怪，惊恐，卒百忧。旺，主官事惊恐，妇人残害惊恐；相，主斗讼、争酒食，惊恐。死，主阴人死丧，惊恐。囚，主牢狱枷，惊恐。休，主疾病惊怪。来意只为妇人争张，其螣蛇本是妇人也，纵不是妇人，其争张必因妇人身起也。螣蛇亦是凶神。

注释：

水	死
螣蛇	休
金	相
土	旺

前二朱雀：水、朱雀、土、木。

此课只见木旺。以水克火，土克水，木克土，水又来生木，木旺则朱雀火相也。大抵朱雀多主文字口舌，又主信息来至。上生下，主文字暗昧不明，必主先忧后喜。下生上，有口舌、斗讼、官事。外战，口舌外至，主必有官事；内战，奸邪内生，亦主家不和，破财应之。旺，主官事口舌。相，主争钱财口舌。死，主凶祸口舌。囚，主囚禁口舌，牢狱事。休，主奸妇口舌，斗争欲至。来意只为官事，或见血光，因文字上发动官事。其课主凶，亦不宜问病，凶。

注释：

水	休
朱雀	相
土	死
木	旺

前三六合：火、六合、金、火。

此四位内见火旺。以金克木，火克金，木又来生火，即以火旺则六合木休矣。此课主议论财物、交易荣繁事。又主阴人喜美事，或妇人私情和合之事。上生下，主出入家人，心肝零落①。先凶后吉。下生上，主有筵会，及有远行人。外战，宜变，作图经营即吉。内战，有阴人财物破财，不能聚管。旺，主成合婚姻。相，主官事、争张，死，主报死临门；囚，主牢狱、官事即至。休，主病患，亦主争竞钱财，昏昧。来意只为官事追捉，更主寻一个阴人也。

181

注释：

① "上生下，主出入家人，心肝零落"应改为"下生上，主出入家人心肝零落"。因六合木生火主外出，被金克主心肝零落。

火	旺
六合	休
金	死
火	旺

前四勾陈：金、勾陈、水、火。

此课内只见土旺。以水克火，火克金，土克水，火又来生土。此勾陈土即以旺也。凡勾陈，主勾留之事，立主争讼。此课得位主自己欲谋害他人，损田宅也。上生下，主论讼有理。下生上，主争讼田宅。外战：外与人争张；内战：主在家争张，亦主家中不和及人口病患。旺：主贵人争张。相，主争张钱物。死：主坟墓争张。囚：主狱讼争张。休：主六畜争张。来意只为斗讼、与外争张，主不得理，无喜事，更主阴人病患。

注释：

金	相
勾陈	旺
水	死
火	休

前五青龙：水、青龙、土、金。

此四位只见金旺。以木克土，土克水，金克木，土又来生金，金旺则青龙木死矣。大抵青龙合主财帛喜庆事。比和，主文字信息，望财帛之喜。上生下，主印信，受钱财及珍异物。下生上，主贵人获福，及酒食欢悦。克损官职，官灾斗讼，婚姻反复，损伤老翁。旺：主贵人喜庆。相：主求得财物。死：主失了旧来横财。囚：主囚人破财。休：主病，人亡失财。来意为求财及远信，吉事也。此课先主失财，后却求财必有喜也①。

注释：

①先失财因自外克内，后有喜因将克干喜事重重。方生干主吉庆喜美之合。

水	相
青龙	死
土	休
金	旺

后一天后：土、天后、火、金。

此四位只见土旺，以水克火，火克金，土克水，火又来生土。今土旺则天后水死。大凡天后主阴人宴会之事，必主有喜。上生下，主有妇人做念①，颙望，喜。下生上，主故友知交相见，喜。上克下，主妇人奸诈。外战：与外争张官事。旺：主妇人宴会喜美。相：主妇人有喜事至。死：主妇人有丧吊之事。囚：主妇人官事囚禁。休：主妇人疾病。来意只为家内阴人病患，或被神缠妇女，或妇女私情事也。

注释：

①天后为妇人，火生土，土又生金，金又生天后水形成了相互思念。

土	旺
天后	死
火	休
金	相

后二太阴：火、太阴、水、土。

此四位只见土旺。以火克金，水克火，土克水，火又来生土。今土旺则太阴金相矣。大凡太阴主阴私、蔽匿、暗昧之事。比和，主隐匿阴人之事。上生下，主阴私喜庆。下生上，主奸淫内至。外战，主妇人因奸而逃亡。内战，主内斗讼，阴人谋害。旺，主妇人外情阴私。相，主与妇女酒食相迎事。死，主死丧六畜。囚，主死亡、失财、盗贼、谋害事。休，主妇人病

183

患，又主妇人劳咳自缢死事，亦主争田庄。来意为阴人暗昧不明主事。

注释：

火	休
太阴	相
水	死
土	旺

后三玄武：火、玄武、土、火。

此四位只见土旺，以水克火，土克水，火又来生土。土旺则玄武水死矣。大抵玄武主盗财物事。比和，主贼奸流事。上生下，主贼逃、亡失移动；下生上，主盗贼逃亡；上克下，主盗贼家内生。下克上，主盗贼从外来，盗去自己财物。外战：主盗贼远行。内战：内忧贼发。旺：主盗贼动合得财。相：主有梦见鬼怪动，被贼伤财。死：主盗贼死伤。囚：主有贼犯在官司；囚：主狱。休：主失财，或四足损，主贼神动。来意为官事失财。

注释：

火	休
玄武	死
土	旺
火	休

后四太常：木、太常、金、火。

此四位内只见火旺。以木克土，金克木，火克金，木又生火，火旺则太常土相矣。大抵太常主衣服、冠带、酒食。比和，主带花、欢悦、美丽之事。上生下，主贵人赐衣及酒食。下生上，主远人信息，纳财物来。外战，外有口舌，女人为灾。内战，内有口舌，并死亡，人离、财散，亦主妻亡。旺，主阴人财帛喜，相，主阴人酒食和会之事。死，主阴人疾患，病，人疾病。休，主阴人淫乱。来意为死伤小口，便得阴人财帛。

184

注释：

木	休
太常	相
金	死
火	旺

后五白虎：火、白虎、土、水。

此四位只见土旺，以火克金，水克火，土克水，火又来生土。今土旺则白虎金相矣。大抵白虎主道路事动，及有出入人在外。上生下，主盗贼。下生上，主自己出行。上克下，主有人残疾。下克上，主有军人。凡见白虎当旺相克死囚休，皆主大凶。来意为死伤小口及伤财也。

注释：

火	休
白虎	相
土	旺
水	死

后六天空：水、天空、金、木。

此四位内只见金旺。以木克土，金克木，土克水，土又来生金。今金旺则天空土休矣。大抵天空主虚诈不实，亦主斗讼。上生下，主有僧道在家。下生上，主有僧在外。上克下，主门鸣屋爆①。下克上，主僧病。旺，主出紫衣人。相，主福上增福。死，主僧在外死。休，主被恶人欺凌，如更有克，主宅鸣屋爆，因僧遭失事。囚，主官事。来意为斗讼及门鸣屋爆，后妇人之类是也。

注释：①门鸣屋爆即有虚惊鬼怪。

水	相
天空	休
金	旺
木	死

卷 六

论金英课墓吉凶法第一经

甲乙为林难见树①，太冲金气一枚伤②。
丙丁旺处为高岭，登水井地近涧傍③。
戊己墓园坟垅地，土刑辰戌恶伤亡。
庚辛古道看邪正，恐火逢交穿本方。
壬癸旺处为沟涧，闻音旺相水流长。
看取周回十二位，酒寻主克细消洋④。

注释：
① "难见树"应为"单见树"
② "一枚伤"应为"一枝伤"。
③ "登水井地"指登明与小吉。
④ 若知流杯亭就知酒寻主客之意了。

论内外景吉凶法第二（略）

注释：与"卷四·课坟外景法第三十三"重复。

论占地吉凶法第三

子主地头如仰瓦，丑为平坡坤下轩。

寅为花树卯桥船，辰墓高岗巳涧泉。
午岭横山未堰子，申河石道酉麻田。
戌骨臭秽破窑灶，亥地南还有水穿。
此是孙膑地形法，辰用临时着意看。

注释：与"卷四·课坟外景法第三十四"仅个别文字不同，请参阅。

论开墓所见灾福法第四

开墓见景亦殊详，开墓加时本位方。
只看贵神临旺处，审其神理别灾殃。
贵神火上见光明①，田鼠穿墓出傍厢。
青龙水土生松桧，坟里横根在四傍。
螣蛇见木多蛇聚，上有孔窍透明窗。
朱雀立木临本位，定知气出穴虫藏。
勾陈曰蝟须逢土，火上占之闭墓堂。
六合本位生根蒂，皆须残毁仍在岗。
太阴受克金蚕对，土色逢之金色彰②。
天后遇金坟有水，见木草生穿冥房。
玄武见蛇逢巳火，水败贼劫离池塘③。
太常白虎为气现，土火同帮窗见光。
白虎火上尸合面，土上吞天死必伤④。
似此推详坟墓事，百发无差信法良。

注释：

①课内贵神见火为田鼠在棺旁做窝。

②太阴受克时有昆虫入墓，如课内见土昆虫为金色。

③子巳相绝，见水年主败，有盗贼。墓附近有池塘。

④白虎临火时尸体面朝下。白虎临土时，面朝上是因伤而死。

论占别墓及死之因法第五

人间天墓最幽玄，须切窥览古书看。
月将加时看方位，参详临处课三传。
阳日阳方阴即是，阴日阴方其阳全①。
贵神富豪官人子，螣蛇鬼魅怪多般。
朱雀自缢兼投井，六合富贵四肢端②。
勾陈狱讼卒盗死，青龙患目肝病缠。
天后产死贫卒病，太阴暗昧犯私奸。
玄武凶病恹恹死，太常药食打不痊③。
白虎刀剑血光死，天空风瘫癫病颠。

注释：

①应为"阳日阳方阳即是，阴日阴方阴其全"。阳日为五阳干之日，日时为阳，见阳位为阳也。

②"朱雀自缢兼投井"逢亥子时自缢兼投井，课内见六合主死者生前富贵，开墓可见四肢端庄。

③"太常"主吃食药物，毒药等。"食"指死因与噎食、吃食、食道有关。"打不痊"指尸体不全或有外伤。

论金英占墓吉凶法第六①

假令登明为将、乙丑日、申时、巳地课墓：辛金青龙木传送金，巳火此墓主绝两房②，更主一房离乡。亦出军人，更主恶死或车碾也。此墓全为破败，兼无一房旺也。何以知之？云：两房绝者，为四位内见二金克青龙木，火又反克二金，又传送主绝，亦主为军人离乡也。

又云：并无旺者，以四位内并无相生也③。又主其家出一房④，主刀伤死者，为青龙木被二金在上下克之，又白虎⑤为刀剑之神，其神本凶，故主斩杀死或见血光死也。

外景更用人元月建⑥，假令人元是辛，故丙辛建庚寅，即庚寅、辛卯、壬辰、癸巳……依次推去之。

辛　　　　－金　死
戊寅(青龙)　＋木　休
甲申(传送)　＋金　死
巳　　　　－火　旺

注释：

①以坟墓所处位置为地分起课可断此墓的吉凶。亦可以问事人坐处为墓外景首课。

②房：以兄弟数目论之，如其家兄弟三人即以三房论之。老大为长房，老二二房，老三三房。

③以四位内并无相生也：课中青龙木虽生巳火，但被传送申金隔绝，不以生论。

④出一房：其中一房迁往外处居住。

⑤白虎：实为课中传送申金，白虎传送可以同论。

⑥人元月建：用首课人元再遁到正月建寅上。

此处给出的课式为注释者所加。

1. 课东北寅地：戊朱雀太乙寅，土火火木。庚寅地旧曾主有道子一条，见今耕①没了也；谓庚为道，属金，又见朱雀火，故云今无道子也。其旧道上原有枯树一棵，其上必有窝巢，以朱雀临旺方故也②。其树为枯者，亦以金克故也。今此道却移在正东。(庚为墓干③，庚辛为道④)。

课式如下：

戊　　　　＋土　死
午(朱雀)　＋火　相
巳(太乙)　－火　相
寅　　　　＋木　旺

注释：

①耕为更。

②以朱雀临旺方：地分寅，贵神朱雀，寅木生午火，故以临旺方论之。

③庚为墓干：其墓干是首课人元再遁得出。

④道：道路。

2. 课正东卯地：（己六合胜光卯，土木火木）。辛卯地，此道上曾有小树子一株，后来却伐了。问：何以知之？课内见六合，六合为树木也。此道子必在人家门前，或在庄内。云何以知之？曰：为见三重门也。卯为门，六合亦为门，辛亦为门。故主如此。问树何以被人家偷伐了？云以墓干见辛，辛属外人，又无相生，反为辛金克也。

　　　己　　　　－土　死

　　　卯（六合）－木　旺

　　　午（胜光）＋火　相

　　　卯　　　　－木　旺

3. 课正东落南辰地：（庚勾陈小吉辰，金土土土）。壬辰地上，见曾有干河一道，稀少有水也。何为无水？为四位内三土克一水，故云无水也①。此河内有阴人小殡子②一所，或两个。其人横死③一人，或偷盗牢狱死，以见勾陈故也。勾陈亦为小殡子也。内有一阴人小殡。其人在生之日曾孤寡，小吉故也。此河今亦不在辰地，移在东南巳地。

　　　庚　　　　＋金　相

　　　辰（勾陈）＋土　旺

　　　未（小吉）－土　旺

　　　辰　　　　＋土　旺

注释：

①"稀少有水"与"无水"的详解为夏天大雨后有水。因壬为大水、为河。三土克之又主无水，但二辰土为水库，庚金又生水，壬水有气，故应论

为有时有水为恰当。

②小殡子：即坟墓。

③横死：非正常死亡。

4. 课东南巳地：（辛青龙传送巳，金木金火）。癸巳地，前言辰地以三土克一水，故云无水，移河应之。此河今移在巳地。河内主有微水也。何以知之？云：以壬为大水，癸为小水也。此河内亦有大树一株，荣旺也，必为神树、以见青龙故也。青龙为神树，以木在水中，虽见二金，不能伤，亦必有损也。

　　　　辛　　　　－金　死
　　　　寅（青龙）　＋木　休
　　　　申（传送）　＋金　死
　　　　巳　　　　－火　旺

5. 课正南午地：（壬天空从魁午，水土金火）。甲午地上有大树一株，亦不荣旺，为树上有一枝枯干，或砍伐斫却一枝。何以知之？云此为见金故也。经云：见金枝损及皮伤。何为不荣旺？为见将神酉属金，金能克木。此位亦有小道子一条，多是①东西横者，因辛金落在地分午上。

　　　　壬　　　　＋水　死
　　　　戌（天空）　＋土　旺
　　　　酉（从魁）　－金　相
　　　　午　　　　＋火　休

注释：

①多是：大约是，可能是。

6. 课正南落西未地：（癸白虎河魁未，水金土土）。乙未地上,合有树木，却为白虎当位，主全无树木也。何以言之？云：为大金①下克小木②，故不能有树木也。此位别无物，只有骸骨一付，或有重丧，或有故墓，为将神见戌，戌为骸骨之神。贵神见白虎，白虎为孝服之神，亦为骸骨之神。此墓主其家绝后，其坟无主也。

    癸　　　　－水 死
    申 (白虎) ＋金 相
    <u>戌 (河魁)</u> ＋土 旺
    未　　　　－土 旺

注释：
①大金：即阳金。庚申金都是大金。
②小木：即阴木，乙卯木即是小木。

7. 课西南申地：（甲太常登明申，木土水金）。丙申地上，合有岗岭，课此并无岗岭也。何以知之？云为内见亥水生木，木能克土，更上克下，故主如此。只有阴人墓子一所，为四位内见太常，太常亦为小殡也。其阴人在生之日被人谋害，又主官事刑狱，其人必气死，或被药死故也。故云："太常食药打不全"。又占被患病，或主夭折死，或因生产亡，及腹胀而死也。

    甲　　　　＋木 死
    未 (太常) －土 休
    <u>亥 (登明)</u> －水 相
    申　　　　＋金 旺

8. 课正西酉地：（乙玄武神后酉，木水水金）。丁酉地，见丁火为岗岭之神。此位将神见子水，贵神玄武水，是二水克一火，所以并无岗岭也。只有河子一条，为地分酉属金，又神后水，玄武亦是一家之水，金生二水大旺，故言有河也。此河主八年前一妇人投河。何以知之？谓墓干见火，投在二水中，故火又无气。又丁为螣蛇属阴，故为阴人也。今玄武又是贼水，所以此河主常损却妇人也。

乙　　　　－木　死

　　子 (玄武)　＋水　相

　　子 (神后)　＋水　相

　　酉　　　　－金　旺

9. 课正西落北戌地：（丙太阴大吉戌，火金土土）。戌（为火家之墓）戌地必有大坟墓，主破一房，余皆旺也。破败者，其家出阴人残患①。更主外人谋害，亦主妇人淫乱，或暗昧不明者，以太阴金为客，被火所克故也。

　　丙　　　　＋火　旺

　　酉 (太阴)　－金　死

　　丑 (大吉)　－土　相

　　戌　　　　＋土　相

注释：

①残患：残疾。此家应出残疾妇女。

10. 课西北亥地：（丁天后功曹亥，火水木水）。己亥地上合有墓一所，此墓主一房出官①，何以知之？为四位内见二水，为喜神②。又将神是功曹，功曹为青龙，青龙为大喜之神，得水大旺，此为生气，故主加官进禄，亦有财帛之喜。此墓主葬六年后出一妇人投井也。何以知之？为贵神见天后，天后又是井神，人元丁火属阴，人元却陷于二水，所以投井也。故云：天后宅中有井凶。又云，出患头目人或无头应也。以人元为首，贵神克之也；亦主葬者无头之人，占病在头目，此墓亦主水入山。

　　丁　　　　－火　死

　　亥 (天后)　－水　旺

　　寅 (功曹)　＋木　相

　　亥　　　　－水　旺

注释：

①出官：此处应论绝一房。功曹木克墓干己土。虽有丁火，但受二水之

克不能相救。二水又生木，木乘旺气克己死土，故以绝论为当。

②以上两句不通。应功曹木得二水生，二水为喜神。

11. 课正北子地：（戊贵神太冲子，土土木水）。庚子地有大道一条，次道边有小庙一座或寺，为见天乙（贵神）也。经云："贵神神佛并堂殿"也。

　　　　戊　　　　＋土　死
　　　　丑 (天乙)　－土　死
　　　　卯 (太冲)　－木　旺
　　　　子　　　　＋水　休

12. 课正北落东丑地：（己、螣蛇、天罡、丑，土火土土）。辛丑地上，亦有道子通连子位也，又次道旁必有窑灶，以螣蛇当位也。经云：螣蛇窑灶近于庄。所以为有者，以其相生故也。

　　　　己　　　　－土　旺
　　　　巳 (螣蛇)　－火　休
　　　　辰 (天罡)　＋土　旺
　　　　丑　　　　－土　旺

论玉藻课宅吉凶法第七（略）

注释：见"卷四·内宅外宅外景法第三十九"仅个别字句不同。请参阅。

论玉藻课外宅入式法第八

法曰：常以月将加时数到本宅位上，看宅位上见何将神，复以宅上所见之将神加于时上是也。

假如正月将，乙丑日巳时，申地为宅。行月将到申地上见寅，却将寅复加于巳时上，于巳上传成四课，遂为东南外景也。从巳立课十二位。

1. 课宅东南巳地（辛青龙功曹巳，金木火）寅（寅为支干）巳地上有大树一株，上有枯梢或干死枝也①。合有花树子。何以知？云：以寅为树木，又地分是火，木能生火，故为花树子也。又上生下故也。有枯梢或干死者，何也？云，为人元见辛金，以小金不能克大木，虽上克下，不能克也，但枯其稍而已。又云神树何也？为四位内见青龙，青龙得火，辛不能胜，所以有神树也。

  辛　　　　　－金　死
  寅(青龙)　＋木　休
  寅(功曹)　＋木　休
  巳　　　　　－火　旺

注释：
①寅为大树，枯梢为金克伤之，见火枯。

2. 课宅正南午地：（壬天空太冲午，水土火）卯午地上有木桥一座，但桥下无水。何以知之？为人元壬是水，却见天空土克之，故无水也。此地必有空穴、窑灶、坑坎。何以知之？云：为四位内见天空，亦为空穴、坑坎也；又主其地必坍塌也。为天空是土，将神是木，木来克土，土又克人元水，故有坍塌也。有木桥者，以太冲主无克也。

  壬　　　　　＋水　休
  戌(天空)　＋土　死
  卯(太冲)　－木　旺
  午　　　　　＋火　相

3. 课宅正南落西未地：（癸白虎天罡未，水金土土）辰未地上必有麦地一段，或白地也。此地合主相争①。今不相争者何谓？为四位内相生故也。但此地上曾有大道一条。何以知之？云贵神是白虎，白虎为道。此地亦有狮

195

兽之物。故曰："白虎道兮石狮子"。

注释：

①合主相争申与辰空三合，申子辰主斗打格局故为相争。

  癸 －水 死

  申（白虎）＋金 相

  辰（天罡）＋土 旺

  未 －土 旺

4. 课宅西南申地：（甲太常太乙申，木土火金）巳申地上合主有水，今却无水者何？以四位内全不见水，故云无水，亦无有诸物也。

  甲 ＋木 休

  未（太常）－土 相

  巳（太乙）－火 旺

  申 ＋金 死

5. 课宅正西酉地：（乙玄武胜光酉，木火金）。午酉地上本有鸦巢，今却无鸦巢者。何也？

为四位内见人元是木，与胜光下相接①，更水上克之，所以无也。故云"克者为无从旺断"不然诸方位都有也。

  乙 －木 相

  子（玄武）＋水 旺

  午（胜光）＋火 死

  酉 －金 休

注释：

①不相接：不相连接，人元是乙，月将是午，中间隔贵神。贵神是水，又克月将午火，故乙木不生月将午火，午火只受克，不受生，所以没有鸦巢。

6. 课宅正西落此戌地：（丙太阴小吉戌，火土土土）未戌地上只有枯井一眼，必无水也。为四位内不见水，故名枯井。

　　　丙　　　　+ 火　旺
　　　酉 (太阴) − 金　死
　　　未 (小吉) − 土　相
　　　戌　　　　+ 土　相

7. 课宅西北亥地：（丁太后传送亥，火水金水）申亥地上合，主有道或有碾子。今不见者何谓？为四位内金旺，却为人元是火，火能克金，故无道与碾也。以此证之，故"酉为院子申为碾"也。

　　　丁　　　　− 火　死
　　　亥 (天后) − 水　旺
　　　申 (传送) + 金　休
　　　亥　　　　− 水　旺

8. 课宅正北子地：（戊天乙从魁子，土土金水）酉子地上合有小院子一所。今无者何？以神堂庙宇也。何为有神树①、佛堂以见天乙贵神堂宇②也。

　　　戊　　　　+ 土　旺
　　　丑 (天乙) − 土　旺
　　　酉 (从魁) − 金　相
　　　子　　　　+ 水　死

注释：
①天乙贵神丑土主庙宇，但不主树木。故云有神树不确。
②堂宇：丑土为庙宇。

9. 课宅东北丑地：（己螣蛇河魁丑，土火土土）戌丑地上只有粪堆一聚，以上下相生故也，或是聚骨耳。

己　　　－土　旺

　　巳 (螣蛇) －火　休

　　戊 (河魁) ＋土　旺

　　丑　　　－土　旺

10. 课宅东北寅地：（戊朱雀登明寅，土火水木）亥寅地上合主有水，今无者何？以人元是土，土能克水，故主无水也。

　　戊　　　＋土　死

　　午 (朱雀) ＋火　相

　　亥 (登明) －水　休

　　寅　　　＋木　旺

11. 课宅正东卯地：（己六合神后卯，土木木）。子卯地上有菜园一所，此菜园主地下也。为上克下主地下①也。故云："克者为无从旺断"。今既克，何以言有？云子为大水，己为小土②，小土不能克大水，更二木反克土，故云有水也。

　　己　　　－土　死

　　卯 (六合) －木　旺

　　子 (神后) ＋水　休

　　卯　　　－木　旺

注释：

①地下：低下之物。

②"子为大水，己为小土"。因阳为大，阴为小。

12. 课宅正东南辰地：（庚勾陈大吉辰，金土土土）丑辰地上主有桑园，或有土桥也，丑为桥。此桥亦主妇人相争。何以知之？为四位内勾陈发用①，故为勾陈妇女爱争张，主与同姓人相争。

```
庚        + 金 相
辰 (勾陈) + 土 旺
丑 (大吉) - 土 旺
辰        + 土 旺
```

注释：

①此课主勾陈发用，不确，用爻实为大吉土。

论玉藻课内宅吉凶法第九

寅为火炉卯为床，辰为盆瓮坠薄房①。

巳为厨灶并铛铫②，午为衣架笼皮当③。

未为中庭酉为院，申为神祠共佛堂。

酉为镜子或刀剑，戌瓮仍兼吃物将。

亥为灯台并帐幕，盏瓶笼匣子为乡。

丑柜斛斗在其下，家中器物尽能看。

注释：

①坠薄房：方言。由草藤和箔搭成的简易房子。

②铛铫：chengdiao。铛：烙饼用的平底锅。铫：烧水煎药的用具。

③笼皮当：笼：笼子。皮：皮毛类东西。

论玉藻课内宅入式法第十

法曰：以月将加时复加时也。假令十月将辛亥日申时巳地，巳①上见登明为将，却将登明复加于申时上，便为宅中内景首课也②。以此观之，内外景同一法，虽神将③同，其所主异也。

1. 课宅西南申地：（丙太阴登明申,火金水金）亥申地上有橙树一棵④，此位或是遮栏帐幕也。以二金生一水故也。

丙　　　　+火　死

酉 (太阴) －金　休

亥 (登明) －水　旺

申　　　　+金　休

注释：

①宅巳：以巳为地分立课为宅课。可以断解该家曾发生过什么事情。其巳字是该宅主人属子，命前五辰为巳得来。

②宅中内景首课：以下十二课是断解家中各方位上都是有些什么东西的课。

③将神：将神本来单指月将，此处是指月将、贵神。故应改为神将。

④橙树：登明亥水主灯台，不主橙树。四位中无木，故不得论树。

2. 课宅内正西酉地：（丁玄武神后酉，火水水金）子酉地上主有些小瓶盏，或是笼匣也。此物必主口子①左右破伤也。何以知之？为四课内只见水②，人元为头，金生二水克丁火，故主口子破伤。此位必有文书或图画，为见玄武无刑克，主有书画也，故云"玄武鬼神并图画"。

丁　　　　－火　死

子 (玄武) +水　旺

子 (神后) +水　旺

酉　　　　－金　休

注释：

①口子：即口，瓶口，杯口。

②此句论述不确，四位内有二水，说只见水，就成了四位都是水了。

3. 课宅内正西落北戌地：（戊太常大吉戌，土土土土）。丑、戌地有斟斗①或柜子内必常有熟食可吃之物。何以知之？为将神主斟斗及柜子。又太常主吃食，戌又主吃食，故所断如此。

戊　　　＋土
未（太常）－土
丑（大吉）－土
戊　　　＋土

注释：
①斛斗：古量具，一斛斗等于十斗，后又改为五斗。

4. 课宅内西北亥地：（己白虎功曹亥，土金木水）。寅、亥地上主有火炉床也。其火炉更无脚。何以知之？谓贵神是白虎金，能克功曹木，以上克下故主无脚也。又云：火炉被白虎克之，本合无，今言有者何也？云以地分是水，水在木之根亦为生气，安得无耶？此功曹有生有克，必主有而见损坏也。

己　　　－土　休
申（白虎）＋金　旺
寅（功曹）＋木　死
亥　　　－水　相

5. 课宅内正北子地：（庚天空太冲子,金土木水）。卯、子地上有床榻，此床无脚棍也。何以知之？

为四位内贵神是天空土，却被太冲木下克之，此下克上，故主无床棍也①。又云卯为床，却被庚在上遥克，亦主无床棍。设若庚为贵神，则主无床棍。又云此床是外人家借得来或是盗来。此床见金，主有人就门来索。何以知之？为四位见卯，卯为门户。又人元见庚，庚是白虎②，克太冲与地分子有盗之象。又白虎为外人，外人隔位辟门相克，故主有外人就门来取索也。

庚　　　＋金　旺
戊（河魁）＋土　休
卯（太冲）－木　死
子　　　＋水　相

注释：

①此句论述颠倒：庚若为贵神，太冲为床，此为上克下，上克下下部有损，仍应以此床无腿论之。

②白虎地支是申金属阳，庚为阳金，同属阳金，所以称白虎。故天干地支在主事上可以同论。

6. 课宅内正北落丑地：（辛青龙天罡丑，金木土土）辰、丑地上有盆瓮薄坠之物。今位内见青龙木，木能克土，更是金在上克之，所以无一物也。此位只有神位或功德。何以知之？为见青龙，青龙为神树，只为故旧破碎。何为见此？以青龙木克二土，上又有辛金克之，以小金不能克大木。木虽主有神象，但主故旧破碎也。今青龙为人元所克，此木见金不能宁，家亦不荣旺。

　　　　辛　　　　－金　旺
　　　　寅（青龙）　＋木　死
　　　　辰（天罡）　＋土　休
　　　　丑　　　　－土　休

7. 课宅内正东北寅地：（庚勾陈太乙寅，金土火木）巳、寅地上主有厨灶，此灶置起，主阴人频相争。何以知之？为四位内见勾陈，其神本凶，故曰："勾陈妇女爱争张"。更被地分木遥克之，所以频相争也。又灶主曾见火光烧着人来。何为见此？为人元是金，金亦为凶神，被太乙遥克，炎上之性有所附着，更水下生①，所以发火光烧着人也。

　　　　庚　　　　＋金　死
　　　　辰（勾陈）　＋土　相
　　　　巳（太乙）　－火　旺
　　　　寅　　　　＋木　休

注释：

①更水下生：应为更木下生。木自下生火，火炎上而克人元庚金。

8. 课宅内正东卯地：(辛六合胜光卯,金木火木) 午、卯地上主有衣架或皮血也。此位更主有门户应也。何以知之？为见六合，六合为门户，人元见辛，辛亦是门户①。此门必主破坏。何以知之？为六合为门，被人元相克；辛金为门户，亦为胜光遥克，所以皆主破坏，如无门有窗亦同。

　　　　辛　　　－金 死
　　　　卯 (六合) －木 休
　　　　午 (胜光) ＋火 旺
　　　　卯　　　－木 休

注释：①辛亦是门户：酉为门户，辛酉同属阴金为一家，故辛亦是门户。此处也是干支同论。

9. 课宅内正东落南辰地：(壬朱雀小吉辰，水火土土)。未、辰地上必有小院子或有筐子。此院子内必有财，被贼来剜墙伤着主人也。何以见此？为贵神是朱雀火，课内人元是壬，壬是玄武盗贼之神，亦是在外之客，却被外来克内，客来克主，故主贼伤主也。然有院及筐者，以火生二土故也。

　　　　壬　　　＋水 死
　　　　午 (朱雀) ＋火 休
　　　　未 (小吉) －土 旺
　　　　辰　　　＋土 旺

10. 课宅内东南巳地：(癸螣蛇传送巳，水火金火) 申、巳地上合有佛堂神祇，今却不在此位者，被妇人移往他处也。本位在西南地。何以见此？为四位见二火入庙①，即金受火克，火为纯阴，又上下相攻，所以神不能在住，故移在申之本位也。然此神无功德，更被妇人烧着，今见破损也。何以见此？神佛是金以螣蛇火所克，螣蛇又主阴人。地分亦是螣蛇本位，所以主曾烧着破损也。以两火克一金，合主无神佛，今却言有，何也？盖螣蛇与巳火皆为一家火也，巳为阴火，阴小火故也。其螣蛇又被癸水克之，火势无力，故虽克之然不能尽也，但主破损移位而已。

203

癸　　　　－水　旺

巳 (螣蛇) －火　死

申 (传送) ＋金　休

巳　　　　－火　死

注释：

①二火入庙：传送申金为庙宇祠堂，二火克之，为入庙。

11. 课宅内正南午地（甲天乙从魁午，木土金火）。酉、午地上必有破镜子或不全折缺刀剑也。此物原是贵人或官员家将来的①。何以知之？为四位内见贵神当于本位天乙者亦是贵神官员也。然主破缺者何也？以地分火克之，所得物是贵人，今亦休败矣。何以知之？人元甲木，下克贵人，故主德不称位尔死也。

甲　　　　＋木　休

丑 (天乙) －土　相

酉 (从魁) －金　死

午　　　　＋火　旺

注释：

①将来的：意指拿来的。

12. 课宅内正南落西未地：（乙天后河魁未，木水土土）戌、未地上主有盆瓮或吃物。今不能完具①者，以土克水，以木克土，重重自下克之，虽主暂有，亦终不完具而或无也。其外更无一物，又况吃食之物不得久存者？可久存者，惟干粮或脯枣、果实之类。

乙　　　　－木　旺

亥 (天后) －水　休

戌 (河魁) ＋土　死

未　　　　－土　死

注释：①完具：意为完整。

204

论四课假令法第十一

假令壬申岁二月初一甲寅日己巳时酉位，登明将（癸太常太冲酉，水土木金）此课主其人在外，路上逢贼盗劫阴人财物。何以知之？谓四位内见太冲，太冲是贼神。故云："太冲劫煞伤人贼"。又太常是阴人，却被太冲下克之，其太常无气。故云："太常阴人财帛喜"，问因何失财？云：其人必主外面酒筵上或中毒药迷闷不知，因此盗劫阴人财帛，以太常上见灾煞、劫煞，太常又无气。

故云：

劫煞灾煞遇太常，财帛丧失两三场，

更主酒筵毒药害，如在魁罡主此殃。

孙膑云：未必然也。主其人因为贼盗上发用、动官事亦为过去事也。何以知之？以人元是水，水亦为姓，姓为外人，却被太常土克人元。故云："姓克但知官事起"。何以为过去？人元见癸，癸是亥之本身，今木旺则水休矣，又卯酉为门户，亥又为门里，主其人即今见有官事未得绝[①]。今四位内见卯，卯为门户，事亦在门之事。其人先凶后吉，后虽伤财，却得身无所害。今劫却财帛，虽为贼所盗，后复得为地分反克将，故失而还得也。何为不损身？以四位重重克于外。

故云：

太常临卯是为财，盗贼口舌不为灾，

六里路边逢羊兔，吃食花果在于怀。

今以十二神煞排于课中，以俟高见发明，庶使后人校用也。

　　癸　　　－水　相

　　未（太常）－土　休

　　卯（太冲）－木　死

　　酉　　　－金　旺

注释：

① "未得绝"占官事未处绝境。

假令（甲玄武传送午,水水金火）此课主其家必有外出之人,亦主有病,更主家内有官事,凶也。何以知之？为见传送,传送是白虎之神,地分属火,火性炎上,又能克金,故曰："白虎无气,合主凶丧之事。"盖白虎神又主道路事,亦合主有人出外,今既有克,所以主凶丧事。亦有官灾逃移之事。

故曰：

白虎当凶事不常,死丧道路见逃亡。

临于本位重重失,入木口舌入火伤。

又云：其家必有军人出外,或患喉疮,或是车碾以致伤命。为见将神是金,金陷于火位,无所救援,故主如此灾也。且云："申临巳午军人辈,客途车碾患喉疮",不止如此,亦主伤阳人小口也,以地分是午火,为阳火,上见玄武,隔位遥克,又水性润下,虽有援神,隔绝于外,终不能救,故主伤阳人小口也。又主其家伤少小之财物,更有带破之人①,或患在眼,形身渺小,面貌丑恶,必好做贼,主其家位于河之侧或近河也。

故云：

玄武凶主家近河,水灾鬼怪及妖魔。

出得儿孙多丑恶,贼来三度火伤多。

又曰：

玄武阳凶兵仗军,面小身微左眼昏②。

色恶唇盆形必丑,斜眼视物夜中人。

又曰：

玄武阳贼眼斜窥,有人谋害见逃移。

被人泥贼妻女走,鬼动神来无不知。

此虽是凶神,却主先忧后喜,何以知之？为人元是甲,甲是青龙木,玄武是水,上生青龙,青龙为木,主合,主火旺,有不测之喜。

又假令占来意,以何断之？必是寻求一个阳人膺官,做公人,为人元是甲,甲为功曹,青龙之形也。故曰："青龙官吏簿书司"是也。大抵贵神生人元,合主寻觅人也。贵神克人元,便主官事也。贵神克地分,便主伤小口及破财也。又假令占出门，占主见何物？云：必见凶孝之事。更见一阳人做贼，眉眼不正，又见一吏人，更主引带一人，必是兄弟。何以见此？以白虎陷于火，火位烧身，必主死亡哭泣。玄武贼人，人元甲，为公吏，以木相生，故为兄弟也。又曰：同类为兄弟。今见水生木，应是生己，更详之为善也。又假令见一墓，墓下是阴人阳人？云：据此课必是阳人，为四课内只见贵神、人元两位旺相，故云从旺断，以人元玄武皆阳位，故断做阳人矣。问其人患甚死？云：是天行疾，主喘死也。为四位内只见金受克，故云克金即喘，此但叙其梗概而已，其神妙者更在毫端能详之云耳。

　　　　甲　　　＋木　相
　　　　子（玄武）＋水　旺
　　　　申（传送）＋金　休
　　　　午　　　＋火　死

注释：
①"带破之人"玄武水克、破火。主烫伤、烧伤。火克金亦为血肉之灾。故带破。
②"左眼昏"男子左眼昏，女子应为右眼昏。

假令壬申日乙巳时，未地，丑将：（丁太阴太冲未，火金木土）此课主其家破财，亦主伤阴人小口。何以知之？云：为地分是未土，亦属阴地，却被太冲木所克，以此故主伤阴人小口破财。又为地分是财帛之神也，又主其家遭贼，亦主损缺门户，故曰："改户起移船车损，自知兄弟各分张"。又云：太冲木却被太阴在上克之，其家主有阴人患病事。此人必患喘嗽病兼卒患，多是自缢而亡也。问何以见之？为太阴是阴人，更属阴金，却被人元火自外克之，太阴无气，又无救援之神，须当死矣。

然必喘嗽及卒患自缢者，以将神是卯，卯是四仲之神，故云："四仲卒患痛苦病"。又主其妇人常日好淫邪之事。何者？以为太阴当位，太阴主阴人暗昧之事，不明事；有克，主夫妇不和，休离之象，阴人劳嗽自缢死事也。其死者妇人更主好貌洁净。此人须豪家之人，故所断如此。

故云：

太阴闲雅好风标，性缓声清乐艺高①。

形瘦面方眉眼细，梳妆浅淡忒妖娆。

　　　　丁　　　－火　旺
　　　　酉 (太阴) －金　死
　　　　卯 (太冲) －木　休
　　　　未　　　－土　相

注释：

①酉金主性刚形方色白，金声清脆，受克刚变柔缓。酉金为兑，为饰品，能歌善舞，如旺相其艺非凡。

假令亥将辛酉日癸巳时午位：（甲贵神神后午，木土水火）。此课主兄弟数少，只宜孤独也。盖同类为兄弟，以四位内无同类也，主其家父母子孙俱无；以生我者为父母，我生者为男女，今四位内并无相生也。其妻却主结发，以克我者为官鬼，我克者为妻财，今四位重重相克，合主妻结发也①。设如论灾福。先以人元克贵神，亦是上克下，主有外人来相谋害自己也；贵神克将神，主杀妻及伤财物，更主争田土，又主官事牢狱；故云"木来入土为刑狱，土行水上竞庄田"。更主有奸私狱讼词状动，只为水入土，又是入神后水也，故主奸邪词讼文状事也。此课主不得理也，今以贵人为主，人元为客，四位内只见客旺主衰，所以不得理也②。此课辨墓如何？云是阳人也，何以知之？据此课又伤小口，故云："见阳为阳阴是阴"。又主其家即今为伤犯也③；为卯酉为人门，子午为天门，今四位内只见子为天门。

故云：

天乙被煞主灾同，贵人厄难有何通。

神被将克家长损，神克妻儿哭泣凶。

今有十二神煞④同入课，为贵神上见灾煞。今将神是子，故申子辰劫煞在巳，即灾煞、岁煞、天煞、月煞、地煞、亡神、将星、攀鞍、驿马、六厄、华盖依次排之。其中紧要者，亦不过劫煞、驿马而已。宜详而用之。

```
甲        ＋木 旺
丑 (贵神)  －土 死
子 (神后)  ＋水 休
午        ＋火 相
```

注释：
①见神将子丑合必主其妻结发也。
②此课是三阳一阴，不是纯阳。
③外克内主伤灾又有外来侵犯。
④十二神煞详见解课程序神煞部分。

假令（乙、白虎、河魁、癸①，木金土水）此课先以下克上，主官事发动，更主有行人死在道路，为白虎临戌，戌为骸骨之神，亦主有葬埋之事，主失了骸骨也，或失了四足逃走，占怪亦是四足。占病大凶。何谓官事发动？以贵神克人元，故云："克姓且知官事起。"此课又主伤小口，破财。大凡神将克地分，俱主伤小口破财也。又主凶丧之事。何为见此？为将神在戌，戌是骸骨之神，又上见白虎，白虎亦是骸骨之神，今白虎临戌，是见两重骸骨之神也。故主重丧耳。欲占墓如何？云是阳人也。为四位内只见白虎旺，故为阳人无疑是也。此课亦主大凶。何以知之？为白虎上见劫煞以寅午戌劫煞在亥故云：

白虎行年灾劫官，必须丧失两重重。
白虎当旺魁罡上，人元是木有深凶。

```
乙        －木 旺
申 (白虎)  ＋金 旺
戌 (河魁)  ＋土 死
亥        －水 休
```

注释：
①癸改为亥。

论四课内吉凶尽课法第十二

夫课者，论人元、贵神、将神、地分四位内，察其五行旺相、内外战争、善恶怪梦、不详惊恐、贼盗病患、伤财官事、求财旺喜、婚姻嫁娶、邪淫死亡、内外宅地，辨阴阳坟墓及出门见事，课父母兄弟、妻女子孙、过去未来之事，总关在此，尽理解之。

经曰：假令人元克贵神，主有人想谋害自己。贵神克人元，主自己欲谋害他人，皆立主官事。如将神地分同克贵神，主卑幼谋害尊长。人元与贵神同克将神，主伤妻及财物。如将神是阴支，主伤妻妾。将神是阳支，主伤男子。如将神克地分，主伤小口。如地分是阴支，主伤阴小口。如地分是阳支，主伤阳小口也。看阴阳所属断之。大抵人元是客，贵神是主，客为姓，主为家长之类。如贵神是阴，是阴人家长，贵神是阳，是阳人家长。贵神克人元，主得理。人元克贵神，主客得理。如求财，最要主客和，则无疑得矣。若客克主，主求事难成，争而得之，或出不得也。主克客，求事不遂，当空手还①，主斗讼官事也。如内战、内斗；外战、外争。人元与贵神相克，为外战。故曰：外战外争。贵神、将神、地分三位不拘上下，若或相克，为内战，故曰：内战内争。凡内外战斗，皆主斗讼相争也。

注释：①主客要根据旺衰而定，主旺客衰争而得之，客旺主衰争而不得，求事不遂，空手还。

论四位相生灾福法第十三

经曰：假令人元生贵神，地分生将神，主家富贵，亦主内外和顺也。如将神生地分，主亲戚别离远行之事，占身财帛，必主大喜，亦主子孙荣旺也。人元生贵神，当有亲人来借物①，亦主朋友来访见。如贵神生人元，主自己欲寻人，寻之必见。若相克，主不见也。如地分生将神，主家内有婚姻事，必主求救也。如将神生贵神，主有孝顺之男及妻男，和顺、喜庆、富贵、大吉之兆也。四位从下重重生上，主出外商途有喜。如四位重重生下，主有外人送纳财帛，添进人口，六亲俱来相访，此课主有不测之喜②。如四位从下重重克上，主其家内有外勾裹连搬运财物，其家内亦主兄弟不义，亦主官事口舌频频、伤财、亦主出残害之人及牢狱官事也。如四位从上重重克下，主其家不义、多迍、疾病、更主人来谋害家中人也，或家道不胜，遂人口羸弱，频有斗讼官事，伤财也。

注释：

①人元生贵神，应当有亲人送物来。

②四位重重生下，主有意外之财，故称不测之喜。

论四课内所见五行法第十四

入式云："四位内见二木，诸事求就难成"，又云：如见三木或见水，却为大喜之课。问见二木如何？亦主官事缠身；又兄弟只管三人，并无父母，其兄弟三人俱各再娶，更无子孙也。问见四木如何？曰：主官事也。其家合主新盖房屋，家中缺乏，惟四壁而已，主贫乏艰难之苦也。

入式云："二土比合迟晚看"，言诸事求就虽有成而迟也。如四位内见二土，若无克伤，但得比合，安得有滞？若神克之，主滞留。问四位内见三土如何？曰：其家主合有丑妇凶恶，诸般求事不成也，又主其家姊妹三人亦无父母子孙也，盖同类为兄弟，生我者为父母，我生者为男女，克我者为官鬼，我克者为妻财。今四位无相生相克，只有同类者，乃是勾陈太常土，即以言姊妹三人也。问见四土者如何？曰主无凶也①，故曰：三土四土，丑妇凶恶。其灾福与上同断。

人式云："二金刑克都无顺"。二金皆凶神也，亦是白虎之位，兼主不顺。故其家饶斗讼，兄弟不义，妯娌不和。更金上见火，主家死亡人口。问见三金如何？曰：主阴人淫乱，家宅不宁，合主门师禳镇其宅②，亦死亡人口也。亦主官事，其灾福亦主与二金同断。问见四金如何？曰：此位为纯金，其家主君不君，臣不臣，父不父，子不子，紊乱纲纪。其父母兄弟骨肉皆主不顺，最为大凶。

入式云："二火为灾百事残"，主其家有阴人残患也，更主家内火光焚烧。若火上见二水，主有妇人产死。如二火在二水之上，主夫妻不和，休离应之。问见三火如何？曰：主阴人官事也，更主阴人残害。此课亦主妇人主家，为纯阴之课，阴旺阳衰也。其家多生女，亦主外人主家[3]，更釜鸣数次，见火光应也。问四火如何？曰：二火为灾百事残，其三火已为甚，何况四火乎？

人式云："二水皆为大吉象"，谓见二水为大喜之课，亦不为灾。如上见二土，主伤阳人两口，破财贼伤。如上见二火，必有官事伤人也。如上见二木，其家主出外求财大吉。合主婚姻成合，交关争役吏也，见青龙则为财矣。问如见三水如？何？曰：其家必有痔漏童男，及有外贼，即伤财物数次，其家亦主水灾。此课大凶。问见四水如何亦为三水同断，皆主大凶[4]。

注释：

①因勾辰、天罡、河魁、天空为凶神，如旺相主大凶。休囚死为小凶或当无凶论。

②遇三合、六合需请门师即风水师禳镇其宅。

③阴旺阳衰招来外婿故有外人主家。

④克、冲、破、刑、绝为交关。交关主争斗。

论占见人在家在外法第十五

如将神加临四孟，其人主立于其家门前，必见之矣。如将神加临四季，主其人在门里立，亦主相见。如将神加临四仲，主其人不见，或出，或他托也。又云，如占坐立，二上克下，主其人在家坐。二下克上，主其人在家立，或不在家，更看游神也，申、卯、子、午为四游神[1]，如四神有滞者[2]，出外寻人必不见也；若见四游神，或下生上，或下克上，皆主移动迁徙也。故曰：寻人只用孟、仲、季，占病安能外此？亦用孟、仲、季占病，如用将神加时，传到本位上，见四孟，主天行疾，四仲卒患头痛[3]，四季淹渐长患[4]。故曰：克金定喘、克土胀；克水产妇病来临；且如四位内克阴，主妇人产难病；如四位内克阳，主男儿患水气浑身肿，或足肿也⑤。其馀克水克火克土之类，亦当消息推之也。

注释：

①四游神是子、午、卯、酉，迁之主移动，申为传送，亦主行移，也可以游神对待。

②关隔锁和天罗地网、天旋地结为滞。

③子午为经，头病在午其根在足在子；卯酉为纬，为门户，卯主风，风为百病之源，其病在头为偏头痛。

④四季为土，主迟缓，故为长患。

⑤肿胀为水土失调。克阳水为肿。子水受克为足肿。

论十二将神根由法第十六

功曹者，古之太史。本宋国人，姓孟，字仲贤，欺客印死①。十月寅日，除为功曹。知人官事口舌文字信息。天乙加临，主印信之喜。螣蛇主惊忧，后喜生女也。朱雀远信、火光。六合婚姻不成。勾陈妇女争讼。青龙本位大吉。天后妇女婚姻。太阴同天后。玄武财喜不失。太常阴财破。白虎入家凶。天空斗讼虚诈。

太冲者，古之盗人也。本秦国人，姓姜，字汉阳，挠扰村邑，为盗门户死。九月卯日，除为太冲。知人年命、盗贼门户、分张事。天乙临门，贵人得财吉。螣蛇火光、文字、官事。朱雀同螣蛇。六合主成就婚姻。勾陈阴讼田宅。青龙临门，立有喜至。天后主婚姻，百事成。太阴同天后。玄武盗财，发动得财之喜。太常外得阴财，须主孝顺。白虎伤人，凶，外出失财及讼也。天空求事不成，外讼勾连。

从魁，古之亡徒也。本燕国人，姓孟，字仲仁。逃亡客死。三月酉日，除为从魁。知人年命、阴私、恶终、囚死之事。天乙临门，人得贵喜，立至。螣蛇悲泣临门，凶。朱雀远信临门，凶。六合婚姻成就。勾陈娼妇临门，讼。青龙财帛临门，喜。天后临妇人生产，阴人主家。太阴同天后。玄武盗贼失财，男盗女奸，徒刑为兵②。太常阴人常处财喜。白虎凶丧临门，立至。天空临门，骸骨神，主大葬。

河魁者，古之亡奴也。本晋国人，姓郭字太宅，病死。二月戌日，除为河魁。知人田宅骸骨事也。天乙加临，犯杀，凶。螣蛇、朱雀阴讼，为盗，凶。六合争骸骨，或争坟。勾陈奴仆杀害，亦主讼。青龙贵人带犬入家，凶。天后主悲泣。太阴阴葬，喜。玄武盗贼军兵讼，凶。太常阴财，凶。白虎刀兵斩杀，重丧，凶。天空斗讼，凶。

登明者，古之狱吏也。本鲁国人，姓韩字燕七，坐贼狱死，正月亥日，除为登明。知人县官田宅征召事。天乙临贵人田宅，讼。螣蛇信息患病事。朱雀同螣蛇断。六合交易喜，及婚姻求就吉。勾陈阴人病，争讼田土。青龙得财，望贵喜。天后阴权婚成，百事大吉。太阴同天后。玄武鬼怪、盗贼不害。太常悲泣。白虎道路、病符皆无害。天空牢狱，凶。

神后者，古之媒氏也。本齐国人，姓贾，字仲岳，欺诳取财而死。十二月子日，除为神后。知人婚姻阴私事。天乙临，主贵人接引，主喜。螣蛇妇女悲泣。朱雀凶丧信息。六合主成合交易。勾陈绝嗣斗讼。青龙望贵求财，喜。天后婚姻成，百事吉。太阴同上。玄武文状怪现。太常失财，先凶后吉。白虎望远信到家，喜。天空主田土，凶，多虚少实。

大吉者，古之牛圈也。本郑国人，姓郑，字季贤，病死。十一月丑日，除为大吉。知人年命忧喜、六畜田宅口舌事。天乙临，求贵禄立至，百事吉。螣蛇临之百事喜；朱雀亦然。六合争讼，凶。勾陈男盗女奸，凶。青龙求晋及财喜。天后阴病暗昧，凶。太阴阴权财帛进人口舌。玄武贼谋斗讼，凶。太常阴财，喜。白虎盗贼失财及四足。天空临之，主四季相会，主杀害之凶，亦主斗讼。

注释：

①功曹执政时有仗势欺人之事，"印死"指丢官。

②酉为金，徒刑；为兵即为刑犯和现代的公检法司之人。

卷 七

五行眷属第一

生我为父母①，我生为子女②，克我为官鬼③，我克为妻财④，比和为兄弟⑤。

注释：

① "生我为父母"，阳生阴，阴生阳为母生，生而化之，系为正生。阳生阳，阴生阴，生而不化为父生。类似于同性恋。

② "我生为子女"即我生为子孙。

③ "克我为官鬼"正克为官，即阳克阴、阴克阳。偏克即阳克阳、阴克阴为鬼。

④ "我克为妻财"正克为妻，即阳克阴、阴克阳。偏克即阳克阳、阴克阴为财。

⑤ "比和为兄弟"真正含义应为比和为兄妹。比和有兄弟、姐妹、兄妹、妹兄之分。

贵神所属第二

青龙阳木，六合阴木；朱雀阳火，螣蛇阴火；白虎阳金，太阴阴金；勾陈阳土，天空阳土，天乙阴土，太常阴土；玄武阳水，天后阴水。

四象第三①

人元是干，为身，为我，为客；为君，为上，为尊，为长；为头，为高，为表，为夫；为长史，为外②。

地分是方，为他人、为彼、为臣、为下、为卑、为幼；为足、为低、为裹、为妻；为下吏，为内为财；为主事，为使令③。

注释：

①原文仅有人元与地分。贵神为主，宰相、臣、父、官禄，为外。将神为己身，为妻、财、亲戚，为内。

②为姓。为天，为祖。为外之外。

③田宅，子孙，奴仆，鞍马，六畜。

将所主第四

气①见子，财帛动用时得己；气见丑，财帛田产皆富有；

气见寅，官吏文书事勾辰②；气见卯，出入饮食文书耗；

气见辰，时有小人斗讼频；气见巳，妇女迎邪因旧事③；

气见午，血光惊恐时时睹；气见未，妇女酒食论情意；

气见申，亲朋远来道路凶；气见酉，出入相逢吃好酒；

气见戌，小人惊恐时时出；气见亥，家中病人身未瘥。

注释：

①气指节气。节为月始，气为月中。气见子为月将是子。

②寅受克，主里勾外联有官事。寅不受克，主财帛之喜。

③巳迎邪指因旧事牵连。

五动诵第五

1. 干克方为妻动。

妻动于妻妾①，官财防损折②，测人人在家③，访人人不悦④。

2. 神克干为官动

官动利占官⑤，官迁迹怎安⑥，常人公府事⑦，有官望财难⑧。

3. 将克神为财动

财动利求财⑨，占官恐不谐⑩，家中人出外⑪，妻妾病身灾⑫。

4. 方克干为鬼动

鬼动忧灾怪⑬，官亨人出外⑭，争讼带他人⑮，乖戾因间外⑯。

5. 神克将为贼动

贼动内贼生⑰，勾连诈不明⑱，损财卑幼病⑲，求望卒难成⑳。

注释：

①测事重点在妻妾。

②方为财产，方受克，有官求财不利，而有损折。

③凡上克下，寻人则在家。

④上隔克下，行必有阻，访人在家，主不悦。

⑤官禄爻动，官职大利，若逢驿马，必然迁官转职。

⑥谓逢二马，占官有迁擢之兆。

⑦官爻克干，故常人有公府中事。

⑧有位不宜求财，财动伤官，返克故也。

⑨内克外，谓之财动，求财必得。

⑩官爻受克，求官有失，定主不顺。

⑪内克外，主人出外。

⑫病非妻妾，亦自身有灾。

⑬占主灾怪及人有异举。

⑭下克上，主仕途亨通，人欲出外。

⑮隔位克外，必主讼连他人。

⑯下犯上，卑逾尊，故曰乖戾。

⑰内财受克，主阴谋贼生，而盗财物。

⑱外勾里连，空诈不明。

⑲妻位受伤，卑幼灾患。

⑳神将相克，内之不知，谋望无成。

五用法第六

俱生俱比不克动政①，以用处为上。

三阴一阳，以阳为用；三阳一阴，以阴为用。

纯阳反阴，以神为用；纯阴反阳，以将为用。

二阴二阳，以将为用。

注释：

①不论俱生与俱比，只用阴阳辨动静。

次客法第七

法曰：阳将后三前五①，阴将前三后五②。课遇次客，换将不换神，更以人元上重建起数到本位也。

假令十二月壬寅日午时申位，将功曹，神玄武，人元戊，设有次客，又于申上坐，以十二月用子为将，子为阳将，用后三，以酉加午数至申，则将是登明；乙丑以戊建之，即从甲寅起数至申上，则人元是庚。复有次客于申上坐，酉为将合用前五，便人元是甲，而贵神是玄武，未尝易也。如是周而复始，一时可做十二课，至第十三却为初矣。

注释：

①阳将为子寅辰午申戌，用后三前五。

②阴将为丑卯巳未酉亥，用前三后五。

合用神煞第八①

注释：
①神煞必须结合问事的性质使用。如出行天旋地结、天罗地网、关、隔、锁及飞天五鬼。如凶煞入课主阻隔不通，不宜出行。如出行见天德、驿马、天马、天赦、天喜、斩关、破锁、毁隔等吉煞宜出行，且有喜。

天德：正丁，二申，三壬，四辛，五亥，六甲，七癸，八寅，九丙，十乙，十一巳，十二庚。
入课主解百祸，凶变为吉，又主尊长贵人喜。

月德：正丙，二甲，三壬，四庚。入课主尊长贵人和合，亦解百祸。

月合：正辛，二己，三丁，四乙。入课亦主尊长喜庆和合，并为忧危之解。

天赦：春戊寅，夏甲午，秋戊申，冬甲子。入课主解刑禁忧危之苦。修造、婚姻、出入皆利。

天喜：春戌亥子，夏丑寅卯；秋辰巳午，冬未申酉。入课主占官得理，百事皆成，危得安，忧得喜。

天马：正月正午顺行，六阳辰。主求事迅速，望信速至，游行皆利，逃避远去，俱速，但走失难寻，他皆吉。

驿马：申子辰马在寅，寅午戌马在申，亥卯未马在巳，巳酉丑马在亥。入课主移动出入之事，占官尤喜，游行无碍，惟捕捉难获。

岁神：岁内诸神之首。入课主终年及尊长之事，受克主尊长灾。

岁冲：太岁相冲是也。主卑幼妻妾，兼主词讼半年之事，凡事连绵如此。

岁宅：岁前五辰是也。主词讼田宅之事。若宅神受刑，主人口灾危，忧疑不利。

月建：正月建寅是也。入课主建置初新之事。

月破：正申、二酉是也。主求事难成，官事囚禁，惟身孕则吉也。

月厌：正戌、二酉是也，入课主咒诅冤仇、攘魇不明之事。占病则连绵不安。

注释：

正戌、二酉、三申、四未依次逆行排列。

月破：寅月遇申卯日见酉是也。主人情离散，器物毁坏，官事可决。

丧门：岁前二辰是也。入课上克下主孝子忧疑，占病，主人灾祸。

注释：

如太岁为戌，前二辰为子，课中见子为丧门入课，主病灾、伤灾、丧事、家有凶事等。若贵神为子，人元克贵神，上克下主内有丧事、凶灾、病灾等。若将神见子，贵神克之主门户、亲朋发生凶丧之事等。

吊客：太岁后二辰是也。入课主惊忧、阴私、灾患之事，不宜占病。

注释：

如寅年的后二辰为子，课中见子为吊客入课；将神见吊客为凶、祸在内，贵神见吊客主凶、祸在外。吊客者主阴私、凶伤病死之事，喝药、服毒、自杀等。

丧车：春酉、夏子、秋卯、冬午。入课不宜占病，若丧车克人元必死。

截命灾煞：（申子辰见午，寅午戌见子，亥卯未见酉，巳酉丑见卯。）入课主求事阻截，妇人生产空挠、迟延，不宜占病及六畜。

注释：

若甲己日起课，课中有申或酉即为截命灾煞。

四丘：春丑、夏辰、秋未、冬戌。入课不宜占病，主论讼坟茔之事也。

四墓：春未、夏戌、秋丑、冬辰。入课亦主论讼坟茔，占病即凶也。

病符：太岁后一辰是也。入课主灾病。

官符：天乙相冲之将是也，又名无私使者。必杀，吉；恶，主占病凶。

六丁：人元见丁是也。入课主门户不康，惊恐忧疑之事。

六甲：人元见甲是也。入课主和合喜庆事。

飞廉：正戌、二巳、三午、四未、五申、六酉、七辰、八亥、九子、十丑、十一寅、十二卯。

入课主求事迅速，占行人立至，及主非常惊骇、不测之事。

劫煞：巳酉丑日在寅等是也。入课主君子得之吉，小人得之凶。

地煞：劫煞前五辰是也。入课不宜占走失、行人，主阻隔不通也。

望门：劫煞相冲亡辰是也。入课主忧疑、妄想、奸淫、妻妾之事。

灭门：阴月前三位，阳月后三位是也。入课不宜，占移居、嫁娶、妊孕、官事主大凶。

天祸：阳月前三位，阴月后三位是也。与来门同断①。

注释：

①与来门同断改为与丧门同断。

天盗：克将是也。据前法合以子将为天盗，此法以玄武为癸亥。入课主多阻隔，占走失不利。

空亡：六甲不到日是也。入课占事，主虚假难成，闻喜不喜，闻忧不忧。

四大空亡：以甲子、甲午旬水空。甲寅、甲申旬金空。入课主求事不成，占病，凶。

往亡：立春后七日，惊蛰后十四日，清明后二十一日。

立夏后八日，芒种后十六日，小暑后二十四日。

立秋后九日，白露后十八日，寒露后二十七日。

立冬后十日，大雪后二十日，小寒后三十日。

往亡者去而亡也。入课忌拜官上任、远出、嫁娶、占病凶。

三刑：巳日寅日入传、申日巳日入传、寅日申日入传，及巳上见寅之类是也，子上见卯之类是也。入课辅吉则吉，如占贵求财，甚佳；辅凶则凶，如官事、占病，凶。

六害：子害未，丑害午等是也。入课主有人谋害及官中事，占病亦凶。

注释：

六害者子害未、丑害午、寅害巳、卯害辰、亥害申、戌害酉，子未为恃势之害，丑午为少凌长之害，寅刑巳为炫能而争进之害，卯辰为以少凌长之害，亥申为竞争嫉才之害，酉戌为鬼害，课中见之以本意而论，如子年论课见未将小吉，主损酒食，以丑月论课见午将胜光损文字、车马，以寅日而论课见巳将太乙，主凶神不凶，课中卯木贵神见辰土将神天罡，主外有谋害，官讼斗打之事。

五鬼

甲己巳午癸未存，乙庚寅卯守黄昏，

丙辛子丑来冲位，丁壬戌亥墓临门，

戊癸忌占申酉位，建逢辰土作公卿，

此辰若遇支干上，专主行人道路冤。

注释：

如甲年、月、日、时见巳入课即为五鬼入课，主出行办事损财、损车、车祸等，逢月建旺相主凶恶之神，但须以君子问之为吉，小人问之则祸，细细辨之。月建逢辰土为公卿，辰土落于五鬼支干上，专行人道路凶。

杂占颂第九

占病第一

占病临时仔细穷，死囚丧吊最为凶[1]。

将神俱合财刑客，白虎金神病转浓。

煞神克干应难瘥[2]，财鬼伤神不可逢[3]。

更值空亡来入户[4]，必须丧祸数重重。

注释：

[1]用神死或囚。丧车、丧门或吊客入课问病大凶。

222

②煞神克干：劫煞等凶神临贵神克人元。

③财鬼为财动、鬼动，问病大凶。

④入户：户，门户，子午卯酉。用爻空入墓，久病者死。如再遇月将克贵神，死亡不是一口。

占病第二

占病须将四位排，忌逢神将不相谐。

煞临门上人重祸，干受财刑命转乖。

四土克身为鬼路①，三金带煞入泉台。

更逢路上②丧车到，病者占之决定埋。

注释：

①四土克身：课有四位，若四土为四位俱比，故无此形式。若配神将干或年月日又当别论。身，指人元。

②路上：指课中。

占病第三

往亡入课不宜侵，金火相煎疼痛深。

室内飞禽来送祸，梦中神鬼又来寻①。

丁符藏没空须重②，将位刑人③变哭音。

四位将神如带煞，眼前难免泪淋淋。

注释：

①古人认为有些病是鬼神所致。

②丁：旬丁，如甲子旬有丁卯日，卯入课即为丁符，日干克卯，其病重。

③人：指人元。

占病第四

占病先看将与神，财神劫①必已沉沦。

合申见鬼应须死②，伏返临时用细分。
天马丧连相逐处，旺休消息更重论。
连马若还无救拔③，洛歌应也动比邻。

注释：
①财动时神受克有见劫煞。
②巳与申合。巳是申的劫煞又见鬼动或飞天五鬼，应须死。
③天马、驿马无救可言。

占医第五

医药占时仔细陈，干为患者位医人。
医来克病人须瘥，病若刑医命必迍。
药虽克病逢关隔，鬼合难逃病缠身①。
若更煞神来克客，悲哀声已彻乡邻。

注释：
①见鬼动逢合病缠身。三合与六合遇凶者凶事不断。

占得病因依第六

欲占得病起因由，但须先向课中搜。
四仲饮食因喜事①，季神得病为冤仇②。
孟因道路为惊怪③，旺相兼衰囚与休。
客旺主休尤可瘥，客休主旺转为忧。
更看生克及诸煞，关隔人元位下求④。

注释：
①四仲者子午卯酉，为门户，为口。病从口入。喜怒哀乐生于心出于口。

②四季者辰戌丑未为库、为有形万物与无形万物之墓，土生万物又吞噬万物。内含生死之因果、恩杀之冤仇。

③四孟者寅申巳亥，为万物生杀及道路的转折处与交会处。忧变喜，变

生惊，化生怪。冷变暖、寅处转。暖变热，巳处变。

④问病看人元与地分的关系。人元为患者，地分为医生。医生生患者，病愈治愈重。医生克患者，妙手回春。患者克医生，医生反有灾。患者生医生，给医生带来名利。医生与患者相比时，彼此彼此，得天时者赢。

占病愈不愈第七

占人有病抑何疑，丘墓丧神命必萎①。

死刑丧吊终难瘥，天喜同乡犹可医②。

恶煞旺冲刑死气，假饶天喜命须悲③。

忽然祸患若逢德，灾厄危时却不危。

注释：

①丘墓丧神：四丘、四墓、丧门、丧车贵神受克。

②天德、天医、天赦为天喜的同乡。

③恶煞指各种凶煞旺相逢冲、刑、遇月上的死气，有吉神也难救。

占病症候第八

占人病症细寻源，四位加临事可全。

金木相交惊悸病，面须青色为刑肝。

火若克金须赤色，咽喉干渴肺相革。

水火面上皮肉黑①，木土须兼黄色鲜②。

土水面黄脾肾病③，心饶惊恐命难痊。

更兼劫煞合鬼马，入课加临定赴泉④。

注释：

①水克火，火死，水旺为面黑。

②木克土，土死，木旺主青、绿，色鲜。

③土旺为黄，主脾胃病。水受克主肾病。

④泉：黄泉，意指人死亡。

占病轻重第九

占病须知重与轻，但看神将自知情。

下多克上须沉重，劫煞兼财病不宁[1]。

援神得吉终须吉，援入凶神病转萦[2]。

更看开隔如何断[3]，四位须看克与生。

注释：

[1]下多克上指地分、将神同克贵神，劫煞见财动病不宁。

[2]援神看人元与地分是否生贵神，或见吉神入课。

[3]凡见斩关、毁隔、破锁问病可痊愈。

占病都解歌第十

占病都解例更奇，人元为首是根基[1]。

老人当得休囚位，年少终将旺处推。

相气只宜占小口，分局刑煞共详之[2]。

吉凶多少临时断，会得玄心是圣机。

注释：

[1]人元为患者，故为占病之根基。

[2]少儿问病人元是相气，病可医。虽见分局刑煞无妨。

占宅第十一

占宅之法课中详，日干为宅位上当[1]。

主若克宅宅须吉，宅来克主主遭殃。

将位临煞终有祸，客神财旺福须昌[2]。

更推休旺临时断，吉凶犹如眼下张。

注释：

[1]日干：人元。

[2]客神财旺应人元、贵神、将神旺相。

占婚姻第十二①

婚姻之法问何如？方位为妻客做夫。

夫妇相生心意合，干方刑克两情疏。

位神刑干夫先死，干若刑方妇早无。

妻忌煞财夫忌鬼②，常依此法断无虚。

注释：

①以属相方位起课。此节口诀讲的是老年夫妇之间的关系，青年人谈恋爱时要看其人元与贵神的关系，中年看神将，以生克制化论成败。

②煞财：财动带煞克夫，鬼动克夫。此句应为"夫忌煞财又忌鬼"。

占求财第十三

求财常与客为身，神将为财位主人。

主客相生将刑贵，不落空亡财喜新。

客克主兮将克贵，得财返作破财迍。

贵神克客求财吉，分局相克有财分①。

注释：

①分局指贵神与人元相克，将神与地分相克，贵神克将神。为财分之又分。

占孕妇第十四①

欲占孕育课中求，太乙常加本命头。

阳将为男阴是女，更看生克定因由。

神将空亡胎必死，将刑本位母灾忧。

有气贵神生贵子，空亡劫煞产贫流。

注释：

①以来人的方位或代问人的方位，或本人的怀孕的月份为地分，以月将太乙加在其人的属相上数至地分，即为将神，以当日日干起贵神并遁出人元，立课。以用爻或将神的阴阳知男女，以其旺相休囚生克制化断聪明，身

强身弱等。

占生产第十五

欲知生产课中详，带煞刑人产妇殃。

白虎煞冲为父母，婴儿生得命须伤①。

课中土神为煞动，只忧惊惧喜非常②。

下多克上生须晚，上多克上产须忙。

男阳妇阴看旺气，相生四位自安康。

注释：

①白虎临煞、冲主孕妇有生命危险。

②土神见煞，先忧后喜。

占官第十六

欲占官禄问其因，神将刑元是贵人①。

贵若落空将克贵，文章之士布衣身。

贵神带煞来刑客，必因荣显后灾侵②。

父母旺乡煞刑客，妻财囚死作常伦③。

注释：

①占官须官爻旺相及有官动。

②贵神带煞，占官为先喜后忧。

③父母动带煞克人元，见将神囚死无力，虽得日时与季节旺，官动，亦有官无财。

占官高下第十七

占官之法课中分，贵若披刑是显尊①。

四位相生居命禄②，官乘天禄做新恩③。

带禄有官兼旺相，定知轩辕出金门。

空亡劫煞成须败，更遇休囚事莫论。

注释：

①显：荣显，指有官之人。

②以出生那天日干确定，入课即为居命禄。如甲日出生的人，禄在寅，寅入课即是。

③贵神是命禄，是新任命的官。

占有无出身第十八

入课占官别有因，四位加临定假真。

下多克上身需贵，干若刑方少出身。

互换本因文武接①，劫煞分局宦中分②。

客位带神来做客，必定祖荫得皇恩③。

注释：

①互换指上下生克关系，决定了文、武。

②课内见劫煞又见分局主官职削减。

③皇恩得皇帝恩赐。

占官吉凶第十九

欲占官上细寻元，死刑临课命难全①。

若遇贵合来克客，必须任上得升迁。

将克禄贵同加喜，位来刑克必移辕②。

父母爻中消息用，劫杀空亡当细传③。

注释：

①用爻死或受刑制时占官凶。

②将克贵神，地分刑克贵神必有迁官。

③父母动见劫煞空亡，失职或丢官。

占谒贵求知第二十①

访谒须求主客和，将神生克定劳疴。

贵神须遇官神吉，常人无隔喜须多。

空亡相见终无事，劫煞交争可奈何。

但得喜贵相生合，去谒临特必见他②。

注释：

①指拜访他人。

②见天喜、贵人相生、相合必见他人。

占行人第二十一①

占望行人法最奇，四位消详自可知。

下多克上兼金水，不落空亡远者归。

劫煞人因盗贼事，空亡惑乱不须疑。

更看休旺分生克，定知行者有因依。

注释：

①凡占行人，见孟将未动，仲将半路，季将立至。亦以休旺断之。

占远行第二十二

自己离家作远游，客行须向课中求。

本位克身应不利，空亡劫煞贼临头。

金神做鬼南行恶，火克身兮应北游。①

阳将未知阴将滞，总无相克命通流。

注释：

①此句意义不确。身为金，被火克，应北游有水能灭火，为有救。

占出行第二十三

出行虽向课中搜，忌逢劫煞鬼①临头。

若无关隔下克上②，不拘南北任经游。

注释：

①鬼：五鬼，详见上卷。

②下克上为出行之象。

占失人第二十四

失人之法将加时，去路还寻月将支。
比神子母①为亲戚，水旺沟河金庙祠。
土居郊野山林木，入火州城市井随。
阴化为阳身自出，阳化为阴外必归②。
空亡劫煞来刑克，去人身死不须疑。
门上见关人越屋，将乘天马必难追。

注释：
①比神子母：比和相生都为亲戚，应为此神将相生为亲戚。
②阳将临阴位为阳化为阴，反之则为阴化为阳。

占逃亡第十五

逃亡之法客并方，日干①为逃位上详。
人元克位须还家，位克人元未还乡。
劫煞②克人他作主，若逢关隔别州亡。
相生亲戚刑逢见，逃主临时用意商。

注释：
①日干：应是人元，有时叫天干。
②劫煞克人元逃者有灾，并非他本人来做主。以他本人做主私自外逃，应是将克人元主之。

占失脱第二十六

欲占失脱须消息，将为财帛鬼①为贼。
上下相生四邻偷，神将相生在亲戚。
上多克下家中寻，下多克上财须出。
空亡临课侵近寻②，劫煞临门休趋觅。

更有生合旺兼休③，将支生时财寻得。

注释：

①鬼：指贵神。

②侵近：土语，附近之意。

③有生，合，旺，无休。

占牛马第二十七

欲知牛马去何方，月将加时四位张。

牛马失亡为去路，煞神克客值残伤。

火主汤镬①金作鬼，此名牛马杀中亡。

四位相生关必喜，往亡牛马不还乡。

注释：

①汤镬：锅。

占渡舟第二十八

欲占出入渡舟船，须将水木定根元①。

课中克水船行涩，水值空亡舟必残。

下多克上兼逢煞，必须人命落流泉。

上多克下应逢险，上下相生必坦然。

注释：

①古时船为木制，时至今日木船仍占极大比例。依水木关系决定水上出行的顺利与否。时代发展木船变为金属，金落空遇水，出行吉。如遇火克金，船漏有险。

占临敌第二十九

欲占临敌交争斗，须将主客课中推。

客克主兮须客胜，主刑人处客亦悲。

将来克客神刑位，自有奸谋外损伊①。

关锁煞神往来用，孙吴兵法未足奇。

注释：

①将克人元，神又克地分，自有内奸与外人谋害自己。

占求事第三十

求事须看主客情，内来克外①事须成；

人元无气主能克，枉费身心事怎兴；

分局关隔空亡煞，所求财物漫牵萦②；

四位相生兼旺相，和同必竟喜相从。

注释：

①除将克干主事成之外，其他的内克外事皆不成。此处如改为内生外主事成则更为恰切。

②凡遇分局、关、隔、锁、天旋地结、天罗地网、空亡、劫煞求财难得。

占穿井第三十一

欲求穿井课中占，孟为咸水仲为甘。

四季虽甘泉必少①，更看生克定泉源。

下多克上应须苦②，上若刑方井必损。

劫煞空亡多怪异，木神泉有附根源。

上火灶窑金石物，常依此例细精研。

注释：

①见辰戌丑未四季土，井水虽甘水必少。

②下多克上为水克火，其泉必苦。

占入市交易第三十二

交易临时用意推，相生无克吉相随。

分局相克成须破，合局和生共力为①。

玄武相生兼水木②，商量交易不须疑。

劫杀斗争有上下，空亡入课漫荣归③。

注释：

①合局为人元生贵神，地分生月将，神将相生、相合，凡见求谋为共谋大业。

②玄武为凶神，但见甲乙寅卯木为凶中有吉。

③漫荣归：指劫杀、空亡皆求谋不成。有上下指内外生克关系。

占移居第三十三

移居之法课中看，鬼煞临身不可前①。

客旺主凶终是吉，客休主旺莫移迁。

金神吊丧来归户②，只宜守旧保家园。

注释：

①方克干为鬼动，干为身，临煞神为煞神临身。如得天马驿马及有生气吉神，皆可动用移居。在空刑之地，不宜动，主破损不利。但在使用中不应局限在小范围内，入课皆可如此法论。

②户：门户，归户即临门户子午卯酉。

占人形状第三十四①

占人形状细寻推，天乙端严细小仪。

螣蛇白面瓜子面，朱雀肥矬赤白姿。

六合青黄人谩善，勾陈黄面稍灵肥。

青龙长细好须鬓，白虎短项髭发稀。

太阴骨细貌明白，天后清疏黑色施。

太常额广客仪推，玄武黑丑抑何疑。

天空老大面黄煞，相克相刑共断之②。

注释：

①占人形状应以五行的颜色、形状、性质论之。凡旺相主本色，如休、

囚、死则变形、变色、变质。

②只有断其相克相刑才可知人之形状。

占风雨第三十五

欲占风雨理非遥，四仲加临定一朝①。

云雾人元看颜色，课中逢水雨潇潇。

下克上时云雾满，克方雨雾外乡飘②。

劫煞太阴雷电雨，木多关隔只风摇。

劫煞带丧人有祸，土金无鬼变晴朝③。

龙宅有鬼金归土，阴翳风雨旦继宵④。

青龙入火兼日上，飘风骤雨忽云消。

更看有气兼无气，天地风云似课调。

注释：

①子午卯酉为地分起课，观一日之风雨有无。

②地分受克雨飘他乡。

③土金入课无鬼动为晴。

④课内有辰土、金、鬼动必主风雨通宵。

占外景第三十六

人元起到方位上，再起人元见十干①。

二木为林单见树，水为沟涧火为山。

庚辛为道纳音径②，戊己坟墓及高原。

空亡劫杀兼生克，用课临时仔细传。

注释：

①人元起到方位上，再起人元见十干。用第一课的人元再遁产生第二个人元，观第二个人元的旺相休囚死，知其颜色、形状、性质。

②金口诀用天庚辛与地支申酉及干支合并后的五行纳音金同主道路。

占五行所主第三十七[①]

五行所主定无移，甲为木主乙风吹。

丙主林木消息用，丁为闹市阜高低。

戊主高垣己坟墓，庚为道路金石堆。

辛主铁方兼雷电，壬为河岸道中基。

癸是沟河兼片水，课中所主莫生疑。

注释：

①天干五行所主与自然界的景象、物象关系。与上相同，观第二个人元的旺相休囚死，知其颜色、形状、性质。

占来意第三十八

欲占来意将中看，斗争取索配人元[①]。

木土口舌兼狱讼，火金灾祸事难量。

水土田宅人有死，水火交为妇女残。

四位相生诸事喜，二金二木怪惊惶。

火忌丧门兼鬼煞[②]，破财文字及争官。

更将主客详休旺，依次推来见的端。

注释：

①以人元与月将的生、克关系知其来意。将受克主外来争斗。将受生主外来恩赐。

②火见丧门、吊客、五鬼、鬼动兼劫煞。

占时下来意第三十九

时闻来喜事可疑，四仲皆因酒食为。

辰戌斗争财帛事，寅申文字及公私[①]。

巳亥课中为取索，相生相克用心推。

取索返吟须反复[②]，分局宅移彼来欺。

带煞逢金人争讼，若逢无克喜怡怡。

236

白虎吊丧人有祸，精心推究此玄机。

注释：

①寅申为官，寅主文字。公事参杂私情。

②凡遇子午、寅申等为返吟，主事体反复。

都解第四十

入课须看重与轻，五行休旺最通灵。

老人所得休囚动①，年少由来旺气生。

幼小相冲胎气死，关隔空亡便要精。

胜光临虎婚姻事，神后偎龙有不明。

六合逢火阴私动，太阴遇火及奸情。

将带神兮神带煞，三合道路暗移多②。

更看有气及无气，四位相生克与刑。

上四十二③皆依五行生克休旺断之。凡占课内来意，以主客神将为法，人元为身，位为他人，将为内财及所旺因由，神为主迅速惊恐事或惊中有喜。

注释：

①因老人体弱，课内见休囚发用是老人的正常现象，反常即为异常。

②课内凡见神将带煞，又有六合、三合、与六合与三合的联合关系。主事情错综复杂。暗昧不明。

③实际仅四十占。

六十四课第四十一①

1. 鬼合身课　阴害卦　三合全，本位克身是也。

假令十二月甲辰日申时午位。庚金、青龙木、河魁土、午火。鬼动，主灾病忧疑，伤身破财。

```
庚          + 金 死
丙寅 (青龙) + 木 休
甲戌 (河魁) + 土 休
午          + 火 旺
```

注释：此课鬼动、贼动；主灾病、忧疑、伤身、破财。

①这里以六十四种格局为例，用每一种格局的出现表示要发生或存在的事物。这是按格局断课的一个层次，读者如能熟练地掌握，将体会到金口诀预测学的深层含义。

金口诀的起课条件是用干支表示的年、月、日、时与方位、座位、命上等确定的地分。

(1) 寅午戌合火局，论事已成。

(2) 地分午火克人元庚金，主出外亨通。

(3) 合火局克人元为官动，利求官、不求官者有官事。

(4) 庚金被火克有伤灾。

(5) 青龙为用，主官职，财帛，文字。

2. 官禄全身课　进达卦　三合全，贵神克人元是也。

假令十二月乙巳日辰时午位。壬水、天空土、功曹木、午火。官动，主求官得禄，常人进财，以财动故也。然亦有官事起。

```
壬          + 水 休
丙戌 (天空) + 土 死
戊寅 (功曹) + 木 旺
午          + 火 相
```

注释：

(1) 四位内以天空为用，论人主善良，论事主虚诈不安。

(2) 寅午戌合火局，占事已定，占人是一伙。

(3) 贵神克人元，求财不利，财动损官；主有田宅之争。也利求官。

(4) 火局全，见水坏局，事情只能有一半成功的可能性。

(5) 寅木克戌土为财动，为得禄。常人有财。寅木空而不得。

(6) 将方相生，论婚姻为喜美。

3. 全身课，从顺卦。

三合全，无官鬼，无劫煞，只财动是之也。

假令五月甲子日亥时申位。壬水、天后水、天罡土、申金。主财喜，其为事吉。

    壬   + 水 死

   乙亥（天后） - 水 死

   戊辰（天罡） + 土 旺

    申   + 金 相

注释：

(1) 四位内以天后亥水为用，主妇女、婚姻、财帛事。

(2) 月将克贵神为财动，利求财。

(3) 地分申，日支子、月将辰三合水局，占事主有人相助。

(4) 贵神、人元俱为水，主事在外干扰自己。

(5) 地分生人元，为父母动。

4. 奇全课，利进卦，神将又兼三奇是也①

假令十二月壬午日寅时巳位。乙木、朱雀火、太冲木、巳火。利求官禄，常人得财，乃大吉之课②。

    乙   - 木 休

   丙午（朱雀） + 火 旺

   丁卯（太冲） - 木 休

    巳   - 火 旺

注释：

①应为人元、神、将三奇全是也。人元乙、神干丙、将干丁合为三奇全，是天干相合。

②此课构不成三奇全。巳位能配人元乙木,朱雀能配神干丙火,但太冲卯木只能配癸水,贵神应为丑土而非午火。因而此课不能叫奇全课。下举一奇全课之例:

假令八月,壬午日,寅时,巳位。利求官禄,常人得财,乃大吉之课。

　　　　乙　　　　－木　旺
　　　丙午 (朱雀) ＋火　相
　　　丁未 (小吉) －土　死
　　　　巳　　　　－火　相

注释:

(1) 四位内以午火朱雀为用。占人主女人、主能言善语。占事主文字信息、口舌、是非之类。

(2) 乙丙丁三奇全占事已定,占人有助,百事有成。

(3) 人元生地分为子孙动,占事主子孙、得贵子。

5. 朝元课①,德载卦,四位本家事。

假令四月丙申日丑时丑位。己土、天乙土、大吉土、丑土。常人非吉,无生故也。如朝观觐诏对则吉;凡十二神将皆有朝元,各随其神将吉凶断之。此土曰朝元,水曰朝宗,火曰重光,金曰满籝②,木曰会极,则五离则十二也。

　　　　己　　　　－土　旺
　　　己丑 (贵神) －土　旺
　　　己丑 (大吉) －土　旺
　　　　丑　　　　－土　旺

注释:

①一类朝元课是人元与本属三个地支相同,即五行、阴阳都相同才叫一类朝元课。如地分确定为丑土,其一类朝元课应为:人元己土,贵神天乙丑土,月将大吉丑土,地分丑土。

②籝;音 ying,箱子之类器物。

该一类朝元课，如问主向上级打报告能否批准，或要找领导解决问题，能否接见，则以吉断，其他事情则以凶断。但按提供的已知条件，此课不是一类朝元课。此课应是：

```
己          －土 旺
乙未 (太常)  ＋土 旺
甲申 (传送)  ＋金 相
丑          －土 相
```

6. 俱比课，合元卦，四位皆比是也。

假令十二月戊戌日卯时未位。己土、天空土、天罡土、未土。比合为兄弟，主同类相争及党比也，又主事体重叠，占病大凶。此名杂配而为五，水曰稽天，火曰燎原，木曰忧颠，金曰丛刃，土曰坯户，更看神将性气，以类断之。

```
己          －土 旺
壬戌 (天空)  ＋土 旺
丙辰 (天罡)  ＋土 旺
未          －土 旺
```

注释：

(1) 四位内以天罡为用，主争斗。

(2) 月将天罡见贵神天空主兄弟斗打。

(3) 己土克壬水，主外人与自己争田土，谋害自己。

(4) 壬水克丙火，主小肠有病。

(5) 土旺，主此人有脾胃病，或有恶疮、癌症。

(6) 土多占事主迟缓。事情重迭。

(7) 土多主妇女丑陋、凶恶。有女孩无男孩。

7. 正比课，首正卦，主客比是也①。

假令十二月戊戌日未时寅位，甲木、螣蛇火、小吉土、寅木。主其为自己事兼亲属之事，求知结好，多吉。

　　　　　甲　　　　＋木　旺
　　　丁巳 (螣蛇) －火　相
　　　己未 (小吉) －土　死
　　　　　寅　　　　＋木　旺

注释：

①主客；主为贵神，有时也为地分，客为人元。

(1) 四位内以小吉未土为用。

(2) 自外重重生内，占事主有人助，占财主在此地求财可得，求官主升迁。

(3) 小吉见螣蛇主因婚姻相争。

(4) 干方比主朋友之事，朋友自外来求我。

(5) 螣蛇主妇女轻薄，虚惊、多梦、妇女私情。

(6) 丁火主家中不安，本人忧愁、烫伤之灾。

8. 近比课为己卦，干与神比是也。

假令十二月甲午日巳时寅位。丙火、螣蛇火、从魁金、寅木。主自己事及亲属，然二火为灾百事残，更看所比凶吉生克断之。

　　　　　丙　　　　＋火　旺
　　　己巳 (螣蛇) －火　旺
　　　癸酉 (从魁) －金　死
　　　　　寅　　　　＋木　休

注释：

(1) 四位内以从魁为用，主妇女离婚之事。被神克，主此女有暗昧之事。

(2) 干神比，事在外干预自己。

(3) 将方相绝，问谈对象主不成，成而必散。

(4) 方生干为父母动，父母也参与了所问之事。

(5) 神克将贼动，家有内贼，偷盗家中财物。

(6) 二火克用爻酉金：问病病非轻，由轻转重。问课人肺部有病，春夏季较重，秋冬季较轻，问灾祸此人右臂有伤。

9. 次比课，审认卦，神与将比是也。

假令十二月庚子日戌时戌位，丙火、玄武水、神后水、戌土。主亲属之事，官动为官，妻动为妻，鬼动为鬼，以此类推。

　　　　丙　　　　　+ 火　休
　　　丙子 (玄武)　+ 水　死
　　　丙子 (神后)　+ 水　死
　　　　戌　　　　　+ 土　旺

注释：

(1) 四位内以玄武为用，主贼盗之事。

(2) 神克干官动，此人有官事。因贼盗事而起官司。

(3) 神将比，主亲戚相争。

(4) 二水见地分戌土，主家中有田土之争，共有二次。

(5) 水克丙火，有妇女病，死于水中。

10. 远比课，寄托卦，将与位比是也。

假令十二月辛丑日亥时巳位。癸水、六合木、胜光火、巳火。主他人之事，六合主和合，仍以神断之。

　　　　癸　　　　　- 水　旺
　　　辛卯 (六合)　- 木　相
　　　甲午 (胜光)　+ 火　死
　　　　巳　　　　　- 火　死

注释：

(1) 四位内以月将胜光为用，主文书，财帛之事。

(2) 自外层层生内，主其家有外财进纳，朋友相助。

243

(3) 癸水生六合木，主财帛、交易成功。

(4) 神将相生主夫妻关系和美、幸福。

(5) 将方比为次比，主门户亲属之事。

(6) 胜光入课，临用爻，主有大的惊恐之事发生，外人入家盗窃，伤妻损财。

11. 时伏吟课，窜伏卦，将与位同是也。

假令十二月庚子日子时辰位，庚金、六合木、天罡土、辰土。主百事不动，望人即至，逃亡隐伏未出。

```
庚            ＋金 旺
己卯（六合）  －木 死
庚辰（天罡）  ＋土 休
辰            ＋土 休
```

注释：

(1) 四位内以六合木为用，主交易、买卖或婚姻之事。

(2) 庚金克神主损门户；铁器所伤，有外人谋害，破财，车辆有损。

(3) 六合木克二辰土主有两次口舌，并有刑狱之灾。

(4) 外来层层克内，主行人自外回家。

12. 神将伏吟课，犹豫卦，天干克将神，伏吟克位是也。

假令十二月庚子日丑时辰位。庚金、六合木、太冲木、辰土。心欲动而身未动，心欲合而身不合，疑惑不决。

```
庚            ＋金 旺
己卯（六合）  －木 死
己卯（太冲）  －木 死
辰            ＋土 休
```

注释：

(1) 四位内以太冲为用，主门户、贼盗、车船之事。

(2) 庚金克月将，主破财伤妻。

(3) 庚金克六合，外来谋害自己，问官司自己无理而输，己生庚金，自己托人求和，官事私了。

(4) 神将伏吟主自己的事情自己无力去办，而需委托他人代办。

(5) 二卯木克辰土主此人脚腿有二次伤害。

13. 反吟课，动摇卦，将位相冲是也。

假令十二月庚子日午时戌位，丙火、玄武水、天罡土、戌土。主事反复，吉凶多不成，来去动摇，莫获安定，失亡则远。

```
        丙          + 火  相
     丙子 (玄武)    + 水  死
     庚辰 (天罡)    + 土  旺
        戌          + 土  旺
```

注释：

(1) 四位内以玄武为用，主该人有眼疾，家住河边与贼盗结伙。

(2) 将克神为财动，利求财。

(3) 神克干官动，有官事，因求财而起官事。

(4) 将与地分相冲，主事情反复。又主斗打官事。

(5) 二土克玄武，主该人为逃避官事外出。

(6) 二丙火克庚金，主出外有伤灾两次。

14. 神将反吟课，乖运课，神将相冲是也。

假令十二月庚子日申时酉位。乙、太常土、大吉土、酉金。此课主内外不和，事多迅速。

```
        乙          - 木  死
     癸未 (太常)    - 土  休
     丁丑 (大吉)    - 土  休
        酉          - 金  旺
```

注释：

(1) 四位内以大吉丑土为用，论人主直蠢、论事主冤仇。

(2) 神将反吟主夫妻不和，父子不和，亲戚不和，以所问之事断之。

(3) 乙木自外克神将，主破财两次，贼盗相侵。

(4) 太常见乙克之，外来谋害自己，亦主破财两三次。又主此人曾中毒。

(5) 酉金克人元乙木，为鬼动，主家宅不宁，问讼牵连他人。

15. 反鬼入门课，飞祸卦，神将反吟，门户相见是也。

假令十二月庚子日申时亥位。丁火、太阴金、太冲木、亥水。占事不成，病者无凶。

```
丁        － 火 死
乙酉 (太阴) － 金 休
己卯 (太冲) － 木 相
亥        － 水 旺
```

注释：

(1) 四位内以太冲为用。

(2) 自外重重克内，主官事，有外人相害。问出行事不通，百事有阻隔。

(3) 神将相冲，里勾外连，损财伤妻。夫妻离婚，亲戚斗打。

(4) 干克神主该家妇女有奸情事。

(5) 门户相克主改门、移宅凶。

(6) 鬼动，事连他人。有官事。

16. 关课，堵塞卦，酉上见木为关。

假令十二月己未日未时酉位。癸水、玄武水、功曹木、酉金。主出行不通，占行人不至，囚禁难出，病孕必有隔碍。

```
癸         － 水  相
甲子 (玄武) ＋ 水  相
丙寅 (功曹) ＋ 木  死
酉         － 金  旺
```

注释：

（1）四位内以功曹寅木为用爻，婚姻反复，损伤老翁。主财帛、官职。

（2）得二水生之，今冬有财两笔。

（3）酉金克月将寅木，主出外失财，先失后得。酉上见寅为关，今冬虽有大财，但得之不易。

（4）神将相合主夫妻感情亲密和谐，但晚年婚姻较难，好事多磨，得之不容易，因课中有关相阻也。

17. 隔课，乖越卦。

卯上见土为隔。假令十二月，甲午日，巳时，卯位，丁火、朱雀火、河魁土、卯木。卯为门，以木土塞之，所以为隔也，主参投谒人不见，出行囚禁，病孕皆不利。

```
丁         － 火  相
庚午 (朱雀) ＋ 火  相
甲戌 (河魁) ＋ 土  死
卯         － 木  旺
```

注释：

（1）四位内以河魁为用，主骸骨、僧尼；六合为争田宅坟墓；主争斗狱之事。

（2）外二火生之，外人求我，所谋顺遂。论讼更凶。

（3）卯戌相合，论谈对象，虽有口舌争斗，但最后结果较好。

（4）卯戌又为隔，问出行不通、求谋不成。

18. 锁课，构囚卦，卯上见金为锁。

假令十二月丁卯日午时卯位。癸水、勾陈土、从魁金、卯木。占囚禁行人病孕，皆主不利。

```
癸              －水  相
甲辰 (勾陈)    ＋土  休
己酉 (从魁)    －金  旺
卯              －木  死
```

注释：

(1) 四位内以勾陈为用，小人斗讼妇官灾疾病。主事体勾连，成事时间较迟。

(2) 神将天地合德，论婚夫妻喜美，论家庭和睦团结。

(3) 卯酉相冲为反吟，易被骗诈，自身伤损。主事体多变而难成。

(4) 卯上见金为锁，占事有阻，占出行、行人病囚皆凶。

19. 斩关课，避罪卦，关上见金为斩关。

假令六月辛卯日子时酉位。丁火、白虎金、太冲木、酉金。主凶中得吉，避罪逃亡，尤利孕病，通达出行无阻隔。

```
丁              －火  旺
丙申 (白虎)    ＋金  死
辛卯 (太冲)    －木  休
酉              －金  死
```

注释：

(1) 白虎为用，主凶丧、道路之事。

(2) 受丁火之克，主该人死在外地。

(3) 丙辛化水，卯申相绝，由于斩关不以绝论，夫妻先坏后好。

(4) 二金夹克卯木为斩关，关节开通，占事无阻。

(5) 丁火克酉金，血光伤灾，妻动主妻有肝胆病。皮肤生疮。

20. 毁隔课，脱石卦，隔上见木为毁隔。

假令十二月乙亥日亥时卯位。丁火、青龙木、天罡土、卯木，主凶中得吉，望人立至，囚禁病孕求事皆无阻。

$$\begin{array}{ll} 丁 & -火\ 相 \\ 丙寅\ (青龙) & +木\ 旺 \\ 戊辰\ (天罡) & +土\ 死 \\ 卯 & -木\ 旺 \end{array}$$

注释：

(1) 按时间起课人元应为己土。但人元己土不是毁隔课，关节仍然不通。惟丁火较为合理，故以上课解之。

(2) 四位内以天罡为用，主斗争之事，见木主口舌争斗两次，有狱讼之忧。

(3) 土上见木主毁隔，占事主关节开通，占行人、出行皆吉。问囚禁可以释放。惟问官事不利，主有狱讼之事。

(4) 问求财，青龙木克辰土为破财，但青龙入课，生丁火，到南方求财可得，到北方其水生木，亦可得大财。

(5) 问夫妻主不和，里勾外连，损财伤妻。经常吵嘴、生气。

21. 叩键课，天解卦，锁上见火为叩键。

假令十二月庚子日未时卯位。己土、朱雀火、传送金、卯木。主囚禁遇赦罪，然凶中得吉兆也。

$$\begin{array}{ll} 己 & -土\ 相 \\ 壬午\ (朱雀) & +火\ 旺 \\ 甲申\ (传送) & +金\ 死 \\ 卯 & -木\ 休 \end{array}$$

注释：

(1) 四位内以传送为用，主出外行移奔走之事。

(2) 问出行，为破锁，出行顺利。

(3) 问求财，朱雀生己土，主出外求财吉。问求事，主客和合事可成。

(4) 神克将主贼动破财，伤妻，有暗昧之事。又主血灾伤残之事。

(5) 传送临火，主问课人曾经是个军人。

22. 官合课，得禄卦，贵神与人元干合是也。

假令十二月丙申日辰时巳位。癸水、天空土、大吉土、巳火。主官士得禄，常人进财，亦主官事动。

　　　　癸　　　　　－水　死
　　　戊戌（天空）　＋土　旺
　　　己丑（大吉）　－土　旺
　　　　巳　　　　　－火　休

注释：

(1) 四位内以天空为用。先贫后富。疮灾，孤寡，争田宅坟墓事。

(2) 戊癸相合，官动，主求官大利。如不是问求官，则主有官事。

(3) 月将克人元，主喜事重重，求官得禄，求财有得。

(4) 神将比，主门户亲属争夺田宅之事。

(5) 方生将，论婚姻主喜美，问饲养业主发财。

23. 正合课，如兰卦，神将支合，主客无克是也。

假令十二月甲午日申时巳位。己土、勾陈土、从魁金、巳火。此课主亲戚和会，人财相庆之喜。

　　　　己　　　　　－土　相
　　　戊辰（勾陈）　＋土　相
　　　癸酉（从魁）　－金　死
　　　　巳　　　　　－火　旺

注释：

(1) 四位内以勾陈为用，有官职：书画艺术家。主妇女争张事。

(2) 神将相合，主欢美婚姻，会合亲友。

250

(3) 巳火克酉金主妇女有灾：血光伤残。

(4) 外二土生酉金，其妻结发，内外和合。主有外财进纳。

(5) 人元己与日干相合，主有外人相助。

(6) 人元己土，主田宅、酒食、婚姻、普庆和合。

24. 鬼合课，鬼同卦，主客相刑，神将支合是也。

假令十二月庚子日申时巳位，辛金、勾陈土、从魁金、巳火。主人出外，占病即凶，占宅怪祟。

```
辛              － 金 死
庚辰 (勾陈)    ＋ 土 相
乙酉 (从魁)    － 金 死
巳              － 火 旺
```

注释：

(1) 四位内以勾陈为用，生人元辛金，主出外办事顺利。

(2) 神将相合，酉辛一家，主此次外出当见自己的兄弟。

(3) 地分巳火克月将主出外破财，伤妻：先失后得，先忧后喜。

(4) 月将从魁受地分巳火之克，妇女奸情事。

(5) 地分克人元，暗昧不明引起争斗，打起官司又牵连他人。主家宅不安。

25. 日时比合课，结绶卦，将与干皆比是也①。

假令十二月壬寅日未时未位。丁火、太阴金、神后水、未土。主人有趋向贵人，有非常推擢之兆，然先背而后向也。

```
丁              － 火 休
庚酉 (太阴)    － 金 相
壬子 (神后)    ＋ 水 死
未              － 土 旺
```

251

注释：

①此课名称与课意不合，应改为时与位比和课。

26. 空亡课，蒿目课，三位落空是也。

假令十二月丙申日丑时巳位。癸水、勾陈土、天罡土、巳火。主身心疑惑，求事皆不成。

　　　　癸　　　　－水　死
　　壬辰 (勾陈)　＋土　旺
　　壬辰 (天罡)　＋土　旺
　　　　巳　　　　－火　休

注释：

(1) 四位内以天罡为用，主争田土文状。落空即无。

(2) 癸水克地分巳火，主有妻子争执之事，因空而无。

(3) 勾陈土克干之癸水，官动，主有争田土而引起官事。

(4) 神、将、方三位落旬空，谋求皆不成。

27. 鬼空课　粮莠卦　将神六合，位落空亡，鬼动是也。

假令十二月乙巳日未时寅位。戊土、朱雀火、小吉土、寅木。主求事有名无实，忧危终吉。

　　　　戊　　　　＋土　死
　　壬午 (朱雀)　＋火　相
　　癸未 (小吉)　－土　死
　　　　寅　　　　＋木　旺

注释：

(1) 四位内以小吉为用，主妇女酒食、筵会事。

(2) 午未相合，主家庭和睦。

(3) 寅克戊土为鬼动，但寅旬空，不以鬼动论之。主先忧而后喜。

(4) 人元戊，被地分土克，如求事为主客不和，求事而难成。若成也有名无实。

(5) 方克将，伤妻，先失后得，先忧后喜。破财，空而轻微。

28. 四大空亡课，病败卦，甲子、甲午旬水绝课中见水；甲寅、甲申旬金绝课中见金是也。

假令十二月戊戌日戌时戌位。壬水、玄武水、神后水、戌土。主共为事吉凶皆不成①。

　　　　壬　　　　+水　旺
　　　　壬子 (玄武) +水　旺
　　　　壬子 (神后) +水　旺
　　　　戌　　　　+土　囚

注释：

①三水皆空，吉凶不论。如用爻空亦同。一空为空，二空不为空，三空大奸臣，四空大智大谋。

29. 分局相生课，双宜卦，神生干、将生位是也。

假令十二月己亥日辰时午位。庚金、天空土、功曹木、午火。主一事分为二事，所趋各异而皆吉。

　　　　庚　　　　+金　死
　　　　甲戌 (天空) +土　相
　　　　丙寅 (功曹) +木　休
　　　　午　　　　+火　旺

注释：

(1) 四位内以天空土为用，主官职之事。

(2) 财动，主客和合，神生干，出外求财吉。

(3) 将生方，家中和合，子孙有喜事。

(4) 方克干，鬼动，出外求官吉；因下级、部下引起斗打官司。

(5) 人元克月将主破财，伤妻，主秋天金旺时破财。

(6) 甲、庚和时干戊，合成三奇，求事有成。

30. 分局相克课，孤别卦，神克干、将克位是也。
假令十二月己丑日午时巳位，己土、青龙木、登明水、巳火。主事一分为二，君子吉，小人凶①。

　　　　己　　　　　－土　死
　　丙寅 (青龙)　　＋木　旺
　　乙亥 (登明)　　－水　休
　　　　巳　　　　　－火　相

注释：
①古时君子指官贵之人，君子得此课为吉，受制于人者为小人，小人得此课凶。

（1）四位内以青龙为用，主官职、财帛之事。

（2）冲克人元为官动，有官职之人求官有利，能得到提拔。而一般的老百姓则有官府之事相扰。

（3）月将生贵神，断家庭则妻贤子孝，富贵荣华，断事则为财生贵人，不论是要提拔或解决官事，需送礼才能解决。

（4）方将相冲克，家宅不安，小口不利。断官司事关多人，断病头痛、头晕。产灾、心脏、胃病、肢脚疼痛。

31. 合局相生课，同德卦，干生神、位生将是也。
假令十二月庚子日巳时午位，壬水、青龙木、大吉土、午火。主两事合为一事，又其为事吉，内外并力合谋相与也。

　　　　壬　　　　　＋水　休
　　戊寅 (青龙)　　＋木　旺
　　丁丑 (大吉)　　－土　死
　　　　午　　　　　＋火　相

注释：

(1) 四位内以大吉为用，主人诚实、直爽。

(2) 合局相生，外来生内，内外一体，两事合为一事。又为齐心协力。

(3) 论求财、外生内，求而有得。

(4) 丑午相穿，求事顺中有阻。

(5) 将克干，喜事重重，升学成，远行顺利。

(6) 神克将贼动：里勾外连，损财伤妻。

(7) 干克方妻动：求财不成，失田宅、伤六畜、伤小口。

32. 合局相克课，内溃卦，干克神、位克将是也。

假令十二月乙未日申时巳位，辛金、青龙木、从魁金、巳火。主中和不和，其为事先喜而后不和。

  辛　　　　　－金 死

  戊寅 (青龙) ＋木 休

  乙酉 (从魁) －金 死

  巳　　　　　－火 旺

注释：

(1) 四位内以青龙为用，主官职、财帛事。

(2) 辛酉金夹克青龙木，此人内外受迫，不得人心，一生财旺，娶妻后发家。破财，损官。

(3) 论家庭或工作单位，和而不和外情有动，喜而不喜家长伤病。

(4) 四位互相冲克，主事情不顺。

(5) 神将相克、相绝，论夫妻需离婚，或丈夫先死。

33. 连茹课，窠升卦，即寅卯辰三位相连是也。

假令十二月戊辰日酉时寅位，戊土、勾陈土、太冲木、寅木。主事体重叠不一，而此名顺连茹，事体多顺，主将来之事也。若方是午，将是巳，神是辰，则为逆连茹，事体多逆，主以往之事。

255

```
戊        ＋土 死
庚辰 (勾陈) ＋土 死
己卯 (太冲) －木 旺
寅        ＋木 旺
```

注释：

(1) 四位内以太冲为用。主贼盗车船事。

(2) 顺连茹，问的是将来的事，问财是重迭而来。问官升了再升，或身兼三职。

(3) 卯寅相加，兄弟不和。经常争斗。

(4) 庚金克卯木主损车破财。

说明：用如上的条件起课，则非连茹课也。以上解释只为分析连茹课的关系。按时间起课则地分为寅木，月将为巳，贵神巳，人元是丙。

```
丙        ＋火 旺
己巳 (腾蛇) ＋火 旺
己巳 (太乙) －火 旺
寅        ＋木 休
```

34. 陛升相生课，云腾卦，自下次第生上是也。

假令十二月辛丑日酉时寅位，庚金、勾陈土、太乙火、寅木。主有人出外远去，求事吉。

```
庚        ＋金 死
壬辰 (勾陈) ＋土 相
癸巳 (太乙) －火 旺
寅        ＋木 休
```

注释：

(1) 四位内以太乙为用，见血光事，主多梦、虚惊之事。

(2) 自内次第生外，主远行、求财、寻人能达到目的。

(3) 干克方，其家妻子闹事，小口有灾，损六畜、田宅。

(4) 寅木克辰土，其家有官灾、口舌之事。故此课宜出外，不宜在家。

35. 阶升相克课，促装卦，自下次第克上是也。

假令五月丙子日申时丑位，辛金、朱雀火、神后水、丑土。主逼迫出外之事，又主身有口舌官鬼之灾，以次第克人元之故也。

　　　　辛　　　　－金　相
　　丙午（朱雀）　＋火　休
　　庚子（神后）　＋水　死
　　　　丑　　　　－土　旺

注释：

（1）四位内以庚子为用，主天盗。

（2）神克干官动，主有官事，又主因官事而被迫出走。

（3）此人家内不和，口舌官灾。

（4）亥午相绝，家长，妻子病在心胸，无药可医。夫妻休离。

（5）丑土生人元辛金，主父母动，论求事，事情虽小，而必须找上级领导才能解决。

说明：按提供的条件起课，不是阶升相克课。以上解释按阶升相克关系给出。

36. 覆盂相生课，两降卦，自上次第生本位是也。

假令六月己卯日戌时子位，丙火、太常土、传送金、子水。主自外添进人口、财帛，又主行人归。

　　　　丙　　　　＋火　休
　　癸未（太常）　－土　旺
　　甲申（白虎）　＋金　相
　　　　子　　　　＋水　死

注释：

（1）四位内以太常为用，主妇女衣服、赏赐事。

(2) 自外层层生内，论财主有财产进纳，论人主添进人口，家内子孙多，田产多，是个财主。

(3) 丙火生太常主有赏赐事。遇白虎求财不得；损财忧病，伤妻。

(4) 传送见丙火主家中有军人，又主行人回家，或军人探家。

37. 覆盂相克课寇攘卦，自上次第克本位是也。

假令十二月乙未日申时戌位，丙火、太阴金、功曹木、戌土。此主迫而还乡及求索，以至口舌。

　　　　丙　　　　＋火　旺
　　　　乙酉(太阴)　－金　死
　　　　戊寅(功曹)　＋木　休
　　　　戌　　　　＋土　相

注释：

(1) 四位内以太阴为用，主妇女阴私事，金银首饰伤损。

(2) 外克内，主官灾、口舌外来。

(3) 外次第克内，主在外之人有官事，被迫回家。

(4) 人元克神，主外来求索事。主外人谋害家中人。

38. 阴阳并比课，兼弱卦，上二比克下二比是也。

假令十二月丁酉日酉时辰位，甲木、青龙木、小吉土、辰土。主小人斗讼，君子辨财之桄。

　　　　甲　　　　＋木　旺
　　　　壬寅(青龙)　＋木　旺
　　　　丁未(小吉)　－土　死
　　　　辰　　　　＋土　死

注释：

(1) 四位内以小吉为用，主妇女常吃药、酒食事。

(2) 人元贵神克小吉土，主损财伤妻。

(3) 人元、贵神同克地分，主伤小口、损六畜。

(4) 神干比，主事在外干自己，外来骗取钱财。

(5) 外克内，主有外人欺侮。

39. 阴阳并克课，犯上卦，以下二比克上二比是也。

假令十二月戊戌日酉时戌位，壬水、玄武水、大吉土、戌土。主尊长怒，内外不和，官讼之楗也。

  壬　　　　　＋水　死

  壬子 (玄武) ＋水　死

  癸丑 (大吉) －土　旺

  戌　　　　　＋土　旺

注释：

(1) 四位内以丑土为用，论人是一个老实人，论事有咒骂事。

(2) 下二土克上二水，主其家有争田土之事二次。

(3) 将方同克贵神，主下犯上。民告官，得罪尊长。

(4) 玄武下临土，子丑合，主该人与贼盗关系密切，在外求财必得。

(5) 神将相合主夫妻恩爱，丑又克子，主先好而后不好。

40. 并来身课，沉深卦，三水克人元火是也。

假令十二月己未日亥时亥位，丁火、玄武水、神后水、亥水。主身灾祸人离散之事。凡三金克木名血刃，三火克金名烬骨，三木克土名缧线，三土克水名宝泽。更以所克神意断。

  丁　　　　　－火　死

  丙子 (玄武) ＋水　旺

  丙子 (神后) ＋水　旺

  亥　　　　　－水　旺

注释：

(1) 四位内神后为用，主妇人淫乱事。

(2) 人元为己身，三水克之，主自身有水灾。

(3) 三水克火，水在下主夫妻分离事。

(4) 课中三水，主家住近水，又主贼盗伤害。又主家中子孙面貌丑陋。

(5) 丁火入课，神经病，家中忧愁。

41. 并来生身课，众附卦，三水生人元是也。

假令十二月癸酉日子时子位，甲木、玄武水、神后水、子水。主内外从顺，迁官进财，随神断之。

　　　　　甲　　　　＋木　相
　　　　　壬子 (玄武) ＋水　旺
　　　　　壬子 (神后) ＋水　旺
　　　　　子　　　　＋水　旺

注释：

(1) 四位内以青龙为用，主财帛，官职之事。

(2) 壬水生之，主有外财进纳，或有迁官之喜。

(3) 此人文化程度较高，大学毕业。

(4) 三水生外，主出行顺利，谋求有得。

(5) 课中三水皆为贼水，青龙又与日绝，秋冬季需防贼盗破财。亲属不和，朋友斗讼。

42. 并来克位课，泉涸卦，上三土并克位是也。

假令十二月辛未日申时子位，戊土、天乙土、天罡土、子水。主迅速祠争之事，及人来取索。三水克火曰灭光，三火克金曰破模，三金克木曰破斧，三木克土名圻隔，亦以神理断之。

　　　　　戊　　　　＋土　旺
　　　　　己戊 (天空) ＋土　旺
　　　　　壬辰 (天罡) ＋土　旺
　　　　　子　　　　＋水　死

注释：

(1) 以天空为用，主皈依之人。主虚诈不实。

(2) 课中三土主事成而迟缓，阻隔不通。

(3) 上三土克下，主有外人谋害，骗财争物，伤小口三人。

(4) 土克水，肾经病，腰疼，腿酸，乏力。

(5) 如女子问事主曾伤左足。子为足故也。

43. 并来生位课，慈幼卦，三上金来生位是也。

假令三月丁卯日丑时子位，庚金、太阴金、传送金、子水。主外来成内，卑幼优喜。

```
庚           + 金  旺
己酉 (太阴)  - 金  旺
戊申 (传送)  + 金  旺
子           + 水  相
```

注释：

(1) 四位内以酉为用，主金银酒器之事。

(2) 金水相生，论人主聪明。

(3) 外生内，主进田产，添人口，喜事外来。

(4) 三金又主不顺，主斗讼口舌，需防口舌外来。

(5) 三金一水主文章喜美，问升学能成。

说明：此课贵神按时间起课应是玄武。

44. 归身相克课，被劫卦，人元克下三位是也。

假令十二月丙申日酉时未位，乙木、太常土、河魁土、未土。此课主取索迫剥，外来克内故也。

```
乙           - 木  囚
乙未 (太常)  - 土  旺
戊戌 (河魁)  + 土  旺
未           - 土  旺
```

261

注释：

(1) 四位内以河魁为用，主斗讼之事。

(2) 课中三土，论事主迟。

(3) 乙克贵神主去官职，克月将主破财，或本人有病。克地分，妻子闹事，小口有伤。

(4) 外一位克内三位，论讼主事牵连三人。

45. 归身相生课，家肥卦，人元生下三位是也。
假令四月十五日申时寅位，壬水、六合木、功曹木、寅木。
主外人添进入财，讼官得理，及有文字引荐，吉。

```
    壬         + 水  休
癸卯 (六合)  - 木  旺
壬寅 (功曹)  + 木  旺
    寅        + 木  旺
```

注释：

(1) 以六合为用，主买卖交易事。

(2) 外一位生下三位主求事有成，求财有得。

(3) 课中见三木本为求事难得。但得水生而又无克，故为可得。

(4) 外生内，论讼为求占者得理，又主私和。此私和由对方主动提出。

说明：起课条件不完整，没有用干支表示的日令，故贵神、人元皆无法核对。稍动脑子即推出是乙己日。

46. 进体相克课，肇共卦，本位克上三位是也。
假令十二月戊戌日戌时戌位，壬水、玄武水、神后水、戊土。
主创立之事，将谋财禄和合之喜。方克干：问病吉。

```
    壬         + 水  旺
壬子 (玄武)  + 水  旺
壬子 (神后)  + 水  旺
    戊        + 土  囚
```

262

注释：

(1) 此课主与三家争田土而致讼，破财，告官，而无和合之喜。

(2) 以玄武水为用，主贼盗之事。

(3) 三水为阳，主贼盗三人。

(4) 地分克三水，主破财，贼盗被捉，因而致官讼之事。

(5) 水土为田宅之事，又主与外边三家争田土，其三家为兄弟。

(6) 玄武水当月令，贼盗势众不服。

47. 进体相生课，培根卦，本位生上三位是也。

假令二月癸巳日申时子位，甲木、青龙木、子水。主谒贵人求财吉。

```
    甲           + 木  旺
  丙寅 (青龙)   + 木  旺
  丁卯 (太才)   - 木  旺
    子           + 水  休
```

注释：用活贵神起。

(1) 四位内以青龙为用，主高官财帛。

(2) 地分子水生青龙，为谒见权贵之人。

(3) 地分生月将，主婚姻喜美。

(4) 水生木主财，冬春季能得大财。

(5) 课中三木又主官事缠身。

48. 将神同源克主客课，内间卦，神将同克上下是也。

假令六月癸亥日未时亥位，癸水、天空土、河魁土、亥水。

主兄弟不和，人离财散。

```
    癸           - 水  死
  壬戌 (天空)   + 土  旺
  壬戌 (河魁)   + 土  旺
    亥           - 水  死
```

注释:

(1) 四位内以河魁土为用,主斗打讼事。

(2) 神将同而克外,兄弟不和,斗打事。

(3) 土克水,争夺田土斗打。

(4) 神克干为官动,主田土争执而引起官讼之事。

(5) 将克方,亦主斗讼官事,损六畜,伤小口。

49. 将神同源生主客课,内和卦,神将同生主客是也。

假令六月戊午日申时亥位,癸水、太阴金、从魁金、亥水。

主向外面内虽志气不同,皆成遂拔萃,可否相济也。

  癸　　　　－水 旺

 辛酉 (太阴) －金 休

 辛酉 (从魁) －金 休

  亥　　　　－水 旺

注释:

(1) 神生干,主出行,寻人必见。

(2) 将生方,主子孙远行。

(3) 金水相生,主文章喜美,聪明。

(4) 神将比,主亲属门户不和斗讼事。

(5) 酉为门,相加主移宅或改门事。

50. 主客同源克神将课,凌迫卦①,上下二位克中二位是也。

假令十二月丁亥日未时子位,壬水②、螣蛇火、太乙火、子水。主上下凌迫,无所诉词,囚禁难脱。

  壬　　　　＋水 旺

 丁巳 (螣蛇) －火 死

 丁巳 (太乙) －火 死

  子　　　　＋水 旺

注释：

①凌迫被外凌辱、逼迫。由于丁壬合，二丁合一壬为争合，又见二巳火相逼，占事主内部事，内外勾结引起的。

②以上述条件起课，人元应是庚金，而非壬水。

51. 主客同源生神将课，会神卦，上下二位生中二位是也。

假令三月戊申日午时卯位，乙木、朱雀火、胜光火、卯木。主臣子同心同德以治国家。

   乙   －木 休
   戊午 (朱雀) ＋火 旺
   戊午 (胜光) ＋火 旺
   卯   －木 休

注释：

(1) 四位内以胜光为用，主财帛、文书之事，又主惊恐之事。

(2) 外二木生午火，主家庭富裕，进纳外财。

(3) 朱雀午火不受克，主文书信息之事，又主家内人文化程度较高，有两个大学毕业生。

(4) 外生内主内外一心。

(5) 干生神得祖上之财。又主从祖父一代就家境富裕。

52. 自内隔生课，匪棘卦，自下隔生于上是也。

假令十二月甲申日酉时子位，甲木、天后水、太冲木、子水。主子孙出外交易求禄，和合之喜，凡事皆吉，随所欲也。

   甲   ＋木 旺
   乙亥 (天后) －水 休
   丁卯 (太冲) －木 旺
   子   ＋水 休

注释：

(1) 四位内以太冲为用，车船出行之事。

(2) 二水生木主财帛之事。

(3) 人元甲，主官禄喜庆之事。

(4) 贵神天后，主其家妇女良善。生人元，主外出求财、寻人。

53. 自外隔生课，利用卦，自上隔生于下是也。

假令十二月丁丑日申时酉位，己土、太阴金、大吉土、酉金。主外迁进之喜。

　　　　己　　　　－土　休

　　己酉（太阴）　－金　旺

　　辛丑（大吉）　－土　休

　　　　酉　　　　－金　旺

注释：

(1) 四位内以大吉土为用。

(2) 外生内主行人回家，又主有外财进纳。

(3) 太阴金主妇女之事，得已土生主妇女欲生外心。

(4) 神将相生主夫妻感情好。

54. 隔克课，点构卦，神克位，将克人元，人元克神是也。

假令十二月庚申日戌时辰位，庚金、六合木、胜光火、辰土。主递互相加，构造不明之事。

　　　　庚　　　　＋金　死

　　己卯（六合）　－木　休

　　壬午（胜光）　＋火　旺

　　　　辰　　　　＋土　相

注释：

(1) 四位内以六合为用，主买卖交易之事。

(2) 干克神，有人谋害自己，又主官事。

(3) 神生将，将生方主家中富裕。

(4) 神将相生，夫妻感情好，但午卯相破，为先好后不好。午卯为用成而复破，夫妻先合而后离。

(5) 将克人元喜事重重，而喜中有悲。庚在外，主行移，午火克之，主在外有伤灾。

(6) 六合木克辰土，论求财为隔手求财，虽得主晚成。

(7) 四位中交叉生克，事体交关往来，不够顺利。

55. 天地并来克身课，死刑卦，位神克人元是也。

假令十二月庚子日亥时未位，癸水、天乙土、传送金、未土。主争讼事，占病死亡。

    癸　　　－水　死

  丁丑 (天乙) －土　旺

  甲申 (传送) ＋金　相

    未　　　－土　旺

注释：

(1) 四位内以传送为用，主行移道路之事。

(2) 人元被神方重克，主官事、争田土。论病主头疼。

(3) 神方相冲，论工作主遭到部下的反对，内部不和。

(4) 申入金库，无所做为，求事不成。

(5) 二土生金主土多埋金，有多般灾厄。

56. 换神课，玄机卦，昼夜未分贵神相交是也。

假令十二月甲辰日寅时子位，丙火[①]、天后水（换得白虎金）、天魁土、子水。主占凶得吉，占吉得凶，如凶神换得吉神，则吉，如吉神换得凶神，即凶。

267

```
        丙        ＋火 休            甲         ＋木 死
     乙亥 (天后) －水 死         壬申 (白虎) ＋金 旺
     甲戌 (河魁) ＋土 旺         甲戌 (河魁) ＋土 休
        子        ＋水 死            子         ＋水 相
              首课                         换神课
```

注释：

①按以上条件起课人元应是甲木。在换神课中已将丙火改为甲木。

(1) 四位内以天后亥水为用，主妇女事。

(2) 换神课问吉则以凶断，吉神换得白虎凶神，主其家有死丧之事。

(3) 白虎临戌，需死丧二人。

(4) 天后水受戌土之克，其家妇人有灾病。

(5) 天后水生人元主妇女有外心。

57. 向空课，谷响卦，昼将夜位，夜将昼位。

假令十二月甲辰日巳时未位，辛金、天空土、功曹木、未土。主求事不成，即吉反凶。

```
        辛        －金 旺
     甲戌 (天空) ＋土 休
     丙寅 (功曹) ＋木 死
        未        －土 休
```

注释：

(1) 四位内以功曹寅木为用，主财帛、官职之事。

(2) 寅木克神戌土，为财动，求财易得。

(3) 辛金克月将，破财。

(4) 寅木空亡，吉凶难定。

(5) 寅为夜将、未为昼位，反复不定，求望难成。

58. 背神课，违戾卦，位在天乙后或在天乙前位是也①。

假令十二月甲辰日申时亥位，乙木、朱雀火、太冲木、亥水。主背亲自疏，尊卑不顺之事②。

    乙　　　 －木　相
  庚午 (朱雀) ＋火　死
   丁卯 (太冲) －木　相
    亥　　　 －水　旺

注释：

①本课位是亥，当日白天天乙贵神起处在丑，为位在天乙后，如地分为寅、为卯、为辰，即为位在天乙前。

②朱雀火是用起活贵神法起之。其方法是，第一确定当日贵神起处。第二月将加时寻贵神起处。第三看落于何地支上，即在该地支上起贵神。第四，白天顺行，夜间逆行到地分。

(1) 四位内以朱雀为用，主文书信息事。

(2) 午卯为用，求事成而复破。

(3) 地分在天乙之后，先亲后疏。

(4) 神干支相克，自身有伤灾，应在该年的夏天。

(5) 得此课主事成败不定，暗昧不明。

59. 丁鬼入门课，传尸卦，丁入酉作鬼是也①。

假令十二月戊辰日辰时酉位，辛金、太常土、太乙火、酉金。主灾祸连绵，不吉。

    辛　　　 －金　死
  己未 (太常) －土　相
   丁巳 (太乙) －火　旺
    酉　　　 －金　死

注释：

①巳火与丁是一家之火，可以相互换用，酉为门户，丁巳火克之，即为

丁鬼入门课。

(1) 四位内以太乙为用，主虚惊暗昧之事。

(2) 神将相生，主夫妻和睦。

(3) 丁巳火克地分酉金，主损六畜、伤小口。又为丁鬼入门，论家宅主不安宁。

(4) 巳火克辛金人元，求事，喜事不是一件，问灾，有伤灾，发生在外面。

60. 主来刑客课，枭鸣卦，神将比，鬼动克人元是也。

假令十二月乙未日辰时巳位，辛金、青龙木、太冲木、巳火。主鬼怪官病人畜财散之事。

   辛   －金 死
  戊寅 (青龙) ＋木 休
  己卯 (太冲) －木 休
   巳   －火 旺

注释：

(1) 四位内以青龙为用，主官职、财帛之事。

(2) 人元克神，主外人陷害，该人的官职被剥。

(3) 辛金克月将，问财主破，问人主伤妻，问物主损车船。

(4) 巳火克辛金，为鬼动，主家宅不宁，人有伤灾，问讼事连三人。

说明：此课月将应为大吉土。此处按错卦断之。

61. 神来克将课，内贼卦，将为内财而神来克是也。

假令十二月乙巳日戌时丑位，己土、白虎金、太冲木、丑土。主亲戚谋窃自己的财物，及勾连虚诈不明之事。

注释：此课人元应为丁火。

```
丁         - 火 旺
甲申 (白虎) + 金 死
己卯 (太冲) - 木 休
丑         - 土 相
```

(1) 四位内以白虎为用，主灾祸凶丧事。

(2) 丁火克白虎，主其家有凶丧之事，神为家长，主家长丧亡。

(3) 神克将，主亲戚盗窃自己财物。论夫妻主死亡。

(4) 卯木克丑土，其家有口舌之争。

62. 客来克主课，问招卦，人元克位是也。

假令十二月乙巳日辰时午位，壬水、天空土、功曹木、午火。主妻妾之忧，及财帛不明之事。

```
壬         + 水 休
丙戌 (天空) + 土 死
戊寅 (功曹) + 木 旺
午         + 火 相
```

注释：

(1) 四位内以天空为用，主虚诈不实之事。

(2) 人元克地分主妻子有病事。

(3) 神将方三合火局，主家内和合、团结。求事主成，但被人元克之为坏局，主有人干扰此事，又主此事只能一半成。

63. 地户入天门课，天冲卦，戌为天门，勾陈临之是也①。

假令六月辛未日午时戌位，戊土、勾陈土、天魁土、戌土。主官讼重重。占病大凶，占墓主破散，出军人，夭短者②，是正天罗③。

```
戊         + 土 旺
壬辰 (勾陈) + 土 旺
戊戌 (天魁) + 土 旺
戌         + 土 旺
```

注释：

①此课以活贵神法起出。此月、日、时、位活贵神与正常起课法贵神重叠。但贵神应是太常。

②夭短，夭寿，寿命短。

③天罗，戌为天罗，占男病主凶。占失物，行人为走不远，可以找到。

    戌   + 土 旺

    乙未 (太常) - 土 旺

    戊戌 (河魁) + 土 旺

    戌   + 土 旺

(1) 四位内以勾陈为用，主事体勾连，求事主成而迟。

(2) 课中纯土，主事体重迭牵连，占病大凶。

(3) 勾陈临戌，主官讼斗打，争损财物，六畜损伤。

64. 天门入地户课，地系卦，辰为地户，天魁临之是也。

假令十二月乙卯日①子时②辰位，戊土、勾陈土、天魁土、辰土。主官讼重重，占病尤凶，占宅墓，主军人屠宰，家不和。此正是天罗地网，男忌天罗，女忌地网。

    戊   + 土 旺

    戊辰 (勾陈) + 土 旺

    戊戌 (天魁) + 土 旺

    辰   + 土 旺

注释：

①天干戊为天门。但按乙卯日起课天干不是戊，而是庚。

②此课如将子时改为午时才是天门入地户课。

    庚   + 金 相

    庚辰 (勾陈) + 土 旺

    丙戌 (天魁) + 土 旺

    辰   + 土 旺

下 编

金口诀解课程序

第一章　金口诀起课程序

　　流传几千年的《大六壬神课金口诀》（以下简称金口诀），经过历代先师的增删补遗，产生了字意与本意的偏离。由于金口诀的原理极其深奥，使众多学者费其苦心，甚至用尽毕生精力难以解读。时代的变迁以及认知的发展，使我们对金口诀的原理有了更深入的理解。金口诀是以阴阳、五行学说为理论基础，其组成包含了天文学、地理学、人文学、人需学等，充分反映了自然与人的关系，自然与物的关系，人与人的关系，人与万物的关系，以及人与物，物与人的恩赐与制约关系。金口诀不愧为"得之者胜，用之者神"的预测绝学。它是古代的预知瑰宝，更是现代、未来人类的智慧宝库。金口诀原本是简而精的预测体系。但其文中生涩难懂的文字及隐词比喻使现代人难以解释。不了解金口诀预测机理的人，很可能称其为玄学。但受益者称其为神学，真正认识它、了解它、读懂它的人称之为公理。

　　古往今来《大六壬神课金口诀》一直被称为无字天书，可见其神秘性、神奇性，其难读、难学、难懂可想而知。孙膑始祖将无字天书编撰成文，形成了简而精的口诀，但是历经数千年的积淀，借助于天文学、地理学以及现代认知手段，证明金口诀的预测机理完全符合了宇宙天体运行规律，甚至领先了现代自然科学对自然规律的认识。

　　因人类生在太阳系，长在地球上。人与万物都是时空的产物。借时空周期规律可以解读万物的形成与兴衰。金口诀运用了太阳黑子、木星、月亮与地球的运行关系规律，金口诀以地球为中心，观察天体运行的规律，将太阳、木星、月亮与地球的关系用课式表示。金口诀的预测机理充分反映了古人对运动的相对性的认识与应用，金口诀机理帮助我们进一步认识了天象、地象、人象、物象之间生克制化的必然联系。金口诀的预测机理反映了宇宙运行的和谐与失衡关系。

正是金口诀让我们了解了古人对自然规律的认识，远远超出了我们的想像。从金口诀我们甚至可以找出现代科学认识与自然规律的某些偏离，古人的智慧对我们的现代生活仍然具有指导意义。

经过几十年对金口诀的深入研究，将古代的金口诀给以现代的解读。由过去的天时、地利、人和上升为天时与天象、地利与地理、人和与人合、人需与必须的人、时、空统一关系。并将人与人、人与物之间的比、生、合、冲、破、克、刑、害、绝关系给以定位、定因、定性、定量的分析，完善了历代流传下来的干支体系之不足，形成了适于普及、便于理解、更容易现代人学习和应用的金口诀。

第一节　概论

凡占课，入式歌言其大象，五动爻观其大意，以格局看其事体，凭驿马、神煞定其吉凶，以空亡、月破、支干三合、六合验其成败，潜心推测，无不神妙。

第二节　确定课式

入式之法妙通玄，月将加时方上传。更看何神同一位，当令与否成败连。

凡课有四位：一地分也、二月将也、三贵神也、四五子元建也。

其十二地分，十二月将、十二贵神、十干之五行、以看何神同一位，取之以辨吉凶；或相生相克，或比合，或间隔，或被刑，或带煞，更于一位之中旺、相、休、囚、死，知祸福成败。

第三节　定位年、月、日、时

一、年上起月法口诀：

甲己之年丙为首，乙庚之岁戊为头，
丙辛之岁寻庚上，丁壬壬寅顺行流，
更有戊癸何方见，甲寅之上好追求。

确定时间，最好手边有万年历，因天干第一位是甲，地支第一位是子，所以，用甲子开始计算。

由于十二地支的空间方位与月份时间不变，天干十数，地支十二数，所以，每六旬共60天为一周期，或60个时辰、60个月、60年为一甲子周期。

一年12个月，每月一个地支、正月从寅开始，顺时针到丑，为腊月。

一年四季从春天开始，古人为什么把寅月定为正月呢？古人在长期的观察日月星辰的运转变化规律时发现地球围绕着太阳自西向东旋转，一年绕太阳一周；地球在运动旋转时，如果以北斗星为参照物，古人发现北斗星在向后移动，其实，北斗星没有动而是地球在动，因此古有"天道左旋，地道右旋"的说法。古人发现每当北斗星的斗柄指向寅位时，春暖花开的时节就来到了，所以说"一二三阳开泰，斗柄回寅万事春"，这就是正月月建为寅的来历，余者各月每月一支。

二、日上起时法

甲己还是甲，乙庚丙作初，丙辛生戊子，丁壬庚子居，戊癸起壬子，时元从子推。

1. 甲己还是甲：凡甲日、己日，时干从子上起甲，顺时针数十二支即可，即甲子、乙丑、丙寅、丁卯、戊辰、己巳、庚午、辛未、壬申、癸酉、甲戌、乙亥。

2. **乙庚丙作初**：凡乙日、庚日，时干从子上起丙，顺时针数十二支即可，即丙子、丁丑、戊寅、己卯、庚辰、辛巳、壬午、癸未、甲申、乙酉、丙戌、丁亥。

3. **丙辛生戊子**：凡丙日、辛日，时干从子上起戊，顺时针数十二支即可，即戊子、己丑、庚寅、辛卯、壬辰、癸巳、甲午、乙未、丙申、丁酉、戊戌、己亥。

4. **丁壬庚子居**：凡丁日、壬日，时干从子上起庚，顺时针数十二支即可，即庚子、辛丑、壬寅、癸卯、甲辰、乙巳、丙午、丁未、戊申、己酉、庚戌、辛亥。

5. **戊癸起壬子**：凡戊日、癸日，时干从子上起壬，顺时针数十二支即可，即壬子、癸丑、甲寅、乙卯、丙辰、丁巳、戊午、己未、庚申、辛酉、壬戌、癸亥。

例如：2005年5月3号23:33分，查万年历知此时为乙酉年，庚辰月，丁亥日。此日干为丁，丁壬庚子居，时干从子上起庚，23:33分为子时，所以此时日干即为：庚子。

一日有十二个时辰，从每晚23点~1:00开始，十二时辰与现在钟点时间对应关系是：

时辰	子	丑	寅	卯	辰	巳
时间	23~1	1~3	3~5	5~7	7~9	9~11
时辰	午	未	申	酉	戌	亥
时间	11~13	13~15	15~17	1~19	19~21	2~23

277

第四节 定位地分

口诀：

方位知来意，坐位知灾福，来人命上知成败。

日辰定后，消息推详，无不神验。

地分的取法是以预测师为中心坐标，以预测师到求测者之间的距离为半径画圆，将圆的360°分成十二等份，每份30°，每个方位一个地支，十二个方位正好十二个地支，配图说明如下：

图中如来人在 A 点，以未为地分列公式，来人处于 B 处，以辰为地分公式。

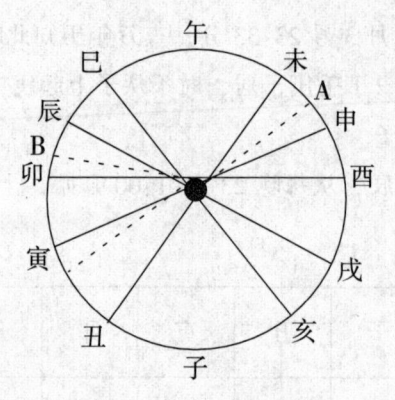

取地分是十分关键的，地分取的准确与否直接影响到下一步的解式正确与否。以上是传统的定地分方法，除此之外，还有取数法，指方定位法，本命法，外应法等。

1. 取数法： 分为两种情况，一是求测者报数字直接取数法，二是求测者写字将字的笔划转化成数。其中取数时若数字小于12直接取地分；若数字大于12则用此数除去12取余数定地分（1子，2丑，3寅，4卯，5辰，6巳，7午，8未，9申，10酉，11戌，12亥）。

例如：

①报数8，8小于12，8为"未"，即以"未"为地分立课。

②报数38，38大于12，用38÷12=3…2，2为"丑"，即以"丑"为地分立课。

③写"成"字，成字共6划，6为"巳"，即以"巳"为地分立课。

④写名字"刘德华"，此名字总笔划共27划，27大于12，用27÷12=2…3，3为"寅"，即取"寅"为地分立课。

2. 指方定位法：是以问事人为中心，预测师让问事人在平静的状态下随意指定方向，这个方向是以问事人的相对方向为准。问事人指向申方，以申为地分，指向子方，以子为地分。

3. 本命法：以来人的属相为地分立课。例如来人属兔，即以卯立地分。

4. 外应法：即是以预测师动念之间所感受的外部事物来确定地分，不必由求测者提供。如某人来预测时，预测师在此一瞬间看到门外有狗跑过，即可以戌为地分之课，或者此时预测师大脑之中出现某一事物如大人、小孩、物品、衣服的颜色等等，皆可转化为地分立课。

除以上各种方法之外，还有以车牌号、手机号、门牌号、衣服颜色、出行方向等等多种取地分的方法，其中以来人写字，以字的笔画转化为地分和以属相为地分较为常用，愿读者认真学习，细心体会，融汇贯通，定能够得心应手。

第五节　定位将神

一、十二月将的名称口诀：

一月登明二河魁，三月从魁四传送，

五月小吉六胜光，七月太乙八天罡，

九月太冲十功曹，子月大吉腊神后。

定位将神时必先知当月月将，月将是月建的六合处。如正月建寅为寅月，寅与亥合，故月将为亥水，起名为登明，余仿此，可列表如下：

月份	月建	月　将
正月	寅	亥　登明
二月	卯	戌　河魁
三月	辰	酉　从魁
四月	巳	申　传送
五月	午	未　小吉
六月	未	午　胜光
七月	申	巳　太乙
八月	酉	辰　天罡
九月	戌	卯　太冲
十月	亥	寅　功曹
十一月	子	丑　大吉
十二月	丑	子　神后

二、取将神口诀：月将加时方上传。

月将加时是以来人的月份确定月将，以来人的方位确定地分，然后把月将加在来人的时辰上，顺时针数到地分上便是。

例如：丁丑年、癸卯月、丁卯日、癸巳时，酉位。

起课步骤：

1. 先取酉为地分。

2. 卯月，卯与戌合，月将为戌——河魁。

3. 把月将河魁戌加在巳时上，也就是说戌将从巳上起，午上为亥，未上为子，申上为丑、酉上为寅，寅为该将神，故为功曹。

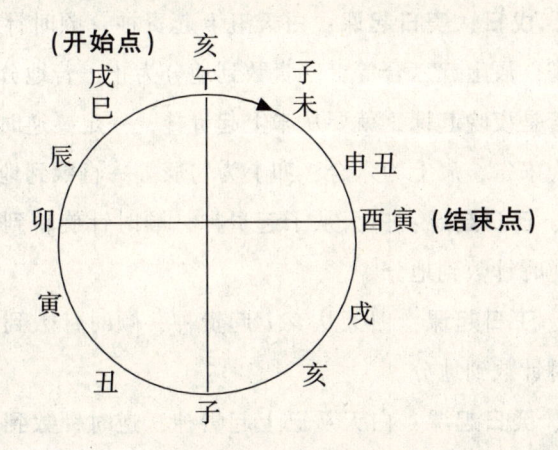

```
         (开始点) 亥
          戌    午   子
           巳        未
         辰          申丑
           卯        酉寅 (结束点)
            寅      戌
              丑  亥
                 子
```

注： 此处来人的月份是指阴历的正月、二月、三月……十一月、十二月。

第六节　定位贵神

一、十二位贵神本属口诀：

天乙贵神己丑土，前一螣蛇丁巳火，前二朱雀丙午火，
前三六合乙卯木，前四勾陈戊辰土，前五青龙甲寅木，
后一天后癸亥水，后二太阴辛酉金，后三玄武壬子水，
后四太常己未土，后五白虎庚申金、后六天空戊戌土。

十二贵神的排列顺序是：贵、螣、朱、六、勾、青、空、白、常、玄、阴、后。

二、起贵神口诀：

甲戊庚牛羊，乙己鼠猴乡，
丙丁猪鸡位，壬癸蛇兔藏，
六辛逢马虎，阳顺阴逆行。

十二贵神的起法，是以日干来定的，起贵神的口诀：

1. **凡甲日、戊日、庚日起课：** 白天丑上起贵神，顺时针转，寅上起螣蛇，卯上起朱雀，辰上起六合等，一直数到地分为止；若地分为未，应是天空戊戌阳土；若是夜晚起课，就要从未上起贵神，一定要逆时针旋转，午上为螣蛇，巳上为朱雀，辰上为六合，卯上为勾辰等一直数到地分为止。

2. **凡乙日、己日起课：** 白天从子起贵神，顺时针旋转到地分；夜间从申上起贵神，逆时针数到地分。

3. **凡丙日、丁日起课：** 白天从亥上起贵神，顺时针数到地分；夜间从酉起贵神，逆时针数到地分。

4. **凡壬日、癸日起课：** 白天从巳上起贵神，逆时针数到地分；夜间从卯上起贵顺时针数到地分。

5. **凡逢辛日起课：** 白天从午上起贵神，逆时针数到地分；夜间从寅上起贵神顺时针数到地分。起贵神方法列图如下：

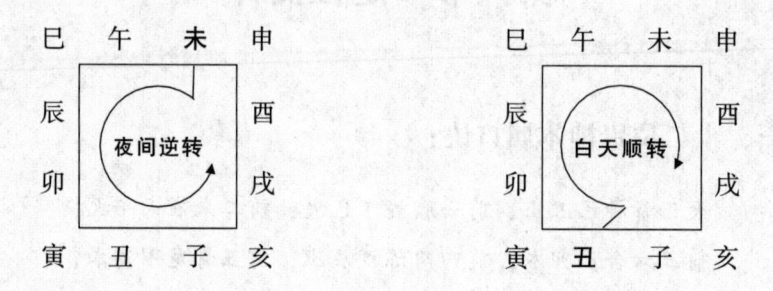

甲、戊、庚日图

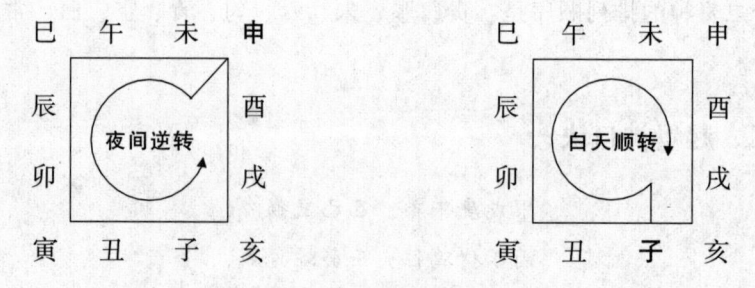

乙、己日图

丙、丁日图

壬、癸日图

辛 日图

注：关于白天和夜晚的分界线金口诀是以星出星落为界，星出为夜，星落为昼；若无星则夏以卯头酉尾，冬以卯尾酉头为分界线。

只有壬、癸、辛三日起课白天逆转，夜间顺转。其余各日都是白天顺转，夜间逆转。

例如：丁丑年、癸卯月、癸卯日、巳时，子位。

1. 以子为地分。

2. 卯月戌将加在巳上，即从巳上起戌将，顺时针数到子上为巳，将神是巳（太乙）。

3. 癸卯日其贵神为"壬癸蛇兔藏"，白天从蛇（巳）上起贵神，逆数至子位为"青龙"，把"青龙"写在地分子、月将巳的上方。

4. 写成课式如下：

  贵神 寅（青龙）

  将神 巳（太乙）

  地分 子

第七节 定位人元

一、起人元口诀：

　　　　甲己还是甲乙庚丙作初

　　　　丙辛起戊子丁壬庚子居

　　　　戊癸起壬子时元从子推

二、起人元方法：

人元是由当天的日干遁到地分上得来的，其方法如下：

1. 凡是甲日、己日起课：从子上起甲，顺时针旋转即是：甲子、乙丑、丙寅、丁卯、戊辰、己巳、庚午、辛未、壬申、癸酉、甲戌、乙亥。

2. 凡是乙日、庚日起课：从子上起丙，顺时针旋转即是：丙子、丁丑、戊寅、己卯、庚辰、辛巳、壬午、癸未、甲申、乙酉、丙戌、丁亥。

3. 凡是丙日、辛日起课：从子上起戊，顺时针旋转即是：戊子、己丑、庚寅、辛卯、壬辰、癸巳、甲午、乙未、丙申、丁酉、戊戌、己亥。

4. 凡是丁日、壬日起课：从子上起庚，顺时针旋转即是：庚子、辛丑、壬寅、癸卯、甲辰、乙巳、丙午、丁未、戊申、己酉、庚戌、辛亥。

5. 凡是戊日、癸日起课：从子上起壬，顺时针旋转即是：壬子、癸丑、甲寅、乙卯、丙辰、丁巳、戊午、己未、庚申、辛酉、壬戌、癸亥。

例如上式，丁丑年、癸卯月、癸卯日、巳时，子位。其人元应为：

癸卯日课式从壬子上起，故人元为壬，写在课式最上面。

　　　　人元　　壬

　　　　贵神　　寅（青龙）

　　　　将神　　巳（太乙）

　　　　地分　　子

第八节　定将神、贵神干

取将神、贵神干的口诀与取人元方法相同。如上式贵神青龙寅木，从子上起壬，数至贵神寅木，贵干为甲；将神巳火，从子上起壬，数至巳上，将干为丁。

人元：　壬
贵神：　甲寅
将神：　丁巳
地分：　子

例如：2005年5月13日20时，报数：1。
乙酉年、辛巳月、丁酉日、庚戌时，月将：申。

人元：　庚
贵神：　庚子（玄武）
将神：　庚戌（河魁）
地分：　子

1. 课内土旺，此工作性质与土有关。
2. 子水官爻死。
3. 此课内三金生用爻子水，说明在此有三位女孩喜欢你。

第九节　次客法

一、次客法口诀：

阳将后三前五，阴将前三后五。课遇次客，换将不换神，更以人元上重建起数到本位也。

二、换将法：

1. 凡用换将法，每月月将以子、寅、辰、午、申、戌为六阳将；逢之立课，遇次客者用后三前五，如子月将立课，又立课为后三酉月将，再立课为前五辰月将。

2. 凡用换将法，每月月将以丑、卯、巳、未、酉、亥为六阴将；逢之立课，遇次客者用前三后五，如丑月将立课，又立课为前三辰月将，再立课为后五申月将。

3. 课中只换将不换神，人元以行人元两遍遁之即可。

4. 后三前五，后三指阳月将的后三位所对应的地分，前五指由阳月将的后三位定出的地分再往前推五位，如子月将的后三位为酉，而此处的前五指的就是酉前第五位即寅。

5. 前三后五，前三指阳月将的前三位所对应的地分，后五指由阴月将的后三位定出的地分再往前推五位，如丑月将的前三位为辰，而此处的后五指的就是辰后第五位即亥。

例如：2005 年 5 月 4 日 12 时报数：6。

乙酉年、庚辰月、戊子日、戊午时，地分为巳。

(1) 辰月月将为酉为阴。

(2) 酉阴月将前三为子，后五为未；以子为月将加在午时上顺数至地分巳得到将神亥；以未为月将加在午时上顺数至地分巳得到将神午。

(3) 未阴月将前三为戌，后五为巳；以戌为月将加在午时上顺数至地分巳得到将神酉；以巳为月将加在午时上顺数至地分巳得到将神辰。

(4) 巳阴月将前三为申，后五为卯；以申为月将加在午时上顺数至地分巳得到将神未；以卯为月将加在午时上顺数至地分巳得到将神寅。

(5) 卯阴月将前三为午，后五为丑；以午为月将加在午时上顺数至地分巳得到将神巳；以丑为月将加在午时上顺数至地分巳得到将神子。

(6) 丑阴月将前三为辰，后五为亥；以辰为月将加在午时上顺数至地分已得到将神卯；以亥为月将加在午时上顺数至地分巳得到将神戌。

(7) 亥阴月将前三为寅，后五为酉；以寅为月将加在午时上顺数至地分巳得到将神丑；以酉为月将加在午时上顺数至地分巳得到将神申。

(8) 人元以再遁人元取之，以第一课人元丁上起庚子，数到巳为乙，为第二课人元；以第二课人元乙起丙子，数到巳为辛，为第三课人元；以第三课人元辛起戊子，数到巳为癸，为第四课人元；以第四课人元乙起丙子，数到巳为辛为第五课人元……余依次类推。见下表：

丁	乙	辛	癸	丁	乙	辛	癸	丁	乙	辛	癸	丁
丙辰(勾陈)	辰	辰	辰	辰	辰	辰	辰	辰	辰	辰	辰	辰
庚申(传送)	亥	午	酉	辰	未	寅	巳	子	卯	戌	丑	申
巳	巳	巳	巳	巳	巳	巳	巳	巳	巳	巳	巳	巳
课序	1	2	3	4	5	6	7	8	9	10	11	12

金口诀采用十二进制，与木星十二年绕太阳一周，每年有十二个月，每日有十二个时辰有关。金口诀用十二位地支代表十二属相，十二方位，十二年，十二月，十二时辰等。金口诀采用的是月、日、时关系，所以强调月将加正时，转至方位上，用其五行生克便知其吉凶祸福。

如以预测师为一个中心点，取来人与预测师的距离为半径，画一个圆圈，把圆分为十二等分，认定来人在某一格内，便可确定地分。如来于子位，以子为地分；当多人在同样地分时，可用次客法。就是说在一个时辰内，在同一个方位内，来十二个人问事，亦能占无不应，吉凶可得；到第十三位重复。列成公式为下：

1. 每一个时辰：12方位×12问事人=144课。
2. 十二个时辰：12时辰×144=1728课。

五天有六十个时辰，为一个循环，可用下式计算：1728课×5=8640课。可见大六壬金口诀信息广，精确度高，又使用简单。

三、移神法：

方法凡移神法，只换贵神不换月将，贵神以十二贵神依序取之，人元以行人元两遍之法取之，所以一时辰内同一地分可以立十二课，到第十三课则重复如初。

例如：2005年5月4日12时，报数：3。

乙酉年、庚辰月、戊子日、戊午时，地分为寅。

初课得贵神螣蛇，次课依序取朱雀、六合、勾陈、青龙、天空、白虎、太常、玄武、太阴、天后、贵神立成十二课如下。

甲	甲	丙	庚	戊	甲	丙	庚	戊	甲	丙	庚	戊
丁巳(螣蛇)	螣	朱	六	勾	青	空	白	常	玄	阴	后	贵
丁巳(太乙)	巳	巳	巳	巳	巳	巳	巳	巳	巳	巳	巳	巳
寅	寅	寅	寅	寅	寅	寅	寅	寅	寅	寅	寅	寅
课序	1	2	3	4	5	6	7	8	9	10	11	12

注：1课人元为甲，2课人元由1课甲之"甲己还是甲"，子位起甲数到地分寅，人元为丙；2课之人元为丙，由丙辛起戊子，由戊数到地分寅为庚……余依次类推，至第十三课重复。

四、换日辰法：

凡用换日辰法，以一课一日得贵神、人元，而地分、月将不变，日用十干，此法可用十课，至第十一课重复。

例如：2005年5月4日14时，报数：9，

乙酉年、庚辰月、戊子日、己未时，月将：酉。

1. 今日干支为戊子立课1，明日己丑立课2，庚寅日立课3，辛卯日立课4，壬辰日立课5，癸巳日立课6，甲午日立课7，乙未日立课8，丙申日立课9，丁酉日立课10，共十课。

2. 其中甲戊庚三日起贵神为（牛、羊），白天从牛（丑）上起贵神顺转，转到申为（白虎），在1、3、7课贵神位置写上申（白虎）。

3. 乙己鼠猴乡，日干为乙、己，白天从子上起贵神顺转，转到申为未（太常），在2，8两课贵神位置写上太常。

4. 丙丁猪鸡位，白天从亥上起贵神顺转，转到申为子（玄武），在9，10两课贵神位置写上玄武。

5. 六辛逢马虎，白天从午上起贵神，逆转，数到申为酉（太阴），在4课贵神位置写上太阴。

6. 壬癸蛇兔藏，白天从巳上起贵神逆转，数到申为子（玄武），在5，6两课贵神位置写上玄武。

人元以日干由五子元遁起得，甲己日人元起甲子，数到地分申为壬；乙庚日人元起丙子，数到地分申为甲；丙辛日人元起戊子，数到地分申为丙；丁壬日人元起庚子，数到地分申为戊；戊癸日人元起壬子，数到地分申为庚。

庚(申)	壬	甲	丙	戊	庚	壬	甲	丙	戊
庚申(白虎)	常	白	阴	玄	玄	白	常	玄	玄
壬戌(河魁)	戌	戌	戌	戌	戌	戌	戌	戌	戌
申	申	申	申	申	申	申	申	申	申
1	2	3	4	5	6	7	8	9	10
戊日	巳	庚	辛	壬	癸	甲	乙	丙	丁

五、用爻支合法：

凡六合取位法，以用爻的六合处取地分立课。

例如：2005年5月5日14时，报数：9。

乙酉年、辛巳月、己丑日、辛未时。

立课得到用爻为酉金，酉的六合为辰，以辰为地分另立一课，第2课用爻为巳，巳与申合，用申作地分立课列出第3课。

壬	戊	壬
辛未（太常）	戊辰（勾陈）	辛未（太常）
癸酉（从魁）	己巳（太冲）	癸酉（从魁）
申	辰	申
第1课	第2课	第3课

注：此课旨在说明用爻支合立课之方法，有时会出现重复现象亦在所难免，此时可选用其它方法立课，以扩大范围，并不一定非要用此种方式。

六、用爻干合法：

用爻干合法，取用爻的干合处，相对应的支作为地分立课，干取五合：甲己合，乙庚合，丙辛合，丁壬合，戊癸合。

2005年5月5日16时，报数：9。

乙酉年、辛巳月、己丑日、壬申时，月将：申，地分为申。

　　人元：壬

　　贵神：辛未（太常）

　　将神：壬申（传送）

　　地分：申

课内用爻为辛未，取用爻干的合处为地分立课，丙辛合，丙（午）为地分立课如下：

　　人元：庚

　　贵神：甲戌（天空）

　　将神：庚午（胜光）

　　地分：午

注：此节移神换将之法，只是一种变课的方法，旨在避免重复，因此在您进行预测之时若遇到重复的课，即可随心所想随意换课，而不必执着于定法。

291

第二章　金口诀解课程序

第一节　定课内阴阳

宇宙之大，万物之众，究其理、寻其根，本源不外乎阴阳。自然界万物都是阴阳的合成体。金口诀的基本原理是辨阴阳。金口诀的阴阳理论可解析自然界万事万物的因、性、量。因此将定课内阴阳列为解课程序的第一步。

例 2003 年 5 月 1 日 10 点 15 分，以卯为地分，起课如下：

1. 将公历时间 2003 年 5 月 1 日 10 点 15 分转化为干支：癸未年丙辰月甲戌日己巳时。

2. 丙辰月的月将为酉，以酉加在巳时向上转至卯位，得到小吉——未。

3. 甲戌日起贵神的口诀为"甲戊庚牛羊"，巳时为白天，起贵神从牛（丑）上起，顺转到地分卯位，得到朱雀——午。

4. 甲戌日取人元的口诀"甲己还是甲"，从子位起甲，顺数至卯位，得到丁。

5. 甲戌日取神干的口诀"甲己还是甲"，从子位起甲，顺数至午位，得到庚。

(6) 甲戌日取将干的口诀"甲己还是甲"，从子位起甲，顺数至未位，得到辛。

　　人元：丁
　　贵神：庚午（朱雀）
　　将神：辛未（小吉）
　　地分：卯

定课内阴阳：

1. 人元丁为阴，在其右边画一个"−"。
2. 贵神午为阳，在其右边画一个"+"。
3. 将神未为阴，在其右边画一个"−"。
4. 地分卯为阴，在其右边画一个"−"。

例如：

　　　丁　　　　−
　　庚午（朱雀）+
　　辛未（小吉）−
　　　卯　　　　−

注：

五阳干：甲、丙、戊、庚、壬。

五阴干：乙、丁、己、辛、癸。

六阳支：子、寅、辰、午、申、戌。

六阴支：丑、卯、巳、未、酉、亥。

第二节　定课内五行

　　自有人类以来，人们认识问题总是由简单到复杂认识；五行生克制化循环论是古人认识问题、分析问题的一种有效方法，事物的本源无非就是供与控的关系。五行的相生促进了自然界万物的相互滋养与发展，五行的相克实现了自然界万物的平衡与控制。五行的关系是被先哲们发现、总结，被史官纪录、传承，并在不断的认知过程中，感悟到天体大宇宙、人体小宇宙以及与阴阳五行循环理论的关系。这种关系符合了自然界万物生成、兴衰的自然过程。现代的金口诀已将阴阳、五行上升为立体思维结构，使解析自然界万事万物无所不应。

　　金口诀将五行列为解课程序的第二步：

例：2005年5月3日14时，报数：8。

乙酉年、庚辰月、丁亥日、丁未时。

　　　　丁
　　丁未（太常）
　　己酉（从魁）
　　　　未

定课内五行：

1. 人元丁为火，在其右边画一个"火"。
2. 贵神午为火，在其右边画一个"火"。
3. 将神未为土，在其右边画一个"土"。
4. 地分卯为木，在其右边写一个"木"。

例如：

　　　　丁　　　－火
　　庚午（朱雀）＋火
　　辛未（小吉）－土
　　　　卯　　　－木

注：

十天干五行：甲乙木，丙丁火，戊己土，庚辛金，壬癸水。

十二地支五行：亥子水，寅卯木，巳午火，申酉金，辰戌丑未土。

第三节　定课内用爻

自然界万物有发展的初始、中间、结束。金口诀的课式表达了万事万物的阴阳、五行关系，用爻是课式中将阴阳关系的定位标记。

定用爻口诀：

三阴一阳，以阳为用；

三阳一阴，以阴为用。

纯阳反阴，以神为用；

纯阴反阳，以将为用。

二阴二阳，以将为用。

例一：三阴一阳，以阳为用，主事在男。事物在向好的方向发展，前途光明，四位配合好，就无往而不胜。课例如下：

　　丁　　　－火

　　庚午（朱雀）＋火

　　辛未（小吉）－土

　　卯　　　－木

分析：此课三阴一阳，以神午为用爻，问事主男子，事件正向好的方向转化，或者论事情正趋向明朗化。

例二：三阳一阴，以阴为用。主事在女，事物正向反方向发展，前途不明，如不调整可能会一败涂地。课例如下：

　　甲　　　＋木

　　癸未（太常）－土

　　丙子（神后）＋水

　　申　　　＋金

分析：此课三阳一阴，以将未为用爻，问事主女子，事体往往不明朗，事情开始向不利的方向发展。

例三：二阴二阳，以将为用。事物发展趋势还不太明朗，问事男女、吉凶不定。看四位配合方可决断。课例如下：

　　丁　　　－火

　　丙辰（勾陈）＋土

　　庚申（传送）＋金

　　巳　　　－火

分析：课中以将申为用爻。此事吉凶未明。

例四：**纯阴反阳，以将为用，主事体由隐秘开始向公开化发展**。犹如种子破土而出，女子问事将由男子相助，反之亦然。事体开始向有利的方向发展，但做事不可操之过急。课例如下：

  乙　　　　－木
  癸酉（太阴）－金
  <u>乙丑（大吉）－土</u>
  亥　　　　－水

分析：四位纯阴，以将丑土为用。问事主即将冲破不利条件，若得年、月、日、时相助，事情必将向成功转化。但要等待时机，以静待动，不可过急。

例五：**纯阳反阴，以神为用**。四位纯阳，阳气过旺。旺极转衰，事体开始走向它的反面，正如处在山的顶峰，向下发展势在必然，故做事易速不易迟。课例如下：

  甲　　　　＋木
  <u>甲子（玄武）＋水</u>
  丙寅（功曹）＋木
  戌　　　　＋土

分析：此课四位纯阳，以贵神子为用，做事易速不易迟。自己现在正处于绝对优势，应好好把握机遇，不可错过。

总结：

课内用爻只能出现在神或将上，不可能出现在人元和地分上，因为人元与地分的属性永远一致，是阴都是阴，是阳都是阳。

课中的用爻受冲、克、破、刑、害、死、绝，求望、办事、求财、升官、官司、出行、远行、婚姻、交易等，主望成有变，成变败，吉冲克则凶，吉中隐凶；凶冲刑必吉，或凶中隐吉。

第四节　定课内用爻空亡

宇宙的形成虽然久远，但总有开始与结束。自然界的万物形成与此同理。但人与人，万物与万物之间通过所受到的宇宙能量影响是非均衡的。肯定有极强、极弱之分，有由强变弱、由弱变强的转化。自然界的万物都是由静态转向动态，当人们认识静态与动态关系时，总会有差比关系，形成了空缺。比如，人类生在太阳系以太阳为坐标，太阳相对于其他行星是静态的。木星绕太阳转，木星是动态的。静态中的太阳黑子大约十年一个周期，代号为天干。动态中的木星绕太阳约十二年一个周期，代号为地支。十天干的规律与十二地支的规律相比时出现了空缺，这种空缺即是预测学所说的空亡。空亡又分为旬中空亡与四大空亡。

一、定空亡口诀：

空亡：六甲不到日是也。入课占事，主虚假难成，闻喜不喜，闻忧不忧。

四大空亡：以甲子、甲午旬水绝。甲寅、甲申旬金绝。入课主求事不成，占病，凶。

二、定用爻空亡：

用爻空亡是由旬中空亡决定，旬空是由于十天干与十二地支相配时，余下两个地支无天干相配，这两个地支称为旬空，如丙子日立课，丙子日为甲戌旬，课内见申酉为旬空，清朝时已经总结出旬中空亡的口诀如下：

　　　　甲子旬中戌亥空，甲戌旬中申酉空，
　　　　甲申旬中午未空，甲午旬中辰巳空，
　　　　甲辰旬中寅卯空，甲寅旬中子丑空。

三、用爻空亡主事：

用爻空亡主无力，求课虚假事难成，
吉不吉来凶不凶，病讼无危失难寻。

凶神落空，逢凶不凶，吉神落空，喜信难逢，诸合落空，诸事难成，旺相落空，过旬才通，财官落空，进取无功，鬼贼落空，逢凶不凶，妻财落空，求婚不成。

四、四大空亡：

课中甲子、甲午旬中见水，为四大空亡：因在六十甲子纳音中，甲子、甲午旬中无水，所以见水为四大空亡。

课中甲寅、甲申旬中见金，为四大空亡：因在六十甲子纳音中，甲寅、甲申旬中无金，所以见金为四大空亡入课。

四大空亡主事：四大空亡入课在年、月、日、时及方位上，主求谋不就，望事吉凶不成，一切皆主不通。

课内用爻见冲、破、空亡、克刑者应寻天三奇，即甲戊庚、乙丙丁、壬癸辛，因三奇不受条件限制。

例一：2005年5月3日18时，报数：8。
乙酉年、庚辰月、丁亥日、己酉时，月将酉。

```
    丁        — 火
丁未 (太常)   — 土
丁未 (小吉)   — 土
    未        — 土
```

分析：
1. 丁亥日属于甲申旬，甲申旬午、未为旬中空亡。
2. 课内地分未土，将神未土，贵神未土为旬中空亡，主整体虚假不实。

例二：2005年5月3日18时，报数：9。
乙酉年、庚辰月、丁亥日、己酉时，月将酉。

　　　　戊　　　　＋土
　　　　庚子 (玄武) ＋水
　　　　戊申 (传送) ＋金
　　　　申　　　　＋金

分析：

1. 丁亥日属于甲申旬，甲申旬中见金为四大空亡。
2. 课内地分申金，将神申金为四大空亡，主事虚假不实。

总结：用爻空亡主事。

1. 整体虚假，此事不真实，有欺诈行为。
2. 问事人心中不实，非真心求问。
3. 此事本旬中不成，出旬有望。

注：出旬，如丙寅日为甲子旬，出旬即经过7天之后的甲戌日即为出旬。

课内用爻及各位落空主空想，空动、妄想，事情虚假，求谋不成，吉凶不定，旺相落空求望一半成，休囚死落空，求望进取无功，求谋不就，望而不成。有职无权，身兼多职，空有职权。求财劳而无功，内设骗局无任何收获，鬼贼落空虽凶不凶，发生失盗无损失，虽有大的惊恐，但无伤灾事，如测婚姻男方空，男无力；女方空，女无力。

第五节　定课内旺相休囚死

自然界万事万物都存在兴衰变化规律，预测学中用旺、相、休、囚、死描述事物的兴衰规律，借用阴阳、五行、旺、相、休、囚、死的关系与自然界万事万物的兴衰给以定量。特别是金口诀的四位课式借用了五行旺、相、休、囚、死的五进制关系。因此不仅可以知事物的成与败，更可以给出定量的答案。

判断旺爻的条件：

1. 不受克者为旺。

2. 克他爻者为旺。

3. 受生者为旺。

4. 多者为旺。

例一：不受克者为旺。

金 休	木 旺	金 死
木 相	火 相	木 休
水 旺	水 休	火 旺
火 死	土 死	土 相
(1)	(2)	(3)

在（1）中金受火克，木受金克，火受水克，只有水不受克，所以水旺；

在（2）中只有木不受克，木旺；

在（3）中火不受克，火旺。

在课中找到旺爻后，再看用爻是旺、相还是休、囚、死。

比如（1）中是水旺，那么木相，金休，火死。用爻若是将，为水，那么用爻就旺，用爻若是贵神为木，为相。

在（2）中木旺、火相、水休、土死、用爻若是神为火，就为相；用爻若是将为水，就是休。

在（3）中火旺，那么土相、木休、金死，用爻是神为木，为休，用爻若为将，为火，用爻就旺。

课内的旺、相、休、囚、死，应先定旺爻。旺生者为相，旺克者为死。生旺者为休，克旺者为囚。

例二：克他爻者为旺。

金 旺	木 相	土 死
木 死	火 死	火 相
水 相	水 旺	木 旺
水 相	水 旺	土 死
(1)	(2)	(3)

在这几个课例中，五行只现三行，就是说有一爻五行属性是重复的，这里有两爻不受克，于是我们根据判断旺爻条件克他爻者为旺。

(1) 中金、水都不受克，而金克木，在课中金行令，故可看作金旺。

(2) 中木、水都不受克，而水克火，水行令、水旺。

(3) 中木、火都不受克，木克土，木行令，故木旺，确定旺爻后，其他各爻的旺、相、休、囚、死便可知矣。

例三：受生者为旺。

金 旺	金 休	土 旺
木 死	水 旺	土 旺
金 旺	水 旺	火 休
木 死	金 休	火 休
(1)	(2)	(3)

在这几个课例中，五行只现两行，且各占两位，

课例 (1) 金旺、木死。根据受生者为旺可以得出 (2) 中水旺，(3) 中土旺。

例四：多者为旺。

金 旺	金 旺	水 旺
金 旺	金 旺	水 旺
金 旺	水 相	土 囚
木 死	金 旺	水 旺
(1)	(2)	(3)

301

这几个课例中，都是五行中的两行，所占比例是三比一的关系，这种情况如何判断旺相呢？（1）中我们根据判断旺衰条件1、2可以得出金旺，木死。在一行占绝对优势时，应以多者为旺判断。于是，我们得出（2）中的金旺，（3）中的水旺。

如四位为同类五行时，称为四位俱比。此课无所谓旺相，课叫蛰伏不动，无吉无凶。以五行本性情断之。大多不以吉论。

我们讨论了课式中旺、相、休、囚、死的各种状况，这里还要提出课例中需要特殊注意的情况。在例题2中的（1）与（3）还要提出讨论，（1）中金行令，但一金要克二木，又要生水，都耗金力，其力得不到补充。虽然一时旺只是暂时而已，只能以休旺论之，而水占两位又有金生，故而很快就旺。同理（3）中也是木虽行令，但一木克二土，又要生火，故木自身旺气耗散，又得不到补充，故也是一时称旺；故二土渐得气。本来二土已厚，又有火生之，土能脱死气，渐生旺。这种情况又符合多者为旺。故明五行生克制化之理还须活用才能做到准确判断旺衰无误。

各爻的旺相休囚死已定，那么我们就可看用爻处何种情况，如果处旺相地，则事情为吉、为有力、可成，反之处休死地则为凶、为败、为无力。

由此，根据四位阴阳可断事体吉凶成败的状况，根据旺、相、休、囚、死，可断事体的兴衰程度，并给出量化的结论。

总结：

1. 课内用爻旺相：课内用爻旺相主求谋可成，吉凶力强，数少而变多，财少而多得，逢吉更吉，逢凶更凶，旺极必制，如受制吉中隐凶、凶中隐吉、绝处逢生。凡休囚主吉凶无力，求望难成，大而变小，多而变少，强而变弱，求谋宜速。可借天时、地利、人和、人需补救。

2. 用爻受制：课中的用爻受冲、克、破、刑、害、死、绝，求望、办事、求财、升官、官司、出行、远行、婚姻、交易等，主望成有变，成变败，吉冲克则凶，吉中隐凶；凶冲刑必吉，或凶中隐吉。见四库必冲，不冲不动库不开，办事难成，谋望无力。行人不冲不动，近病受冲必愈，久病冲必死。

第六节　定课内四位五行主事

四位内五行生克取事，是古人在长期的实践经验中总结出来的，要学好预测学，四位五行生克取事是我们进入到高层次预测学的必由之路。

一、阴阳相生口诀

经曰：假令甲木、乙草、丙火、丁烟，甲阳木而燥，故能生丁烟。乙阴草能生阳火，阳产于阴，阴为母。阴产于阳，阳为父。若阳见阳，阴见阴，则是阴阳偏枯，造化危脆，似木胜而花繁状，密云而不雨。四维之寅申巳亥，四正之子午卯酉，于五行之相冲，于阴阳之不育。占此者顺中有隔，吉中有危。

二、五行生克

易曰：天地氤氲，万物化醇，男女媾精，万物化生。且如寅午戌、巳酉丑、申子辰、亥卯未之类，此为阴阳合而后能化生也。凡五行生我者为父母，阴生阳，阳生阴，德合配偶，化育生成，乃吉福万全之课。凡课之四位，上生下、下生上、内生外、外生内，或三位生一位，或一位生三位，及往来或相合相恩者，此发用之美端，谋为之吉兆。占干则成，望事则就。又曰：四位相生，万事吉昌。

凡课五行相生，虽内有白虎、朱雀兼劫煞、魁罡之类入占，而外虽有暴恶之形，皆入相生和气之中，则革面顺从，阻隔逢通，遇恶逢善也。殊不知克则为仇敌，生则为亲恩，如乘合时辰，为福愈厚。

三、五行数目

1. 五行纳音数：金木三六九、水土一五七、火主二四八，以其旺相休囚死取数。

2. 五行本数：水一，火二，木三，金四，土五。

四、五行所主

	金	木	水	火	土
天时	鸣	风	雨雪	晴	云
地理	道路	林野	河道	高山	平地
人事	凶恶	奢华	漂流	急性	淳厚
病源	肺	肝	肾	心	脾
颜色	白	绿	黑	红	黄

五、四位五行旺相所主

1. **课内土旺主事：**

课内土旺，主其人厚重，好行善事，好心肠，性格坚定，热心为别人，不服气别人。土也主高岗，家宅地理位置较高，家中多出孤寡。

2. **课内水旺主事：**

水主沉溺、冤仇、暗昧不明阴私事。问婚姻主有私情、邪淫、奸私。家多迁居，为徙流之客，工作多调动，无主见能力。但很聪明，因水有形无体，无孔不入，爱得小利，善变。

3. **课内木主事：**

木性之人很仁义，讲信用，爱交朋友，坚韧不拔。木休、囚、破、死时主家贫，有官司缠身，兄弟不和，婚姻不顺，无后代子孙，又无名无誉。本人不聚财，艰难贫困，缺少资产，四壁空空。逢水年、月、日、时家中发旺；逢土年、月、日、时有斗打官司；逢金年、月、日、时为破财伤灾，但旺相时可成栋梁之才；逢火年、月、日、时有干枯树木之说。占宅主家内有树木。

4. **课内火旺主事：**

课内火旺，主有盗贼谋害，或家有火灾、伤绝人口，外爻旺相主血光，发生在外地，或家有文书，官禄，教育，文艺之人，家有名利在外之人。火主高岗，主其家住在楼上，地基比他宅要高。若有木助火，主凶中更凶。火中见水凶中有吉，火能烧水用，就成了有用之火，所以先难后易。火见金，血肉伤残事。

5. 课内金旺主事：

金主不顺，因金是斗讼之神，主有官讼之事，金主军官，军人，刀、剑、枪、武术、高功夫、武官职、政法系统人员等。有血光则在外凶死，或边疆伤亡。火克金，主在十字路口附近住。

六、四位内三合全身

1. 申子辰合水局：

名润下课，主行移，争战，流动，邪淫之合。如人元见戊土为坏局，凡事望而有阻，如人元是壬水，为水局全；如人元是丙，则为官鬼动论之，人元是庚为相生。

2. 寅午戌合火局：

名炎上课，主文书，财帛，喜美之合。如人元是壬水为坏局，凡事望而不成。如人元是丙，则为火局全，如人元是庚，则为鬼动克身，或人元是甲为相生。

3. 亥卯未为木局：

名曲直课，主交易，婚姻之合。如人元是辛金为坏局，凡事望而有阻，如人元是乙，则为木局全，如人元是己，则为官鬼动论之，或人元是癸为相生。

4. 巳酉丑为金局：

名从革课，主阴阳淫滥，轻薄之合。如人元是丁火为坏局，凡事望而有间隔，如人元是辛酉，则金局全，如人元是乙，则为鬼动论之，或人元是己为相生。

注：凡合局忌坏局，所谓坏局，是指合局被破坏，聚而必散。望而不成，顺中有阻，办事努力难成，宜速不宜迟，宜动不宜静。

木局忌金，有金克不成合局。

火局忌水，有水克不成合局。

水局忌土，有土克不成合局。

土局忌木，有木克不成合局。

金局忌火，有火克不成合局。

七、四位五行生克所主

1. 四位五行相生主事：

(1) 在四位内，以人元生贵神，地分生月将，名叫合局相生，主家内富贵，也主内外和顺，求谋可得。

(2) 将生地分，主亲人分别远行，自身出外，财帛可求，子孙兴旺等。

(3) 若贵神生人元，主自己寻他人，访之必见，求之必得，地分生月将，婚姻可成，谋望有就，合欢喜庆。

(4) 人元生贵神，外人送物来，人求于我，求事合顺。

(5) 课内自上生下，主有外人进纳财物，添人进口，六亲俱来访问，有非常之喜。

(6) 课内自下重重生上，出外商途有喜，求财出行顺遂，万事吉利之象。

2. 四位五行相克主事：

(1) 假设人元克贵神，主外来谋害自己及官司外来，外人斗打门户。

(2) 贵神克人元，主自己谋害他人，或自己在外斗讼事，又主有官司，及官灾疾病，在外伤灾。

(3) 将与地分同克贵神，主卑犯尊，事从内出，出外损身，因财旺伤身，损官职等。

(4) 人元与贵神同克将神，主外来克内，损失财产，伤子孙小口及妻财，妇女，分散家庭，将为阳伤男子，将为阴伤妇女，地分阳伤男儿，地分阴伤女孩。

(5) 人元为客，客为姓，贵神为主，主为家长，课内取阴贵神是阴人家长主事，课内取阳贵神是男人家长主事，阴人主阴人家长长寿、伤男人。男人主家，男人长寿，先伤女人。

(6) 凡问胜败，取神克人元，主他败我胜，我强他弱；人元克贵神，客旺，他胜我负，他强我弱，他胜我败。

3. 四位五行生克共论吉凶：

(1) 上克下：为事从外入，官事由外引起。

(2) 下克上：为自己出外求财，志高远大。

(3) 上生下：他人想利用自己，有外亲来求。

(4) 下生上：自己求事于人，内求外办事。

(5) 如果课内的将神为阳，落在阴地分上，则求财问事是男人引起。

(6) 三上克下：主占家事，有外人来欺或外贼来盗窃家中财物。

(7) 三下克上：主有出门远行之象，在外谋生。

(8) 凡求财问事取课中用爻，若旺相，吉和凶的力量都很大；若用爻休囚死，吉和凶的力量都不大。

(9) 吉神若能克凶神，凶事将落空，虽凶不凶；若凶神能克吉神，吉事难成，虽吉不吉。

(10) 方来生将：钱财能聚守，因将是财爻，有生有助，主家内财旺。

(11) 将来伤方：有斗打官讼之事，将与方都为内爻，主家不和，斗打口舌，家中打架。

(12) 位来生客：主自己外寻他人或将物送予他人。亦主攀比亲人、领导。

(13) 方生天干：寻人有阻隔，因隔位相生。

(14) 干生地分：主外人来寻找自己，天干隔位相生，来访者必不通顺。

(15) 二下生上财兴隆。地分、将神财爻生贵神、人元主家内财库已满，财生于外。

(16) 二上生下子孙兴，外生内添人口，生子孙小口，进外财，外人带财物来。

(17) 凶神有克，忧患皆消除，吉神无伤，福庆繁昌。

(18) 人元受克，争讼理长，外弱内强，主休客旺，他长我短，主为我，客为外。

(19) 位强将弱，我忧他乐，课内以将为用爻，以将为用，地分为他，将克地分，我胜他败，我乐他忧。

(20) 地分克将，他胜我败，他乐我忧，地分为外爻，将为内爻。

凡课中四位，相生主吉，相克主凶，阴爻多阳爻少，主事在男子，阳爻多阴爻少，主事在女子。

4. 主客生克所主：

(1) 客来克主，是干来克神：主求事难成，必争而得之或损自己财物，虽有得，最后破产失掉。

(2) 神克干，主克客：主空手而还，虽努力求取，不能遂人满意，难成或不成，并且有斗讼事。当客休、囚、死且无外助时，通过努力可得。

(3) 人元与贵神相克谓之外战，应损失在外，因内部事引起的斗打、口舌是非、灾患伤残。

5. 上下相克所主：

(1) 课内自下克上，为内克于外，主其家搬运财物，里勾外连，也主家中有官司，刑狱伤财，或出外有伤残，向外索取。

(2) 课中自上克下，为外克于内，主其家官司外来，多有疾病，外来谋害家中人，或家宅不安，人口不宁，斗讼伤财，田宅有损失，见子午卯酉有冲克，主其家门户变更及伤门户事。

八、五行气化

甲己合化土，乙庚合化金，丙辛合化水，丁壬合化木，戊癸合化火。

凡课中惟不见土，若神将上遁得甲与己者，元气连化为土，当作用土射覆，则是土类，或物出于土中，事则以为土亦为有气，至土旺日时为应期。假令丁壬课得甲乙戊辰，以五子元遁至方位辰，人元是甲，且甲木下生巳火，火又生戊辰土，止见土初旺矣。又起神干见乙，将干见庚，则乙庚合而化金，金生于土，且以人元之甲木被金之伤，又当详论。占官用以鬼论之，凡占仕则吉，官事则凶，余皆以此为法推之，再加日辰月令用也。假令甲己见乙庚，乙庚见丙辛，丙辛见丁壬，丁壬见戊癸，戊癸见甲己，名曰受制不化，嫉合不化，非时不化，逢空不化，非其所不化。此系五行奥旨，不可不详。

第七节　定课内干支生克吉凶

口诀：
　　上克下兮从外入，下克上兮向外迁，
　　主克客兮来索物，客克主兮客空还，
　　四位相生百事吉，内有刑克忧纠缠。

一、上克下兮从外入，下克上兮向外迁

凡课内见上克下为外克内，占事发生在家，但由外方引起，有外来谋害，外盗窃家中财产，由外引来的官司，外人来乞索，凶在家内，家内贫穷、无官无贵，无文化，伤妻、流产、伤子孙后代，不出人才。

下克上为内克外，主家内人口在外升官，在外有官司，祖贫穷及祖上克弟少靠，孤独，在外常动，主其人有远大志向却不能得志。本人清高不服人，善于犯上，与领导关系不协调，虽有向外之心，但出外不顺，办事宜内不宜外，和内不和外，在家荣华富贵，在外事不顺心，劳而无功。

课中论五行生克，如地分克月将，月将克贵神，贵神克人元，叫自下克上，主事从内起，官司起家内，或家人谋害他人，内强外弱，内胜外败，民告官及出外有伤灾，将来死于外地。

人元克贵神，贵神克月将，月将克地分，叫自上克下，自外克内，主事从外来，或因外人、外因引起而损财产、家内伤灾、伤妻、损财、伤小口、亡六畜、毁田宅、被外人谋害家中财产。

二、主克客兮来索物，客克主兮客空还

凡求谋必须详主客，求事、求官以贵神为主，人元是客；以求财占之，人元为主，贵神为客。主怒客，主空手还之，客伤主外来取索。

凡有求索，观其主客，主客不和。求索难得及难成。争而可成，但先得后失。

客生主，外寻内，外助内，外财可得，外人将物送我，外人求我。

主生客内求外，自己将财物送他人，我助于他，内财外出，在外寻人必见，求人办事可成，谋望有就。

四、四位相生百事吉，内有刑克忧纠缠

1. 如课中相生求谋吉顺，内虽有凶神，朱雀、白虎、勾陈、螣蛇、天空，虽凶有相生之处，应处于合气之中，逢凶恶而内有善良、虽有生死之危险，但无妨，先凶后吉。见相生、相合者为亲恩。

2. 如课内相克主仇敌、破散分离，占者无吉。当吉神见冲、克、破、刑、害、绝、休、囚、死主不吉利，平常论之或吉中隐凶，先喜庆而后忧愁。克人元主官司动及伤祖父、食禄之神。克将主伤妻损财帛及伤损家中财物。克地分主伤小口、员工、民众，亦主胎伤、死亡之事，田宅斗打，饥饿不定。见凶神有生，凶中隐吉；凶神有克，凶中不凶。吉神有生，吉中更吉；吉神有克，吉中隐凶，主喜而不喜，喜而转忧，逢冲即变。

3. 四位内一位生三位、三位生一位，或自外生内，或自内生外，皆主一团和气，生为有财福恩泽。若一位克三位，三位克一位或自内克外，或自外克内，主斗讼官司，克为凶灾、为仇敌，天灾人祸，灾难由此而生。

4. 四位生克关系：

(1) 贵神克人元，求官利，若不求官为我旺他死，我制约他。主丢失心爱之物，出外求财不得，或主空还。

(2) 贵神受克，主损官中物或失官，因财失官，或病在心胸，或伤家长。客克主为外来索物之象。

(3) 将神受克，主伤妻损财，或在家内失财。

(4) 地分受克，主伤小口，损田宅，失器物或六畜。

(5) 贵神生人元，主外出寻人有喜美之事，寻人必见。

(6) 人元生贵神，主外生内，喜事外来，外人寻内。

(7) 贵神生将神，门户亲属相见，因官得财，或得官中财物。

(8) 将神生地分，主小口、田宅、六畜兴旺，母亲有义，子女成才。

(9) 地分生将神，婚姻喜美，子女孝顺或子女有名誉。

第八节　定课内干支所主事物

口诀之一

但取寅申为贵客，子午卯酉吃食言，
巳亥常为乞索物，小吉妇女酒食筵，
水土金火为窑灶，庚辛碓磨及门窗，
庚午改门并接屋，四孟相生有新房，
丙丁旺处人最恶，与姓相生子孙昌，
四位相刑主有克，上下相生福满堂，
上克下兮宅必下，下克上兮岭头庄。

1. 但取寅申为贵客：

(1) 凡课中的用爻旺相见寅为文官、文书、省地部级领导。见申为武官、军人、军官、军区司令、军委领导。休囚死为小官或无官、因官职伤身，最多是个副职。

(2) 见三奇、三合、六合、年、月、日、时合主兼官职，身有多种职权。

(3) 寅申如见冲、克、破、绝主被杀禄，一生无官并有官司纠纷。

2. 子午卯酉吃食言：

以月将加时，寻课内子午卯酉主吃食、果物及酒食之类。

3. 巳亥为乞索之物：

（1）见巳亥为乞索，爱生闷气，主妇女掌权，巳亥为小口旺相，家内有小口成才之人。

（2）上克下兮宅必下课内见巳亥用爻，主人身体的矮小，但精明能干。

4. 水土金火为窑灶：

见水土金火为窑灶及锅灶或砖瓦器之类，是水土见火加工而成形的物品，如水泥、石灰、瓷器之物等，各种土、水、金、火烧制而成的物品。

5. 庚辛碓磨及门窗：

课内取人元论，四位内旺相休囚死，知其有无，损伤或完整。

（1）人元见庚为碓，为门，为斜路、石柱。

（2）人元见辛为窗，为磨，为小路、斜路、石柱。

（3）如见火克金，主无此物，或损伤；旺相有此物，是完整物品。如刑冲，主此物变动地方及形状，或伤破。主家内有凶伤及车祸致命。血肉疮脓不离。又主肺病及气管炎。

（4）庚辛金见土：土多埋金，主家中人有病，有皮肤病、血肉之灾。

（5）庚辛金见木：金克木伤四肢，损肝胆，眼目有疾。

（6）庚辛金见水：主家内有非常之喜，家有美妇人及有阴私事在家。

6. 庚午改门并接屋：

（1）人元庚落于地分上，主其家改门和接屋。庚午六月胜光将，贵神是庚午与朱雀同论事，必是正南开门，因子午为正门。

（2）课内有二金主接屋。课内见庚辛为万物皆新。

（3）课内下克上，主家中石头有损，或石头立于门旁，主其家有凶伤，车祸伤人，被外殴打，左右邻居不和睦，被外欺侮而有官司缠身。

7. 四孟相生有新房：

课内见四孟寅、申、巳、亥为用爻且旺相时，壬寅、戊申、乙巳、辛亥可论相生，主其家有新盖房屋。庚辛旺相主万物皆新。见壬寅主家有大树一棵，见乙巳主其家屋在高处，并有过火灾，家内还有精神病人。见戊申其房盖在土坡旁，近大路或十字路口，家用旧石建房基，如见辛亥主其家靠坑沟附近或亥子位低陷，又主其家盖房万物皆新。

8. 丙丁旺处人最恶：

以求问宅而论，课内丙丁旺相，主高岗上住，也主其家人必狠戾也。水过旺，主沉溺淫欲，木过旺主不义，金过旺主不顺。

9. 与姓相生子孙昌：

课内用爻旺相又与本人的姓相生，主子孙昌盛。课内火旺相，取五音宫、商、角、徵、羽中的角音，角音是木，木生火，占宅有气，主家内富贵，子孙兴旺，买卖兴隆，家中万事如意，向外求望有救，办事能成。详解见本节注释。

10. 四位相刑主有克，上下相生福满堂：

（1）四位之内重重相克必主事不利，如问宅，见三下克上，主破了天窗，也主官事重重，多有头患，头目之人为最凶。三上克下，主屋舍必塌，又主破财，子孙必弱。三上克下更深层的含义是外界的重重制约与谋害，有灭顶之灾的压力。四位相刑，主有凶灾，

（2）上下相生福满堂，如两个公司合资，取各一个公司法人的名字总笔划被12除，得的余数取地分，取问事时间的年、月、日、时起课，然后，取每个课中的用爻，看两课用爻相生、相克、相合、相冲可以知合资项目的成败，或发展的趋势，知其是否有诚意，知其进退，做到有备无患。

11. 上克下兮宅必下，下克上兮岭头庄：

（1）上克下兮宅必下：如问家宅家事，遇上克下，主家宅低洼，家事不和，假设得课为地分辰，将神天罡辰土，贵神六合卯木，人元戊土。木克两头其家不和，更无祖父。为木克天罡，戊与辰皆一空，上克之，主兄弟分张，更木在中心，土在两头，大者主会争官事，小者要远离故乡。必主其家在东西方向住。

（2）下克上兮岭头庄：课内如见下克上其家宅必高，举例说明，课为地分巳，将神申，贵神勾陈辰土，人元为己，其庄在南山侧下，门西向，不然出门向西行，家中妇人争执吵闹。

（3）凡占宅四位内见火旺：主宅在高岗上，其宅与其姓相生有气，主大喜。如姓旺气在丙又克于下，主家内分张事。其家虽有旺气，家人必凶恶也。

（4）凡占宅四位内见土旺：主宅必重岗上住，其家必有坟墓，或近丘墓住，若土上见木，必主疾痛惨死之人。

（5）凡占宅四位内见木旺：有官事，其家主新居屋舍，必林木茂盛，兄弟不义，如木上见金，亦主斗讼，木上见水，主财帛之喜。木上见火，主家内生女子，如火上见火，主空中阴火患病。

（6）凡占宅四位内见金旺者：金为克刑之神，主其家斗讼，兄弟不义，当出军人，入庙出武贵，亦主人凶恶也，如旺金上见土神，主多般灾厄，比和合，主先凶后吉，金上见木，主伤六畜，见火大凶，又主官事，患病者愈凶，如金上见水，主大吉，若是玄武水，主作偷盗之人。

（7）凡占宅四位内见水旺：主出作贼人，其宅当近河，有水灾，出鬼貌子孙，亦常为贼侵害也，火在上主产难，在下夫妻不和，木在上有财帛之喜，见金亦喜，上见土不利产妇，或水气残病死也。

12. 取宅命断吉凶：

口诀：人命前五辰为宅，命后三辰为庄。

取宅命课，以本人属相论，如本人属兔为卯，取前五辰是申，申为宅命，后三辰是子位是庄命。

取命前五辰是申，申为地分立课，相生吉庆，相克凶灾，见冲破者百事不成。空亡事情必虚假。

课内见三下克人元，为破了天窗，主在外伤财，或盗劫财物。下克上又主头目疾病，四位内上克下主房屋必塌，家内伤财，失盗。子孙孤，或无子孙，伤残小口，其家内主有后妇。如二下克上，主官司伤尊长，伤主人，及官司由家内引起而发生于外。

二上克下主损财，小口不安，田宅有损，腿脚疼痛，下肢有伤残，此人走路八字形。下克上主高岗宅，其房盖后伤家长及官司斗讼事，在外与邻居斗打及争执。

上克下住宅处低下，其家搬进后损财，外贼所伤，家中多病灾。妇女有病，小口有伤，阴气太重，家人受外人欺压。

例一：十月将寅、甲子日，寅时，辰位，立课，看宅。

```
       戊        ＋土
   丁卯 (六合)   －木
   戊辰 (天罡)   ＋土
       辰        ＋土
```

（1）课内为一木克三土，木无力去克动三土，六合木为阴木，又是草木，无力克阳土，阴木自有损伤，取课内用爻是阴贵神，主阴人掌管家事，但阴人有灾病。

（2）课内土多反克六合，主宅在高岗之上，辰为岗岭之神，内见二辰土在高岗上住。

（3）人元见戊土，主家住在土坡附近。取人元戊与将地分辰结一家，木在中心克两头，土主家内有分张事，家有寡妇在堂，及孤儿或有出家之人，气功师、术数师、艺术师、僧道之人。

（4）贵神六合木克天干戊土主家无祖父及祖上贫寒，并有官司，家有在外经商之人，凶死在外，由于土加木主斗打、牢狱之灾。又主兄弟分张事，家不团结，斗打官司因田土而产生。由于辰为斗讼之神，又为田宅之神。

（5）以六合取卯位，主家在村庄西侧戌地住，取卯与戌合。

（6）课内一阴木不能克三土，可取辰代用，辰与酉合，门西开，并在村西头住，其家有小树一棵，取卯木为小树，辰土为水库，主树木旺盛，以六合为用，主家内有交易之人及经纪人，会计、教师、术数之人。

（7）其家卑犯尊，以辰害于卯，但子日刑卯，主无礼之刑，主外人寻欢作乐，无礼欺压，又取子刑卯，终生必养他人子，有义子、义女在家内。

例二：三月，甲子日，巳位问家庭。

　　　　己　　　　－土
　　戊辰（勾陈）　＋土
　　壬申（传送）　＋金
　　　　巳　　　　－火

（1）取课内地分巳火克将申金，又取巳与申合，主其家在南山脚下住，因巳午未申主南方。神辰土，人元己土主土坡岗上住。

（2）家中出一军人，因申见巳火军人辈，并家内有凶死在外之人，传送申用爻主奔走之神，地分克将主外出有损伤之人，在外失败，先失后得。

（3）取课内申子辰水局主其家在河边、坑边，水边附近住，有寡妇孤儿之人。

13. 五行总论：

课内见火旺：其家住高处，如与姓相生，家中有喜庆。姓旺，人元是丙克将金，主内有分张事，旺相克下主家内凶死恶伤。

课内见土旺：主家在高岗上住，其家必在坟地和近坟地而住。如土上见木，主家内疾病、痛疼、凶死残伤。

课内见木旺：主家内官司纠缠，新盖房屋，林木丛生，及兄弟不睦。木上见金主外来斗讼，木上见水主财帛之喜，木上见火家生女孩，木上见土主斗打官司，牢狱之灾。木上见火主家中阴人患病，伤残，火光伤人。

课内见金旺：主刑克，其家斗讼，兄弟不和，火主军人，在军从政，其家人凶伤。金上见土神，主多灾危。二土二金为比和，主先凶后吉。金见木，伤六畜。见火克金必要凶伤。又主官司，患病凶灾，伤残死之事。金上见水大吉，见玄武水主盗贼之人。

课内见水旺：出贼人，其家近河有水灾。家中出貌丑子孙。家内常为盗贼所侵。火在水下主妇女有产厄之灾，血光之惊恐。火在水上主夫妻不睦。水上见木主有财帛之大喜。必须课内见土，或土年、月、日、时克水可得，水上见金，大喜可成，水上见土不利产妇，或水灾伤人，服毒自杀，中毒，常吃药之人。

注释：自然界存有天籁之音。音是宇宙固有的。古人将其发现、总结后应用于生活的诸多方面，姓名学便是其中的一部分。

音是声的子系，声是各种有形物质、无形物质相互摩擦、振荡、共振和谐的产物，是能量的汇集。

音是波能量的汇聚。音有方向、角度、穿透力，音有吉凶、恩赐、制约等性质。音在自然界中有多种表现形式。音对不同的人与物有着不同的恩赐与伤害作用。音的本源是数，数是声之母，声是音之母，音是波之母，波是所有能量之母。名称的音波对人类及万物的影响是客观规律的一部分。各种名称的音波对人类及万物的恩赐与制约作用是不容忽视。

古代将音定为五种，即五音，配合五行分为宫、商、角、徵、羽。

(1) **五音的分类**：姓名学的原理是从宫、商、角、徵、羽五音发展而来的。不过，姓名学五音跟传统命理五音不尽相同，姓名学的五音比较注重口腔的发音，在五行分类上跟传统的也不一样。姓名学的分类以发音的部分为舌音、牙音、喉音、唇音、齿音，五行的分类也是根据这五种部位的发音。

(2) **五音的五行属性**：

角音——牙音，五行属木：g、k、h、zh、ch、sh、r；

徵音——舌音，五行属火：d、t、n、l；

宫音——喉音，五行属土：a、o、e、ai、ei、ao、ou、an、en、ang、eng、ing；

商音——齿音，五行属金：j、q、x、z、c、s、I；

羽音——唇音，五行属水：b、p、m、f、u、y。

(3) 多音节的五行判定：至于复音合成字的五行，除 I、u、y 三个字母，在拼音时，单独与属土的字结合，则以土论，如果合成音中还有其他的音结合，则以其他音的五行论。

(4) 五音宫、商、角、徵、羽的五行旺相：

春木旺火相土死金囚水休，在未，角姓忌。

夏火旺土相金死水囚木休，在戌，徵姓忌。

秋金旺水相木死火囚土休，在丑，商姓忌。

冬水旺木相火死土囚金休，在辰，羽姓忌。

四季土旺金相水死木囚火休，土墓在辰，宫姓忌。

(5) 五音姓氏属性：

角音：属木，舌音。

赵、周曹、孔、金、华、敬、廉、乐、和、萧、卢、裘、文、弘、国、高、索、乔、洪、崔、陆、家、焦、车、侯、荆、曲、岳。

复姓：钟离。

徵音：属火，齿音。

钱、李、郑、秦、唐、薛、蔡、连、曾、甄、丁、邓、翟、谭。

复姓：尉迟、司空、司马、司徒、诸葛。

宫音：属土，喉音。

孙、冯、魏、陶、范、彭、鲍、倪、熊、邱、闫、耿、仲、屠、鞠、游。

复姓：公孙、东方、仲孙、欧阳。

羽音：属久，唇音。

吴、许、吕、袁、孟、毛、穆、胡、霍、凌、楚、尉。

复姓：慕容、宇文、宗政、单于。

商音：属金，牙音。

王、蒋、韩、何、张、谢、葛、潘、柳、汤、贺、黄、姚、邵、汪、成、康、项、祝、阮、路、贾、江、骆、樊、柯、苏。

复姓：上官、令狐、鲜于、夏侯、轩辕、长孙。

口诀之二

甲乙为林单见树，见金枝损及皮伤，
丙丁旺处为高岭，庚辛旺处道路详，
戊己为坟看旺处，土为坟墓痛苦殃，
壬癸长河及沟涧，湾环曲折见刑伤。

1. 甲乙为林单见树，见金枝损及皮伤：

（1）甲乙在课内同时见为林，单见为树，课中人元甲乙见寅卯木主其有大树及很多树木。

（2）落入水位，主其家有菜园，或家中有花草树木。水边附近有大树，主其家富贵，财旺，外财可进。

（3）见金主其家树木有伤伐，阳木克枝，阴木伤皮。

（4）见土上无水主树木枯死，求财不得，干枯无生机，财路断绝。

（5）甲乙见火主其家树干焦，见水有救援，见金死伤。又木生火，木休，金克木，木死，求财损财，求事不成。

（6）阴金克阳木损伤，阳金克阴木损伐，金克土，见木主虚空。

（7）遁人元两遍，以人元上取之，如甲乙见辛，其树无枝无皮，见阳伤枝，见阴伤皮。

例如：人元是甲木，地分是午火，取人元甲木再遁，午上的人元变成庚金，巧遇庚人元冲克另一个甲木，见阳伤枝，其家有树无枝。

2. 丙丁旺处为高岭：

遁人元两遍，丙丁旺处有高岭、横岗之地，取十二支的地形，丙丁落亥子丑与巳午未其地东西长。关于岗岭的高低大小取丙丁的旺相休囚死论之。

（1）丙丁对冲见庚辛金：岗岭在路边附近，并是个交叉路口、十字路口，其路必斜。因庚辛为斜路。

（2）丙丁对冲见戊己土：主岗岭，在高岗之上住。

(3) 丙丁对冲见甲乙木：火旺相有气，主高山、岭岗之处。

(4) 丙丁对冲见壬癸水：主此地无高岭，但其地必是丘岭地带，有河沟、坑涧，神将见木主桥，有船。

(5) 丙丁临寅卯木位：主附近有山林，因火主高山，木主林野。丙丁临申酉金，主道路宽窄不一，弯曲不直。丙丁临辰戌丑未土或对冲戊己，主家近丘陵地、河堤、土坡上居住。丙丁临亥子水主不高，主水溺死人口，或有人投河死。

注：地理分布高低弯环：问人住处高低、弯环、曲直取生克定知，用爻水旺相主有河、沟、坑、涧，有克主水不多或河转弯处住。见申酉金主水与路交叉，见木必有桥或在桥附近住。

3. 庚辛旺处道路详：

(1) 庚辛落亥子丑位与巳午未位，主道路东西长。

(2) 庚辛落寅卯辰位与申酉戌位，主道路南北长。

(3) 又庚辛落申酉金为大路，别方位为小路。

(4) 落入申亥寅为叉路口，或丁字路口，十字路口，被巳午火与丙丁火克为应。

4. 戊己为坟看旺处：

(1) 课内人元戊己旺主坟墓及山墓。

(2) 若问因何而死：土旺，主肠胃病、食道、癌症、恶疮，并死于辰戌丑未年。金旺，主肺病、气管炎、及车伤致命、大肠病、呼吸道之病、烧伤、烫伤。课内水死主患肾病、膀胱、骨髓、骨折、生殖器官、妇科病、腰痛病而亡。

(3) 问死者穿何色衣服，取人元遁两遍，取纳音观其颜色，土黄、牙黄、素黄、土色、木青、兰灰、深灰、深蓝、金白色、乳白、葱白、大白、铝白、火红色、大红、血红、墨红、红、浅红、水黑色、黑灰色、紫黑色、青黑色。

320

（4）问人穿戴颜色取人元旺相论之，如人元被冲克空，休囚死为变色。

5. 土为坟墓痛苦殃：

（1）凡人元戊己落入寅卯木位，为木克土，主家中主人或祖父有痛苦死亡之人，还主家内有官司，牢狱之事。论坟墓主倒塌，坟内埋有凶伤残死，暴死临门之人。

（2）如贵神见青龙，六合木，将神见水主墓上有花草，树木，取相生则有此树花草，相克无此物。

6. 壬癸长河及沟涧：

（1）取人元遁两遍，见壬癸旺相主长河，内有大水。

（2）壬癸水被戊己土与辰戌未来冲克，不是河而是坑，沟涧或无水及少水，有路与河交叉。

（3）壬癸水见大吉（丑土）为小桥，河内有船及小船。

（4）壬癸水见申酉庚辛，在路与河的交叉处，并有水泥大桥或铁路过河。

（5）壬癸落巳午丙丁主河水伤人，投河死之人或投井死亡。壬癸水落寅卯木主河边、沟边有丛树及花草丛生。

（6）壬癸落亥子壬癸水主河内有大水及井内水特旺，有物无物取生克来定知。

7. 湾环曲折见刑伤：

课内有土克制，问水的流向，看课内有无克制，空亡，四大空亡即变。曲直宽窄可知。

例如：丁亥日得壬寅癸卯，其水向南流，前一位见甲辰、土克水主河水转弯丙午丁未水克火，河水向西转去，取癸卯遁后，得壬戌癸亥主河水向北入戌亥地。又取庚申辛酉主水的援兵，所以说，水自南入乾位，即壬戌癸亥位，如问道路方向同论。

8. 人出生环境：

取命前五辰，课内水旺主其家或人在水边，河沟坑边出生、井边及下水道边出生。其人一生飘流客，淫欲过重又主三个妻。

天乙贵神：主祠堂、庙，或家宅中有塑像。取每个贵神的支干合处为门户的道路，如勾陈贵神，辰与酉合为六合，酉即是宅主门户，冲破克不用，月将与地分的旺相合处。

腾蛇火神：为窑灶，或家中有窑灶，破物，出怪异之事，家中惊恐不断，常生口舌。官司、火光、残害、烫伤、血光、妇女轻薄、阴人淫乱。旺相主此，休囚死，冲克即变。火见水主洗衣机、空调、电冰箱、火见金电烤箱、电炉。

朱雀火神：为文书信息、书法、文凭、车马、忧惊，受克死于水中、烫伤、水火主冰箱，洗衣机、电水壶之类，金火为电焊、电工、电烤炉，巢穴，树下亡，马咬死。庚落于午火内主车伤致命。

旺火主家内火光，伤残，家中火灾，血光。有横财可得。因文字发生官司，签合同发生斗打。因朱雀是凶神，入课必有官司来。

六合木神：有克主交易不成，婚姻散失，暴死临门，车翻伤人，被盗车船、门户、财产、及外来斗打门户，旺相交易和合，婚姻喜美，求谋可成。

勾陈土神：主丘陵，高低不平，沟渠土堆，身有疮灾，胃病，旺主艺术、医药之人，有克冲，牢狱斗打之灾。

青龙木神：旺主枪刀，艺术，武艺美术之人。刑克主刀枪之伤，金属之伤，无官贵文学，旺主官禄为地、省、部级干部、大专、博士研究生、硕士生、高官爵禄。

天空土神：主庙宇，僧道，家中有心善之人，气功大师，术数师，拜佛之人，皈依之人，性格孤独及出家之人，如旺先贫而后富，遇斗打凶祸，安然无事，一生口舌多端，从事武术是一个武术大师。

白虎金神：主道路及刀剑，受刑克主凶死残伤。落辰戌丑未主孝服、丧孝之事。入火主家中有名人的刀剑，又主伤亡，外伤及家人边关之死，夭亡，道路车伤，损车，车翻伤人。

太常土神：主酒食，五谷，面食，糕点，吃食，物品，家有饮酒人或酒醉之人，又主妇女饮酒，刑克主有服毒人，常年吃药人，有生主外来赏赐。逢合主遇情人或外有私约，歌舞厅，送花及花布。

玄武水神：主家中有鬼神图像，或爱艺术之人，家内有名人名画，本人热爱书法，或是艺术家，军人，得过眼病，后天有眼疾，眼斜，其家近河住，其家多次被外贼伤财物，家有丑貌人以及本人作贼多次。

太阴金神：主洁静，阴私，暗隔，暗疾，高雅，音乐艺术，办事干脆，如冲克主有石磨、烂石及有眼疾之人，见火为伤灾，血光，见木有肝胆病，临本位无事，见寅卯主伤妻，临四季土主身灾危，生疮实，皮肤病、胃病。

天后水神：主池溏涧水泉，其家近河，家有奸盗邪淫之事及外贼伤财数次。腰痛，伤骨又出凶死亡人，寡妇孤儿，夫妇不能白头到老，一生有两三次婚姻。

口诀之三

大树死时家长死，水上来穿近涧旁，
贵神神祠并宅道，太阴碓磨共相连，
前一螣蛇为窑灶，朱雀巢窝梁上悬，
六合树木看生死，勾陈渠涧土堆滩，
青龙神树并枪刃，天后池塘涧水泉，
玄武鬼神并图书，太常酒食五谷昌，
白虎道路及刀剑，天空庙宇道僧仙，
此是孙膑真甲子，天地移来掌内观。

1. 大树死时家长死：

人是时空之产物，万物同理。个人、家庭的旺相兴衰与自然万物有着密不可分的紧密联系。生活中到处可见家庭、单位的花草、树木茂盛，这个家庭或单位也处于兴旺阶段，从风水学的角度讲此处的场能较好。如果家庭与单位甚至城市的草树枯死意味着败落之象。自然界的树木与人的富贵兴衰是同命相连的。

　　课内见木死，主家长死绝，其家财帛已破，受年、月、日、时克其家大树死，家长老翁死也。

　　2. 水上来穿近涧旁：
　　课内若见壬水旺相，主家附近有大河，休囚死为有小河、或河中无水。
　　课内若见癸水旺相，主家附近有小河，河内有水。休囚死时主无水。
　　壬癸亥子指代河流水沟等有水之地，若课内见之，多为在河流之旁居住。

　　3. 贵神神祠并宅道：
　　贵神丑指代祠堂、神台等物，也指代宅道。丑土入课可断有此类景象。

　　4. 太阴碓磨共相连：
　　太阴指辛酉金，辛酉金指代碓磨石之类，课内见之，可断环境中有此类物品。

　　5. 前一螣蛇为窑灶：
　　螣蛇指丁巳，丁巳火若再见土，指代窑灶焦土之地，若课内见之，可断此类环境。

　　6. 朱雀巢窝梁上悬：
　　朱雀指丙午火，朱雀也代指鸟雀，课内可见此环境内的树木有鸟巢。

　　7. 六合树木看生死：
　　六合为乙卯木，在课内旺相指树木茂盛，休囚死主树木枯死。

8. 勾陈渠涧土堆滩：

勾陈指戊辰土，若课内见辰土，占环境时指有渠涧土堆滩。

9. 青龙神树并枪刃：

青龙指代甲寅木，甲寅木为大树，也指枪刃之类，课内见之可断有大树与枪刃。

10. 天后池塘涧水泉：

天后指癸亥水，课内见之，可断宅外环境的池塘涧沟之类。

11. 玄武鬼神并图书：

玄武指代壬子水，玄武指鬼神图书类，课内见玄武可断有贼盗事，家有神像、图书。

12. 太常酒食五谷昌：

太常指代己未土，未土指代酒食与五谷类，课内见之主有酒食类与五谷类。

13. 白虎道路及刀剑：

白虎指代庚申，白虎代指道路，庚申又代指金属刀剑类，课内见之主有此类道路与刀剑。

14. 天空庙宇道僧仙：

天空代指戊戌，庙宇、医药、僧仙类，课内见之主有庙宇、医药和僧仙类。

15. 此是孙膑真甲子，天地移来掌内观：

孙膑始祖深晓人与自然的关系，知道了自然界与人的富贵兴衰是如何相连的。以上的介绍充分展示了人类生活的内外环境与天干地支五行生克的连带关系。且将金口诀的课式计算方式排于掌中。天地之理掌内可观。其简令金口诀流芳。其玄展金口诀之妙。

第九节　定课内神将所主事物

1. 贵神、大吉丑土：属徵音姓、星斗牛、官贵、贵人、尊长、主席、总理、省长、专员、部级领导、厂长、书记、家长、珍重、器物、珍珠、锁、轮、喜庆、鞋、首饰、墙、筐、牛、羊、风、雨、神佛像、冤仇、诅咒、坟墓、头秃、眼病、脚气、桑田、田园桥、土桥、升官、得财、忧愁、远离、囚禁牢狱、僧尼、忠厚、热心肠。休：主人无力多病，多灾，家有死丧事有凶。囚：主人有囚禁官司牢狱之灾，脸形圆、方、肤色黄白。旺个子高、肥大，休囚死个小而瘦。走路外八字形，婚姻阻隔不通，冲克分居，分散，分割，婚姻反复无常，逢见太岁见人君大臣中央领导，冲破空即变。

2. 螣蛇、太乙巳火旺相吉：属角音姓、星翼轸、惊恐、取索、书信、斑点、台炉、火光、门户、毁骂、釜鸣、轻狂女人、暗火、蛇、蚓、蝉、飞虫、乞丐、花果、砖瓦、文字、盒、瓷器、文章、喜美、公信、财物、酒食、嫁娶、小儿、阴人、眼泪、怪忧、灾残；疾病，外忧斗讼，内忧官司，狱讼，文状。下生上，惊恐在前，手足斗打不完，见血光事，休：主多灾，忧病。死，主伤死，凶伤，囚，主官司牢狱。

3. 朱雀与胜光午火旺相吉：名利，官禄，权柄，词讼，果食，窑灶，道路，城门，口舌，山河，骑马人，开车人，家内有车，妇女文书，飞鸟，飞机，卫星，导弹，楼房，宫室，火炬，信息，血光，锦旗，霞雷，衣架，书画，冒昧，红色，官用物，僧佛，勒令，庆会，中央省地县、厂领导，官讼，奸诈，损财疾病，灾厄。水灾，投井河伤人，怪忧惊恐，头部，论物在头上，响彻云霄声，录音机，唱机，电视机，字画，红桌实，灯笼，红枣及各种红色食物。

4. 六合与太冲卯木：属羽音姓、星氏房心、木勺、树林、著作、男女、草木、兄弟、船车、街道、雷动、地震、旗竿、香盒、阿姑、家母、竹木门户、门朝乐、婚姻、求财、交易、取售、成合；阴私、喜美、庆会、官贵、媒人、小儿。见水、有不明事、女子损财、过失、产事、面缸、盗、贼、慈母、丧亡、盗徒、动物、争斗、伤损、财帛、梳子、门窗、桥、杆、草堆、小树、抚养他人儿女。

5. 勾陈与天罡辰土：属商音姓、星角亢、麦地、岗岭、寺院、道观、丑妇、碾碓、瓷器、僧道、寡妇、技术、艺术及艺术家、书法家、高官、土堆、斗讼、争讼、流血、屠宰、凶恶、杀伐、血腥、坚硬、玉尺、田园、皮毛、缸、瓮、瓷、破皮、灰盒、搪瓷、甘味、坟墓、官职、印信、权利、田宅、官灾病患、田土文状勾连、走失及两重官司。见木、则口舌亡身、无衣禄一身贫。媒妇；鱼龙、争斗之徒、麻布、涧泉、陵墓、恶疮、癌死、胃病、孤儿；后妇、养生气功师、术数师。

6. 青龙与功曹寅木：属徵音姓、星箕尾、宝刀、宝剑、枪弹香炉、神像、四角、山林、丞相、夫婿、道土、贵人、细美、人君、尊长、家长、厂长、老总、大款、地省、部中央机关领导。见太岁、月建主首领、主席、总理、部长、文书、火光、火炉、财物、喜庆、贵客、酒食、信息、虎豹、猫儿、桥梁、神术、织布机、官职、织袋机、打绳机、草绳机、各种木器家具、棺材、公堂口愿、财帛、车船、园林、喜庆、公信、酒食、婚姻财金、哭疾病、损失、鬼怪、私情。法院、公安处、老树、老翁、因争外财发生官司、追取、笔物、医药、勇猛、眼病、肝胆病、伤四肢、家中大树伐时家长有大灾难。

7. 天空、河魁戌土：属商音姓、星奎娄、五谷、瓷盆、砖瓦、僧道、善人、下贱诈伪、欺凌、有失、牢狱、锁物、数珠、枷索、镣铐、紧系、瓦器、驴、犬、孤寒、朝服、葫芦、狱吏、坟墓、天罗、寺观、岗岭、徒儿、陆地、骗诈不实、奴仆、官、小人、闹市、见土主不明之事、六畜、死尸。旺，先贫而后富，佛道之人好行善，常要与人结方便，结交便交自己心，为人到老终无怨，戌土性暴心善良，平生做事自主张。

8. 白虎、传送申金：属徵音姓、星嘴参、仙堂、庙堂、道路、礁子、碾磨、刀剑、定期、坚硬、官贵、贵客、官禄、军官。可据旺、相、休、囚、死而论。产乳、田猎、经文、羽毛、钢铁、猿猴、姜、蒜、祠庙、声音、行人远近、狮子、湖、池、绢帛、逃亡、大麦、匣像、疾病、死丧、军徒、凶恶人、兵器、石头、金银、纸、布、斜路、大路、动用、印信、孝服、哭泣、怪异、灾害、白光、军兵逃移、丧亡、官临门、家中有凶伤人在外。边疆夭折。惨死之人、死尸、车祸而死及伤亡人。流移丧失，女子奔随奸夫、行程书信。

9. 太常、小吉未土：属徵音姓、星井鬼、妇女、宴会、庭院、墙垣、女人衣、酒、食、印信、药饵、父母、牛羊、甘泉、甘味、跑龙套、白头翁、酒舍、寡妇、巫师、井灶、食物、黄色、坟墓、放羊人、茶房、歌手、幡子、笛、道人、冠带、远行、财物、官职、官禄、酒菜、买卖、婚姻和合交易、宴会赏赐、孝服。

逢克及劫煞：主服毒，损财两三次，呕吐，见血光，孝服，口愿，祭祀，医药工作者，药物之类，及常吃药之人。

10. 玄武，神后子水：属角音姓、星室壁、河泉、水池、井、沟渠及地井、盗贼及位于水边、文墨、石灰、木匙、图书、后官、妇女、淫夫、布泉、鼠、燕、蝠、水中物、大豆、乳妇、衣服、珠玉、聪明、胎产、泻痢、索子、赏赐阴人、喜美宴会、暗昧婚姻、奸淫妇女、帐幕、不明之事、走失奴婢，脏腑，师婆，奸诈，私阴，失望，小儿，僧尼，妇女奸私淫乱及水溺，水灾，肾病，尿膀胱病，妇科病及妇女腰病，腿跛，四肢麻木。

11. 天后，登明亥水：属宫音姓、星女虚危、插花，帐帏，盗贼，亡失，取宜，小儿，牢狱，赶猪人，醉人，厕坑，伞笠，捕头，鬼神，书阁，毛发，管轮，笔墨，观院，江河，楼台，仓房，麻布，丝绢，干渴，贵，贱，财物。登明，阴谋奸盗生，亡失死丧，伤财，眼斜，路亡恶死，阴人有病，肢脚疼痛。因猪走失致讼，渡河有水灾，吉主征召文书。

12. 太阴，从魁酉金：属羽音姓、星嘴昂毕、金石，金银首饰，钗钏，珍珠，铜器，碓磨，门锁，手表，刀剑，石柱，刀鞘，石头，白塔，石佛；果食，外亲，婢妾，妇女，口窍，相貌，阴贵人，子卷，耳门，皮毛，爪骨，鸽雉，纸，线，卖酒人，阴人财物，绵缎，钱物，阴私暗昧及夫妻分散事。如见丙火丁克，主逃亡奴婢，金银财物伤损事。眼病，忧闷，瘆疾；破磨、烂石、太阴石头必有眼若搬动后能逢凶化吉。

附"四位所属表"、"地支类象表"、"五行归类表"、如下：

四位所属表

人元	祖	君	天	上级	客	外之外	头
贵神	父母	臣	人	官禄	主	外之内	胸
将神	己身	妻、亲戚	家	财		内之内	腹
地分	子孙	奴仆	地	田宅、六畜、车辆		内之外	腿足

地支类象表

	人物	地理	脏腑	器物	动物	屋宇	宅内
子	丫鬟妇女	湖海池塘	膀胱	胭脂簪环	鼠燕蝙蝠	后宫、后殿内房、内室	盏瓶笼匣
丑	牧筑耕夫	园圃田坟	脾	帽子腰带	牛象	圣殿、神祠官署、宦地	柜斛斗
寅	隐樵书吏	山林桥梁	胆	桌子椅子	狮虎豹	客馆、山房草房、茅舍	火炉
卯	船户车夫	林木舟车	肝	家具木器	兔狐狸驴骡	行室、雷庙船行、木厂	床
辰	鱼翁禁子	茔墓山岭	胃	量器筛网	龙鱼虾鳖	龙庙、星宫天牢、帅府	盆瓮薄房
巳	炉灶窑工	炉冶窑灶	心	炉扇弓弩	蛇蟒蝈蝉	方店、炉店炕房、厨房	厨灶铛铫
午	马夫蚕妇	市道旌旗	小肠	书画旌旗	马鹿獐	大堂、马厩命馆、书斋	衣架笼皮
未		村寨井泉	胃	餐具布匹	羊雁	酒店、茶房典当、仓库	中庭筐院
申	铺兵驿站	驿铺石经	大肠	碾磨石头	猴子猩猩	碾坊、磨房递铺、旅店	神祠佛堂
酉	卑妾娼妓	岗城街巷	肺	金银珠宝	鸡鸭鹅鹌鹑	金银、珠宝铜锡、铁铺	镜子刀剑
戌	军丁奴仆	田垄营丘	脾	盔甲印章	狗狼獾	佛堂、禅房营房、牢房	瓮粮食
亥	道士医伶	江河港涧	肾	图画雨具	猪熊	道观、仙宫戏院、楼阁	灯台账布

五行归类表

五行	木	火	土	金	水
方位	东	南	中	西	北
天干	甲乙	丙丁	戊己	庚辛	壬癸
地支	寅卯	巳午	辰戌、丑未	申酉	子亥
四季	春	夏	长夏	秋	冬
五形	矩形	尖形	方形	圆形	波形
五色	青	赤	黄	白	黑
五味	酸	苦	甘	辛	咸
五志	怒	喜	思	忧	恐
五智	仁	礼	信	义	智
五脏	肝	心	脾	肺	肾
五腑	胆	小肠	胃	大肠	膀胱
五官	目	舌	唇	鼻	耳
五体	筋	脉	肉	皮毛	骨
五魄	魂	神	意	魄	精
五气	风	暑	湿	燥	寒
五化	生	长	化	收	藏
五温	温	热	自然	凉	寒
六神	青龙	朱雀	勾陈、螣蛇	白虎	玄武

此乃金口诀四位代表的分类及事物结构，由此可知天、地、人、上、中、下，老幼之分，结合阴阳五行生克，即可知一课之中克在何处，伤在哪里，谁人受制，谁人受生得助，由此更可明了一个国家、一个家庭、一个人、一件事、一个物品的旺相休囚死及其之间的吉凶、祸福关系。

第十节　定课内五动

一课起出，观其阴阳，识其趋势；察其生克，判出旺相；找出空亡，核出年、月、日时影响，已解开课体，能给人做事提出指导性建议。

金口诀开篇曰："凡占课入式歌言其大象，五动爻观其大意"，"五动为发用之门，不识五动不知发用之门"。五动决定了一件事情的性质，故在金口诀解断中起着相当重要的作用。下面对五动断课在课例中加以注解和使用。

五动关系表示如下：

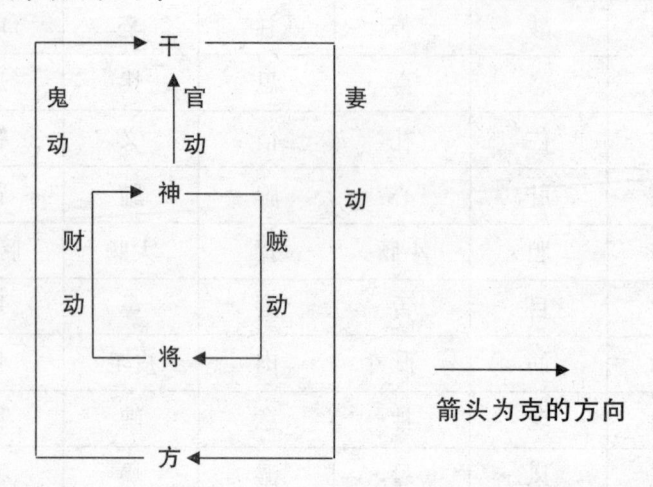

```
         ┌──→ 干 ──┐
         │   官    │
    鬼动 │   动    │ 妻动
         │         │
         │   神 ←──┤
    财动 │         │ 贼动
         │         │
         │   将    │
         └── 方 ←──┘
```

箭头为克的方向

一、干克方为妻动

妻动于妻妾：干克方，问婚姻主有不成之象，男方有意见，即使有成，婚后亦有外遇。

官财防损折：干克方问求购不成，因地分是财爻，并有失田宅，伤六畜、伤小口之说。

占人人在家，访人人不悦：因外隔位克下，寻人主在家，但却不愉快或不愿接待来人。

外边来取索，卑下防口舌：外克内，外干预内，外来口舌，外来骗财，外来争物。

论物多翻正，下旁或有缺：射覆应是以反为正，下边受克底部有伤或有缺陷。

例如：壬申年、戊申月、辛亥日、甲午时，亥位。

  己　　　　 －土
  丙申 (白虎)　+金
  <u>戊戌 (河魁)</u>　+土
  亥　　　　 －水

1. 此课二阴二阳，以将戊戌为用，干己克方亥构成妻动之局。我们仅对此课妻动局即干克方加以断课分析。

2. 此课妻动，问婚姻主不成之象，因为干为男方，方（即地分）为女方。无论男女问婚姻干都主男，方都主女。干与方相克不合。主男方对此婚姻有意见，或对女方不满，即便能成，婚后难以幸福，易有外遇。

3. 此课问官问财都不利。因地分代表田宅、家财、不动产等，受干克害。干又代表外来力量，被外侵害，故不利也。问求购不成，主原有财产又受损失，家中六畜死伤等。地分又主内部、小孩、员工或保姆等，受外来克害，故主小孩、保姆、员工有病灾。上克下，又主官府来察，可引出内部的财务问题。

4. 问拜访人是否在家，妻动以在家论。因上克下，被限制在家，对方正心有不快，正生气，不愿接待来访者，现在去很难办成事。

5. 外克内，上克下亦可断外干预内，外来口舌，外来争物。所以这些麻烦不是你主动引起的，而是有人来寻衅。

6. 此课若是射覆。物体应是上下颠倒了，以反为正了。比如书本是面向下放着，茶杯是倒扣着的等，此物下部应有缺残，或有损伤。

二、神克干为官动

官动利求官，相逢禄位迁：神克干为主旺、客死，官旺而动，求官顺利,见天马、驿马主升迁事,不见天马、驿马就地升迁或只升不动,求官大吉大利。

课内贵神旺相,主高官厚禄及升高官,休囚死虽然官动不能升官或就地不升官。

凡官动逢太岁、月建、日建、时建、贵神、青龙、朱雀、白虎、鬼动宜速升,方生干主父母动,又主印绶,有职权及官职。

如官动逢冲,帮助别人打官司或虚假官职。

常人公府事,有官望财难:一般人问事见官动,主本家人有在官府上班或家中官司纠缠,官动求财不利,财动损官。

合得官中物,休从外处干:神克干事在自己不宜外求,神克干求财求谋不成,空手还之,所以不必外求。

得财防暗损:神克干,财必防密失,求财损力,克外有走失之理。

问病在喉咽:因人元是头部,受克主头痛、头晕,头部有伤灾及疤痕。

例如:戊寅年丙辰月庚子日癸未时,申位。

　　　　甲　　　　+木
　　　甲申(白虎) +金
　　　丙戌(河魁) +土
　　　　申　　　　+金

1. 此课纯阳反阴,以甲申为用,课内神申金克干甲木为官动,官动主求官之事顺利,贵神为官爻,官爻为旺,又克外,主有能力,四位之内配合好,就能顺遂,课内见天马驿马主升迁之事。不见二马,一般是就地升职,只升不动。官爻在课内不受克损,此求官大吉大利也。

2. 又见官爻在课内为旺,主能升高官或本来官职就不低,若休囚死,官职不高,或有职无权,或退居二线。官动逢太岁,比如此课太岁为戊寅,而贵神恰好也为戊寅,戊寅叫逢太岁,指官职显要,有职有权。逢月建,日建,时建者都为官职不俗,能使权行令的人物。官爻逢贵神丑土。青龙寅木,朱雀午火,白虎申金,都是官职不俗,逢鬼动升迁更快,本课正好又逢鬼动,所以可断,很快就要走马上任了。

3. 但官动怕冲，比如本课官爻申受寅冲，为太岁冲克，故不利，指虚假官职，或指帮别人打官司。因此，官爻怕年、月、日、时冲克或其他二位冲克。

4. 一般人问事逢官动，则可能牵涉官司事，或本家亲友有官动现象。

5. 官动不易问求财，求财多不利，当然这也要看财爻旺相与否，一般来说不利于求财，若有求财事不宜外求。外求多空手还之。在得财的情况下，也要防止无缘无故的损失。

6. 此课问病主喉咽部有毛病。喉炎咽炎。也主头部有毛病。头痛、头晕、头部有伤疤。

三、将克神为财动

财动利求财：内克外，出外努力求财可得，又主想求财必自己动手，并有出外求财的想法。

占官定不谐：外受克求官不利，反因财损失职权，其本人一生财旺，因将是妻妾，主妻美丽及娶妻后发家，又主外情有动及有外遇。

家中人出外：内爻克外，主家中有出外之人，在外发财，出行顺中有阻。

妻妾并身灾：将克神，神为家长、主人，神受克主家长或己身有大病、伤灾、天灾人祸。

疾病忧难痊：神受克病在心胸无药可给，主忧愁在身，神属火主心脏病，木主肝胆病，土主脾胃病，水主肾脏病。

内克外，求财必有喜事，或路途见喜，出外之方有吉神，财神，庆会，结婚等喜庆事。

财物终有损：以贵神为物体形态，受将克主物损伤，原有此物，现已变更了地方。

职位恐多乖：官爻受克，与官爻不利及情妇纠缠损失官职，官职变动，有职无权。

例如：乙亥年、庚辰月、庚午日、癸未时，午位。

壬　　　　　+水

戊寅 (青龙) +木

甲申 (白虎) +金

午　　　　　+火

1. 此课纯阳之课，事体已发展到高峰。开始转衰。纯阳反阴。主事在女子，或由女人主导此事。或是因女人事而起。事情外明内暗。利外不利内，易速不易迟，此事应尽快解决。

2. 纯阳反阴，以神戊寅为用。取不受克者为旺，水旺、木相、金休、火死，故用爻为旺相。主事还算有利。问财还有，能得，因财动利求财。问婚姻可成，凡问事以吉言之。

3. 以日辰庚午言之，在甲子旬中，戌亥为旬空，水为四大空亡。故此课中壬水为空，壬为旺。故最近不易行动，行动结果也不大。此课有不实之象，不要轻易相信别人的花言巧语，以免上当。

4. 从季节来看。时令三月辰月，春天将过：木尚有余气，说明前段时间，问课人据有主动权，现在应抓住机会。

5. 财爻克上克外，主在外得财、主出外求财。如果月将即财爻旺相求财顺遂，数目较大，如休囚则求财不顺，数目较小。本课为休，故主求财无力。

6. 财动问官主不利。因贵神即官爻受克，且有因财损官之虞。或因贪污或账目不清之事。故问官不祥。本课因官爻处旺相之地，故问官为用财买官，因财伤官。如财爻无力克动官爻、故官职尚稳，若财爻旺相，官爻休死，则不利也，又主情妇纠缠损失官职，官职变动有职无权。

7. 财动问婚姻，主本人一生财旺，妻妾贤慧美丽或娶妻后发家。又主外情有染。或有情人出现或是好女持家。本课财爻休囚，无力，故主得财不多，老婆较贤。若旺相，则老婆美丽且有能力，在家主事。

8. 财动问病，贵神休囚死主家长、当权者病较重，反之则轻。如本课可以轻断。若问身体部位，贵神受克于心胸之间。再以五行配贵神主病的器官。贵神为火主心、小肠有病，木主肝胆病，土主肠胃病。金主肺、大肠。水主肾、膀胱等处有病。

9. 若是射覆，则此物要受到损伤，此物已更变了原来的位置。

四、神克将为贼动

贼动内贼生：财爻为将，主家内财物及妻子、财产被盗贼偷窃，又主家内搬运财物，里勾外连，将财物盗去，或家中有后妇人，妇人有伤，有疾病伤灾之事，此物被盗为亲人和朋友作的内线。

勾连诈不明：外克内主外勾内连，空诈不明，亲人作手脚盗去妇人的财物及家内财物。将受克主肚腹有病灾，如妇科病、肾病。

谋望必无成：神将相合者求谋可成，相生万事如意，冲克刑破主六亲不和，斗打官司临门，外欺自己，左右邻居不和及斗讼事。

加媾奸私意：将是妻妾，受克主在外有奸私，外人勾引及暧昧不明事。

偷攘宛转名：偷抢转移，将受克主财产有损失及抢砸，妻妾生淫欲之心，家有不明之财及家中有暧昧不明之事，主妇女不能持家。

卦爻终暗昧，病恐亦非轻：将受克定有暧昧不明之事，若是问病主病不轻，主妻妾有病，病情由轻转重。

例如：癸酉年、丙辰月、庚申日、甲申时，午位。

    壬   +水
  戊寅 (青龙) +木
  癸未 (小吉) －土
    午   +火

此课三阳一阴，以将癸未为用，被贵神寅克。因将主财爻，故主财产被盗窃。将又主妻子，故妻子有病灾，或有偷情，被强暴事。

1. 问求财，必不成，且原有财被损、被人骗去或盗去财物。

2. 问失窃，单位内指有人作了内线，里外勾结所致。家中失窃也主有知情人作了内线。将财物盗去。

3. 问夫妻婚姻关系，主夫妻关系不好。妻子在外有情人，被外人勾引，及暗昧不明事,妇女不能持家。

4. 问病,主家中妻子有病,病在肚腹,病情同上。

5. 问合作,因神将相战,故主不顺,主合中有变。有斗打官司及斗讼事。

五、方克干为鬼动

鬼动忧灾怪:下克上主在外有灾怪、凶伤,见怪事、天灾人祸。

官亨人出外:主本人志高,在外求谋,求官求财,求事在外亨通,在家不顺。

事讼带他人:隔位克外,主官司牵连他人、朋友、亲友。

乖戾因间外:主内谋害外,下隔位克外,主民告官及仕骗官,内骗外。

口舌共喧争:人元受克主应口舌发生于外,由家内引起,暗昧不明,争斗后又牵连他人,方克干因小口斗打起官司在外。

内克外主暗隔,暗斗,又主自身有损官职,职权在外,谋害他人。

冤仇皆损害:因冤仇而损害。

痊病物仰合:人元有克主头部有病,天干为病人,地分为医人,地分克人元主病能愈,如问病主头和口处有伤,下克上主其物离地往上仰合,此物在地下由于受克主动,现在仰合往上升动。

家宅未安泰:宅舍不宁,人口不安。

例如:甲戌年、乙亥月、乙巳日、丙戌时,申位。

   甲 +木

 丁丑 (贵神) -土

 丙子 (神后) +水

   申 +金

此课三阳一阴,以贵神丁丑为用,方申金克干甲木,主鬼动。下克上,内克外,故主事由内部引起。自身占主动权,也主在外有灾怪事发生,见怪异之事。

1. 问官见鬼动,主本人志向高远,在外求谋。求官求财吉利,办事在外亨通，在家不顺。

2. 问求财，主出外求财，若课内见天马驿马，主已决定出外，很快就要出行。财爻若在旺相，主发财在外。

3. 问官司，主民告官，仕骗官，内骗外，亦主官司牵涉多人，亲友、朋友都受牵连。

4. 问家内事。主有口舌发生，小孩不听家长话与大人争执。又主与外争吵不休。事由家内引起暗昧不明，争斗后又牵连他人，因小孩斗打引起官司家宅不安。

5. 此课问病，人元受克，主头部有病，或老人有病，课内再见五鬼、劫煞、丧车、吊客等，则不利，见天医、地医则病轻。

6. 问射覆，其物已经被挪动，由下上移。

总　结

1. 妻动主夫妻斗打事、分离、有外情。问情人的方向以地分旺相取六合定之。

2. 神克干官动，一般人问主家有官司及官事缠身，有官职之人问主有升官、迁职之变动，内见天马、驿马必有迁官升职。一般工作人员主想调动工作或想要出外办事，但虽有职权，求财不可得，如得财可伤官。

3. 财动求财得利，必须自己努力求之。

4. 贼动防盗贼事。

5. 鬼动占事里勾外连，宜速不宜迟。

6. 课内五动落空求望一半成，或难成，旺相落空一半成，休囚死落空求谋不成，四大空亡吉凶不成，五动落空主事如下：

妻动落空，夫妻不成，婚姻不顺心。

官动落空，升迁无功，有职无权，外出不成，劳而无功，调动不成，只主妄想。

财动落空，求取无功，经营无功，白费心血，求索难成。

贼动落空，盗贼无凶，虽失可得，先失而后得，或追回来，物归原主。

鬼动落空凶事消，惊恐不凶，凡空吉凶不定，神将落空谋求一半成及不成，努力可成。

第十一节　定课内三动

一、方生干为父母动

主印绶之事，文书、书信、职称等求有得。

例如：戊寅年、丙辰月、庚子日、癸未时，辰位。

　　　　庚　　　　＋金
　　己卯 (六合)　－木
　　壬午 (胜光)　＋火
　　　　辰　　　　＋土

1. 此课三阳一阴，以己卯为用，方辰土生干庚金，为父母动。凡逢父母动，主印绶之事，故利于求官，印绶权也，若干再生贵神官爻，可知升官有望。

2. 父母动又主文书、书信，故主有文字之喜。主此人文字功力不薄。又可断有书信来，或有电话来、若问职称，求能得。

二、干生方为子孙动

主子孙方面的事，外生内，主添人进口，外来财物。

例如：戊寅年、丙辰月、庚子日、癸未时，丑位。

　　　　丁　　　　－火
　　丁丑 (贵神)　－土
　　己卯 (太冲)　－木
　　　　丑　　　　－土

1. 此课纯阴反阳，以将己卯为用，人元干丁生地分丑土，为子孙动。

2. 凡逢子孙动多主子孙方面的事。主添进人口，又地分主家内固有财产，所以也主家中添了家具日用品，干主外、上级，生助地分子孙，主子孙多受上司重用，也主子孙升学晋升有望，或有子孙得到学校表扬。

三、干方同为兄弟动

主事在朋友兄弟间，同为比，为争执不和之象。

例如：戊寅年、丙辰月、戊戌日、辛酉时，寅位。

   甲   +木
 丁巳 (螣蛇) －火
 甲寅 (功曹) +木
   寅   +木

1. 此课三阳一阴，以丁巳为用。课中人元干甲木与地分方寅木同，构成兄弟动。

2. 兄弟动主事在朋友兄弟间，问事多有比肩现象，为争执之象。故问生意多竞争对手，求官多竞争对象，一般多为自己熟悉之人或朋友，且事件牵连。互有损耗，是不吉争比之象。

第十二节　定课内干神将方主事

一、干类

干克神：外克内，客克主，外来谋害自己，常人损财、仕人失位、不宜求官，官职被人谋害，问官司他胜我败，主无力战胜于外。

干克将：求财不得，常人损财忧病，阳主男子，阴主妇女，又主外人入家中盗物，伤财损妻。

干生神：外生内，助我物帛，亲友相访，家富贵有生意，并有官府中人。

干生将：内外和顺，外人来求我或将物送予我。

例如：

甲	庚
丑	子
巳	卯
辰	戌
(1)	(2)

1. 在（1）中以干甲木克地分辰土，此为妻动。

2. 以甲木生将巳火，此为干生将，以四课内外论，为外生内，主事为吉，主内外顺遂，以将为财爻论，则为外来送财物于我，外来求我办事。

3. 在（1）中以甲木克神丑土，为干克神课，以四课内外论，为外克内课，为客克主，主事则为喜不吉，是外来谋害自己之象，若问官职之事，则恐官职被人谋害，上面领导对你多加限制，于己不利。问官司是别人取胜，自己落败，因无力战胜于外。一般人要损钱财。

4. 在（2）中以干庚被地分戌土所生，为父母动。

5. 在（2）中以庚克将卯木，此为干克将，以将为财爻论，主求财不得，损财物，将又为妻爻，受克，则家中妇女、妻子病患受伤，于妇女不利，或被人欺负。

6. 在（2）中以干庚生贵神子水，以课内外论，为外生内，为事喜吉，为外人助我钱财，或亲人相访，家中富贵有生意，有官府中人，问官职有喜，受表彰，上级领导看重；问官司，对方有低头和解之意。

二、神类

神生方：内外和合，贵人有怜小人之意，更得贵人之力，办事有官职之人相助。

神克方：隔手求财虽得，事主晚成，办事有阻隔，谋望不顺。

神生将：所谋顺遂，内外和合，人将财物助我，外人将至，主夫妻和合，其妻结发，门户亲属和睦。

神生干：仕人论官职有相托之人，有人在官府中干事，将物送给他人，自己将财求助于他人，求必得，寻必见，内生外我求于外，或出外寻人可得。

例如：

   壬   癸
   戊午   丁酉
   甲寅   戊子
   戌   巳
   (1)   (2)

1. 在（1）中，神午火生方戌土，主事内外和顺，有贵人相助，贵人相怜之意，办事有官之人相助。

2. 在（2）中方克神主事可成，但是不能一帆风顺，主隔手求财，不能急于求成，有些阻碍，谋望不是很顺利，但终究可成。

3. 在（2）中神酉金生将子水，主事所谋顺遂，内外和合，人将财物助我，也主外人将到；问夫妻间的事，主和合，其妻结发，门户亲属和睦。

4. 在（2）中神酉金生干癸水，问事主仕人论官，有相托之人，有人在官府中做事，有人将钱物给我，自己将财求助他人，求必得，寻必见，内生外我求外，或出外寻访可得。

三、将类

1. 将生干：自己将财物送给贵人，内外和合，父子亲，夫妻和睦，家中富贵，人财兴旺之兆，百事有成，内生外，求事求财皆顺利。

2. 将克干：主有喜事，在外求财必得，求事必随，考试中榜，宜出外远行，家中人财兴旺。

3. 将生方：主事家内和合，我助他人，及亲人分别远行，求财有大喜，田宅丰厚，子孙兴隆，后代有荣华富贵，并有官禄之人。

4. 将克方：主斗讼之事，伤小口损六畜，失田宅，家产破散，或因小口伤残灾祸，伤腿脚折伤四肢。

四、方类

1. 方克神：主事损外财，下克上，隔位相克，为犯上，民告官，或小孩不听家长的指挥，顶撞上司。

2. 方克将：主家内失财、伤妻，出外损财，先失而后得，先忧而后喜。

3. 方生神：问事内外和顺，人庆财丰，求财不隔手，家中子孝孙贤。

4. 方生将：指事幼尊母，家内和合，婚姻喜美，谋生有成。问婚姻应寻找地分的六合处为对象的方位。

五、干元类

1. 神干生将干：喜从外入。

2. 将干生神干：喜从内出。

3. 神将二干分局：相生有喜不成。

4. 神将二干合局：相生喜庆重叠。

5. 神干克将干：祸从外来，与贼动同论。

6. 将干克神干：事从内起，与财动同论。

注：神将二干，随支辰互相生克，主事交关，往来重叠。神将若是庚辛而克身，主家宅怪异灾讼凶丧，以金有白虎气故也。凡将神上所带之干，如六乙日见卯将，起五子元遁得己卯，神是朱雀，位是壬午，遇有克比，合前式而推来情。

六、五合

神干官合利求官，将神相合美姻缘，
将干隔合内外望，将方进合事成缓，
方干鬼合人升迁，这个口诀要熟记。

1. 神与干合为官合：主官府中将要领功受赏，得到提拔升官，一般平民百姓将要与官府打交道。

2. 将与神合为正合：主婚姻喜美，夫妻恩爱，会合亲友等，不宜问病，问求谋办事容易成功。

3. 将与干合为隔合：将为内，干为外，内外相合，但被贵神相阻难合，必须靠其他亲友牵线搭桥才行，所以办事比较迟缓。

4. 将与方合为进合：主有人共同出行于外，以卑动尊，以下犯上，事成迟缓。

5. 方与干合为鬼合：主求官得禄，能够升迁，但亲属之间不和睦，又主有病，忧愁，占病主凶。

注：人元本是天干，贵神本是十二地支，怎么能论相合呢？这是学习中经常遇到的问题，其实，在断课过程中，人元一般当代表它本气的地支来看待，如甲木当寅木来看，乙木当卯木，丙火当午火，丁火当巳火，戊土当辰戌，己土当丑未，庚金当申金，辛金当酉金，壬水当子水，癸水当亥水。假如人元是甲木，当寅木论，贵神是天后亥水，寅与亥相合谓之神干相合。

凡干支相合，乃天地阴阳配合之义，万物生成，吉凶全备，且如甲己之日五子元遁起甲子时，则丙寅与辛未合，丁卯与壬申合，戊辰与癸酉合，己巳与甲戌合，庚午与乙亥合，辛未与丙子合。然干支在一旬之内相合者，谓之君臣庆会共旬。支干相合者，乃天地合德也。五合之用，事体共为，谋望有成。支干俱合，其物圆类。合中值空，占物圆而中空，求事望而难成。合而不合，分而不分，合中反分，亲人反疏，先合后离，亲而不亲，义而不义。

七、五比同类

干方正比多不成，干神近比干自己，
方将远比在朋友，神将次比在亲属，
四位合比主牵连，比来比去皆不顺。

1. 正比：干与方相同或是同一五行，主问事情在朋友间发生，朋友为比肩，多有不成，六亲、朋友间有斗讼之事，小凶。

2. 近比：干与神相同或是同一五行，主事情发生在外边，并关系到自己，或外来谋害自己，及外来骗取钱财。

3. 远比：方与将相同或是同一五行，主事情发生在朋友、同类间。

4. 次比：神与将相同或是同一五行，主事情发生在门户亲属及朋友间，有斗讼争执发生，亲友不和。

5. 合比：四位全同或全是同一五行，主事情在亲属朋友之间，重叠牵连，闭伏不动。

八、四位俱比

指四位内干神将方为同一五行，五比各有所主：

1. 庚辛申酉金比：西方白虎，太阴之象，主有兵丧讼事，邪淫奸私，人口死亡，六亲刑克，家宅不宁，万事不吉。

2. 丙丁巳午火比：南方螣蛇，朱雀之象，主是非官司，灾祸，伤残，火光，六亲刑克，居处不祥。

3. 壬癸亥子水比：北方天后，玄武之象，主居家流移，奸私，邪淫，蛊病水厄，寡妇孤儿，盗贼入室，多次失财物。

4. 甲乙寅卯木比：东方青龙，六合之象，虽吉而无凶生，仁而无恩，有兄弟而无父母，重婚姻而绝后续，谋望无成，无誉无荣，艰难之用，百事塞滞。

5. 戊己辰戌丑未土比：中央勾陈，天空，贵神，太常之象，主事体重叠迟滞，望用难成，牵连不一。

九、一类朝元

一类朝元是一干见本属三支也，如甲见三寅，乙见三卯，丙见三午，丁见三巳，戊见三辰三戌，己见三丑三未，庚见三申，辛见三酉，壬见三子，癸见三亥。

甲	乙	丙	丁	戊	戊	己	己	庚	辛	壬	癸
寅	卯	午	巳	辰	戌	丑	未	辛	酉	子	亥
寅	卯	午	巳	辰	戌	丑	未	辛	酉	子	亥
寅	卯	午	巳	辰	戌	丑	未	辛	酉	子	亥

一类朝元主事体重叠，闭伏不动，无荣无誉，淹滞阻隔，因为有同类比肩而不动，无父母、官鬼、妻财、子孙动，纯金、纯火不可以此而论。

十、连茹课：

即一课中出现三个地支前后相连的情况即为连茹，例课中见寅、卯、辰、巳、午、未。

十二地支中有六阳支和六阴支，在阳支中若子、寅、辰相见为阳连茹；阴支中若丑、卯、巳相见为阴连茹。

连茹入课主迟滞，迟缓而无功，办事拖延，问人事则有裙带关系，主朋友、亲戚、熟人等之间的事情。

连茹受冲即破，落空亡亦主无事。

连茹又分为正连茹、倒连茹、跛脚连茹三种：

正连茹即地支依序排列，例入子、丑、寅在课内相见，子为地分，丑为将神，寅为贵神，课式如下：

甲
寅
丑
子

倒连茹是课中三支顺序倒排，例如寅、丑、子在课内相见，寅为地分，丑为将神，子为贵神，课式如下：

甲
子
丑
寅

跛脚连茹为课中见相连三支顺序混乱，例如寅、子、丑；亥、丑、子等在课内相见。课式如下：

甲	乙
寅	亥
子	丑
丑	子
(1)	(2)

若课中仅见二支相连，恰在年、月、日、时支上又见一支，形成三支相连，此情况亦属连茹，年上见主一年，月上见主一月，日上见主一日，时上见主一时。

第十三节 定年、月、日、时主事

一、太岁和岁破

1. 太岁：

太岁在整个预测学中占有统治地位。太岁即岁星，岁星即木星。太岁实质上是木星围绕太阳旋转一周对地球万物的影响。太岁的变化规律约十二年一个周期。

在金口诀预测学中，凡见太岁入课，如甲子年立课，见甲子入课或课内神将支干与年的支干同为见太岁，论官则是单位的最高领导，论官事为有官司是非，主赢。

若太岁临到门户上、日上、时上，或本命上，受到其他支的刑、冲、克、害等，主损官职，伤家长，天灾，凶祸，被外谋害，车祸，车伤，斗打官司等。

若太岁有生合及见天德，月德，喜神，吉神相助、相合、相生，主升官禄、进财产、喜庆之事、食禄可得，官为正职，为人刚暴，坚韧不拔，但心地善良。

又法：凡问事太岁在六月以前入课，或见去年太岁主事已过，又主去年事。七月以后见来年太岁，或见当年太岁，主来年事或事没过而刚刚开始，吉凶祸福应之。

2. 岁破：

岁破，又叫岁冲，为太岁所冲之方也，如太岁为酉，卯酉相冲，卯为岁破。若甲子年立课，课内见庚午，庚午与太岁天克地冲，叫做岁破。

岁破主出行道路有暗伤、车祸、车伤，因车而虚惊；有吉神相助主死而复生之喜；无吉神相助家宅损失财帛耗散，上半年不喜，求事难成，主有凶丧及丧孝事在家或外亲。

二、月建和月破

1. 月建：

月建者，正月建寅，二月建卯，三月建辰，四月建巳，五月建午，六月建未，七月建申，八月建酉，九月建戌，十月建亥，十一月建子，十二月建丑。

凡月建出现，谓之龙德，凡谋望动用吉凶立应。

课内见旺相者吉或凶的力量强大，力量久远，或者是本月内有新发生的事情。

吉神旺相主吉庆，凶神旺相主凶灾，休囚死吉凶无力，求谋难成或无力进取。

课内神、将随月建而旺相者物则盛大而多，人则年轻、健壮；吉神、将为福愈厚，凶神、将为祸忧愁转深。

课内月建有生有合，主吉庆和合或取大喜在一月内必有应验，或本月内进财禄之美，吉祥之事。

课内月建有冲、克、破、刑、害、绝、死，主有斗打伤病死丧之事，求取不顺，就在本月内有天灾人祸，或被他人谋害。吉神将有助转吉，凶神将有助转凶。

课内神将有随月内旺相者，如寅月得卯、辰将神，是主未来有气，主事情开始于萌芽之中，又主未来之事已动，望成未就，有初新之事，吉祥随于将来，凶祸随于季节而变化，应细详。

若辰月占课得卯寅将神，原盛大而渐衰，旺则曾休废，占病危而转安，事凶而渐退，或因病而重发，或以残事而再来，求财吉庆而渐凶，占事已过而复起。

2. 月建旺有三：

四季旺：春木旺、夏火旺、秋金旺、冬火旺、四季土旺在每季最后十八天。

相生旺：如四位内见寅卯木神将，得亥、子年月日时生，主求事有助，办事有力。外有相助，宜速不宜迟，速求有大喜。

课内相生旺：如将是申金，有地分辰土生，主求谋有助，办事有助。

3. 月破：

月破者，是指课中贵神、将神被月建冲破是也，如：寅冲申，卯冲酉，辰冲戌，巳冲亥，子冲午，丑冲未，课中相冲即变，有凶灾及伤残、车伤、斗打。

以下几种关系也属月破：

申破巳：申阳金，被阴火炼成，损巳火之力。

戌破未：因未为木库，生戌火库，木见火自燃，火无柴不烧，所以火库破木库。

亥破寅：因戌亥为乾金，丑寅为艮土，金盗土气，休破无力。

寅破巳：因丑寅为艮土，辰巳为巽木，木克土，损其木力，主破也，办事损力。

丑破辰：丑为金库，辰为水库，金生水，泄丑土气，休也。

午破卯：因卯木生阳火，火泄木气，卯木休也，求望不顺。

子破酉：子水盗酉金气，故酉金休破无力，劳而无功，多作少成。

破入课主事：主器物损坏，聚者散，成中有败，病者有死，求财谋事不成，孕育不顺，囚禁脱离。又说凶神将受冲破谓之解神，吉神将逢冲破即变成不吉利之事。

4. **月厌者**：正戌、二酉、三申、四未以此类推是也。凡此入课，主咒诅冤仇，暗昧不明之事，占病则连绵不康，占官司重起。

三、日和时

凡日时干支与神将干支相同者，主一日内或一时之内事，受克主有凶灾，受生合主喜庆，如遇休囚死，吉神无助不吉，凶神无助不凶，吉凶一日内可见，如甲子日，课内见甲子（玄武、神后）主神将支干与今日支干同，吉凶今日可见也。

日冲者，指课中神将被日辰冲破是也，如子日立课，课内见午是也。入课所主器物破坏，望事难成，人情不和，动摇出入，闻忧不忧，闻喜不喜，官事不决，求谋不就。

时者，如月日一样，凡课中神将临时，主吉凶应于时中。凡课中神将受时生合者，主临时有人帮助，若遇冲克者主事临时而变。

论格局冲而不用，破而难成，见生合旺相冲破，难成或不成，凶则无厄，吉则不吉。

课中休囚死逢冲破，吉凶无力，求谋不成。子午卯酉为门户，凡相冲受克者主家宅更变、宅舍不宁及修造改换门庭。主家内有斗打、凶伤。凡课内鬼贼发动、家宅不宁、家内不和。无冲破，有生合主吉庆，美满之事。

第十四节　定神煞主事

古往今来人们对神煞惧之、敬之。神煞是什么？古人在长期的生活中发现万事万物的兴衰是有规律的，这种规律与年、月、日、时紧密相关。经过观察、累积，将万事万物的兴衰规律命名为凶神与吉神两种神煞，简称为神煞。由此可知，不论凶神或吉神都是年、月、日、时的作用，是时空的产物，是时空的角度、性质、能量对人类及自然界万事万物的恩赐与制约。如果我们将神煞用装入人、时、空统一的思维框架中解析凶煞与吉煞，定可从所处的几何位置清晰地了解神煞不是鬼神，而是时空模型的角度、能量、性质对自然界万事万物的恩赐与制约关系。

一、四位内定神煞

1. 见六甲：

(1) 口诀：甲主喜庆和婚姻，财帛官职文书喜。

(2) 定位：人元的干或神将干为甲。

(3) 主事：主家内有喜庆和合事，婚姻、财帛、官职、文书、文字、六亲来相访，有不测之喜。

2. 人元见丁：

(1) 口诀：丁主家中不安宁，惊恐虚惊火光生，疾病忧愁伤六畜，神经病人在家中。

(2) 定位：人元的干或神将干为丁。

(3) 主事：主其家不得安宁、惊恐、虚惊、火光、伤残、灾病、忧愁伤六畜、外人欺压家中人，家中人有多梦，神经病、疯魔人在家中。

3. 天盗：

(1) 口诀：天盗入课损财产。

(2) 定位：贵神克将神，贵神为玄武，将神支为子水。

(3) 主事：主家内或本人，本日、本月有丢失，被贼所盗，失财及家产、六畜、钱财、物品等事，又主出外阻隔遭盗贼，失物难寻或寻不见。

4. 官符：

(1) 口诀：天乙相冲之将是也，又名无私使者，入课必恶，占病必凶。

(2) 定位：天乙贵神临处的地支，甲戊庚日白天落于丑，未是官符，晚间贵神落于未冲于丑，那么丑是官符，课内神将见之为官符。

(3) 主事：是无私之人，为官清正，爱打抱不平，见义勇为，敢与恶人打，问病大凶并损官职，失名利。

5. 魁罡所临：

见天罡（辰）、河魁（戌），主斗讼、官司、牢狱事。

见驿马、天马，斗打在倾刻间。

见外来克内，主在家内发生斗打、官、灾事。

内克外，主出外斗打、官、灾事。

6. 传送所临：

传送见辰，申为丧孝，白虎为骸骨之神，辰为坟墓，所以主丧事及斗打。

传送见戌，主斗争，官司惊恐事，或家中有疯魔之人，申入戌，主鬼神作怪，及翻移坟墓。家内官司纠缠事。问病大凶。

传送奔腾入火中、官灾口舌有重重，并有车伤，损车。家内有疮脓之苦。呻吟床枕之上。又主军人在边关有伤，或家中有凶死在外之人。战场、路途伤死。

传送申金入寅卯木，主官灾口舌斗打，伤人，伤翁姑，车翻伤人，又主逃亡在外，被外人斗打门户。外贼盗车辆，损车，不宜开车。

传送见金变化多，求问者无凶无吉，事多反复。见课内土多埋金，家人多病灾并有血肉之灾，金多主斗讼、是非、排挤，求望顺中有阻，望成有变。

二、生辰年定神煞

1. 禄倒：

(1) 口诀：禄倒入课官职损，办事难成无功名。

(2) 定位：甲卯乙辰丙戊午，丁巳未庚酉申戌，壬子癸丑是禄倒。甲年卯限，乙年辰限，丙年午限，丁年未限，戊年午限，己年未限，庚年酉限，辛年戌限，壬年子限，癸年丑限。如庚年生人到酉年、月、日、时为禄倒。

(3) 主事：主官职大损，失名利，疾病大凶，逢此年内办事难成，百事迟滞，无功、无誉、无荣。

2. 马倒：

(1) 口诀：四季后一支为马倒，马倒不顺多病灾。

(2) 定位：寅午戌见酉，申子辰见卯，巳酉丑见子，亥卯未见午。

(3) 主事：主百事不利，多灾多病，大凶，主伤灾死之事，求谋不顺利。

3. 病符：

(1) 口诀：当年支后一位，主有大病灾祸生。

(2) 定位：太岁后一辰是病符，如甲辰年，辰为太岁，后一辰卯入课为病符。

(3) 主事：主有大病，灾病，灾祸，凶灾。

4. 丧门：

(1) 口诀：当年支前两位，主有凶事及死伤。

(2) 定位：丧门是以年的太岁支论，如甲戌年太岁是戌，那么岁前两辰子是丧门，子入课就是丧门入课。

(3) 主事：主有丧孝事，忧愁，病大凶或死，或有外丧事。

5. 吊客：

(1) 口诀：当年支后两位，主有凶事及死伤。

(2) 定位：岁后二辰，如子年见戌为吊客。

(3) 主事：入课主惊恐，灾患，问病大凶或死亡事。

三、四季定神煞

四季神煞	天赦	天喜	丧车	四丘
春季(寅卯辰)	戊寅	戌、亥、子	酉	丑
夏季(巳午未)	甲午	丑、寅、卯	子	辰
秋季(申酉戌)	戊申	辰、巳、午	卯	未
冬季(亥子丑)	甲子	未、申、酉	午	戌

1. 天赦：

(1) 口诀：

　　天赦能解一切愁，危中转安喜心头，

　　仕人得赏受提拔，天气忽然转晴天。

(2) 定位：春戊寅、夏甲午、秋戊申、冬甲子，入课或年、月、日、时上见到为天赦。

(3) 主事：能化解一切祸灾，忧愁、病灾，危险中而逢欢乐，官司转忧为喜，逢吉庆而得大喜，见官职人有恩赦，赏赐，得领导人提拔，逢此时天气晴朗及多云转晴天，万里无云。

2. 天喜：

(1) 口诀：

　　天喜家中喜相逢，交友婚姻财官兴，

　　酒食宴会添人口，常人逢之喜盈盈。

(2) 定位：春季见戌亥子，夏季见丑寅卯，秋季见辰巳午，冬季见未申酉。

(3) 主事：凡此入课，主家内有大喜，婚姻事，添人口，进财产，得外财，有酒食宴会之喜，有升官、参军、交朋友、为别人介绍对象，或他人有喜。

355

3. 丧车：

(1) 口诀：丧车入课主病凶，若克人元必死伤。

(2) 定位：春天酉，夏天子，秋天卯，冬天午。

(3) 主事：入课主病灾，凶伤。若四位内丧车克人元，必有死之事及外伤、丧亡事。

4. 四丘：

(1) 口诀：四丘斗讼争田土，争坟争墓斗的凶。

(2) 定位：春天见丑，夏天见辰，秋天见未，冬天见戌。

(3) 主事：入课主斗讼，争田宅、争坟墓。

四、月定神煞

1. 天德：

(1) 口诀：天德入课无忧祸，逢凶化吉危得安。正丁二申庚，三壬四辛同，五癸亥六甲，七癸八甲寅，九丙十居乙，子巳丑庚中。

(2) 定位：正月丁，二月庚也，三月壬，四月辛，五月亥，六月甲，七月癸，八月寅，九月丙，十月乙，十一月巳，十二庚。

(3) 主事：天德入课能解百祸之忧愁，逢凶化吉，转厄为安，解一切凶变。

2. 天德合处：

(1) 口诀：取天德的合处。

(2) 定位：正月壬、二月巳、三月丁、四月丙、五月寅、六月己、七月戊、八月亥、九月辛、十月庚、十一月申、十二月乙。

(3) 主事：入课与天德同论述。

3. 月德：

(1) 口诀：月德入课主和睦，万事顺达有吉庆。寅午戌月在丙，亥卯未月在甲，申子辰月在壬，巳酉丑月在庚。

(2) 定位：正月丙，二月甲，三月壬，四月庚，五月丙，六月甲，七月壬，八月庚，九月丙，十月甲，十一月壬，十二月庚。

(3) 主事：入课主家内合睦、吉庆，能逢凶化吉，遇厄得安，忧变喜庆，万事通达。

4. 月德合处：

(1) 口诀：取月德的合处。

(2) 定位：正月辛、二月己、三月丁、四月乙、五月辛、六月己、七月丁、八月乙、九月辛、十月己、十一月丁、十二月乙。

(3) 主事：入课与月德同论述。

5. 飞廉：

(1) 口诀：

　　　　飞廉主事真迅速，
　　　　行人谋事马上到，
　　　　又主惊恐和虚惊，
　　　　求事迅速属飞廉，
　　　　行人望事到眼前，
　　　　前边惊恐刚说罢，
　　　　后有斗讼更不安。

(2) 定位：正戌、二巳、三午、四未、五申、六酉、七辰、八亥、九子、十丑、十一寅、十二卯，以月份论之。

(3) 主事：凡课中见者，主求事迅速，行人望事立至，站有惊恐之事，或虚惊斗讼之灾。

6. 天医：

(1) 口诀：天医入课主病痊。

(2) 定位：正戌，二亥，三子，四丑，五寅，六卯，七辰，八巳，九午，十未，十一申，十二酉。

(3) 主事：课内见之，或年月日时见之问病忧中有乐，危中有安。

7. 地医：

(1) 口诀：地医入课问病安，九死一生危得喜。

(2) 定位：天医冲着为地医，如正月戌是天医，对冲辰为地医。

(3) 主事：见课内有者，问病安，逢死化生及九死一生，危而得安。

8. 天马：

(1) 口诀：

　　　　天马入课迅速成，逃亡远去无影踪，

　　　　失物难寻不宜迟，他人得利己落空。

(2) 定位：正月在午，顺行六阳辰。正七午，二八申，三九戌，四十子，五十一寅，六十二辰。

(3) 主事：课内见天马，主求事快，办事宜速，不宜迟。望行人，求事可速成，如失物去远难寻，丢失急速，他人吉利，逃亡远去不可追回，因天马是奔走迅速之神。

9. 生气：

(1) 口诀：课中生气难中顺，先难后易凶变吉，喜乐吉庆万事美。

(2) 定位：每月的开日是生气，如正月寅支的后两位子为生气，即：正七子午，二八丑未，三九寅申，四十卯酉，五十一辰戌，六十二巳亥。

(3) 主事：课中见生气难中有顺，绝处逢生，九死一生，先难后易，先凶后吉，万事皆美，喜乐吉庆，婚姻欢乐。

10. 每月死气：

(1) 口诀：

　　　　死气九死有一生，凶中有阻苦更忧。

　　　　生气对面死气冲，先易后难事不成，

　　　　吉中有厄需防范，渡过九死求一生。

(2) 定位：生气的对冲处为死气。如：正午，二未，三申，四酉，五戌，六巳，七子，八丑，九寅，十卯，十一辰，十二巳。

(3) 主事：课中见死气主吉中有厄，乐中有忧，顺中有阻、九生一死，万事不美。

11. 灭门：

(1) 口诀：

　　　　灭门主迁移不利，

嫁娶妊孕多病灾，
官司伤财有凶灾。
阴前阳后三位寻，
官司伤财是灭门，
嫁娶妊孕多灾病，
上任迁移破财神。

(2) 定位：阴月前三位，阳月后三位是灭门。如二月卯，前三位是午。

(3) 主事：入课主迁移不利，嫁娶多灾病，妊孕主发育不好或先天不足，求官上任凶灾，官司伤财，家内损失不利。

表1：月神煞

月	天德	天德合处	月德	月德合处	飞廉	天医	地医	天马	生气	死气	灭门
寅月	丁	壬	丙	辛	戌	戌	辰	午	子	午	亥
卯月	庚申	乙巳	甲	己	巳	亥	巳	申	丑	未	午
辰月	壬	丁	壬	丁	午	子	午	酉	寅	申	丑
巳月	辛	丙	庚	乙	未	丑	未	子	卯	酉	申
午月	癸亥	戊寅	丙	辛	申	寅	申	寅	辰	戌	卯
未月	甲	己	甲	己	酉	卯	酉	辰	巳	亥	戌
申月	癸	戊	壬	丁	辰	辰	戌	午	午	子	巳
酉月	甲寅	己亥	庚	乙	亥	巳	亥	申	未	丑	子
戌月	丙	辛	丙	辛	子	午	子	戌	申	寅	未
亥月	乙	庚	甲	己	丑	未	丑	子	酉	卯	寅
子月	丙巳	辛申	壬	丁	寅	申	寅	寅	戌	辰	酉
丑月	庚	乙	庚	乙	卯	酉	卯	辰	亥	巳	辰

五、日干定神煞

1. 五鬼歌：

(1) 口诀：

甲己巳午癸未存，乙庚寅卯守黄昏，

丙辛子丑来冲位，丁壬戌亥墓临门，

戊癸忌占申酉位，若逢辰土道路凶，

此辰若遇干支上，专主行人路上凶。

(2) 定位：凡甲日、时都用甲占巳者，巳午位出行大忌，又以本命的日时干甲与巳者巧合一起，如出行于巳午位或巳午入课。

(3) 主事：主行人路上凶，出行大忌，有天灾人祸，车灾伤残，死伤。

2. 截命灾煞：

(1) 口诀：

甲己申酉最为愁，

乙庚午未不宜求，

丙辛辰巳何劳问，

丁壬寅卯一场忧，

戊癸子丑莫追求。

(2) 定位：日干是甲己者，课内年月日时及方位上见申酉为截命灾煞。

(3) 主事：主出行阻隔，求谋不成，寻人办事不成，妇女生产阻挠不畅，迟延困难，灾病大凶，九死一生，反复不定。

表2：日神煞

日干	甲	乙	丙	丁	戊	己	庚	辛	壬	癸
五鬼	巳	寅	子	戌	申	午	卯	丑	亥	酉
截命	申	午	辰	寅	子	酉	未	巳	卯	丑

六、年、月、日、时定神煞

1. 驿马：

(1) 口诀：

　　　　驿马入课成事通，

　　　　逃亡走失劳无功；

　　　　求官升职去的远，

　　　　喜庆欢乐诸事成。

(2) 定位：寅午戌驿马在申，申子辰马在寅，巳酉丑马在亥，亥卯未马在巳。

(3) 主事：凡驿马入课，应以当天日支论。如申日或辰日可用申子辰驿马在寅，凡驿马入课，求官、望事、出入、迁移、行人、书信迅速可得。但逃亡、走失难获，因是移动之神。求官升职远去，得官有喜庆，万事急速可成。

2. 劫煞：

(1) 口诀：君子劫煞权在手，常人官司有伤灾。

(2) 定位：寅午戌年月日时劫煞在亥，申子辰年月日时劫煞在巳，巳酉丑年月日时劫煞在寅，亥卯未年月日时领导劫煞在申。

(3) 主事：主领导有威、有权、有才能，能服众。常人主凶伤、斗打血肉之灾，亦主有他人谋害，亦生官司。

3. 地煞：

(1) 口诀：地煞做事主不通，失物可寻走失见。

(2) 定位：劫煞前五辰为地煞，如申子辰日月劫煞在巳，巳的前五辰数到戌为地煞。

寅午戌年月日在辰，申子辰年月日在巳，巳酉丑年月日在未，亥卯未年月日在丑。

(3) 主事：凡事阻隔不通，行人不至，失物可寻，走失可见。

表3：年、月、日、时神煞

年月日时	驿马	劫煞	地煞
寅午戌	申	亥	辰
申子辰	寅	巳	戌
巳酉丑	亥	寅	未
亥	巳	申	丑

七、其他方法定神煞

1. 往亡：

口诀：

　　往亡入课出行亡，
　　拜官上任路不通，
　　出军打仗全军灭，
　　嫁娶灾病或见凶。
　　一七二七和三七，
　　一八二八和三八，
　　一九二九和三九，
　　一十二十和三十，
　　七八九十数字巧，
　　春夏秋冬年全了。

(1) 定位：

　　立春后七日，惊蛰后十四日，清明后二十一日，
　　立夏后八天，芒种后十六日，小暑后二十四日，
　　立秋后九日，白露后十八日，寒露后二十七日，
　　立冬后十日，大雪后二十日，小寒后三十日。

往亡是以节来定，从立春开始，每过一个节，天数都在原来天数基础上增倍加2，到惊蛰后就变成14天。

(2) 主事：入课主出行亡也，伤灾，拜官上任不利，路途阻隔不通，远出不归，出军打仗全军覆灭，嫁娶有灾病或见凶灾。

2. 三奇德秀：

(1) 口诀：

  天上三奇甲戊庚，

  地上三奇乙丙丁，

  人中三奇壬癸辛。

(2) 定位：三奇以年、月、日、时及课中人元，贵神的干，将神的干来确定。

(3) 主事：凡占课遇三奇，利见大人，百事吉昌，求官得官，求财得财，孕生贵子，上下有辅，贵人相助，万事亨通。

3. 天罗地网：

(1) 口诀：

  天罗牢狱官司凶，

  失物不还贼易空，

  行人不通受阻隔，

  冲破天罗关节通。

(2) 定位：

  日前一辰为天罗，

  对冲地网更无脱，

  若加年月日时上，

  因讼灾殃诉累多。

见日前一辰入课或在年月日时上为天罗入课，天罗对冲处为地网。如今日为壬辰，前一辰（巳）为天罗，对冲（亥）为地网，课中见巳或往巳方去，或年月日时上有巳都为天罗，年月日时及方位为亥，或本人属亥都为地网。

(3) 主事：出行阻隔不通，失物能寻，官司牢狱之灾。

4. 关、隔、锁：

(1) 口诀：关主关节不通，隔主通行不畅，锁主远人不归，囚禁难脱事迟留。木上见金为斩关，土上见木为毁隔，火上见金为破锁。

(2) 定位：酉上见寅木为关，见卯木不是；卯上见辰戌土为隔，见丑未土不是；卯上见申金为锁，见酉金不是。

木上见金为斩关，申卯酉，即申上见卯，卯上见酉。

土上见木为毁隔，寅辰卯，即寅上见辰，辰上见卯。

火上见金为破锁，午申卯，即午上见申，申上见卯。

(3) 主事：酉上见木为关，金又克木为斩关，卯上见土为隔，木又克土为毁隔，卯上见金锁，火克金为破锁，断逢刑事责任、囚禁事得以解脱，妇女怀孕病情可安，若出外避难或再逃犯可以得赦免，或通过调查可免刑，关节开通，有事出行都顺利。

起课占事主要以五行生克制化之理断，不要舍其头目而取毫毛，即不要只取一种神煞而断，而要全面把握。

5. 四败：

(1) 口诀：水遇酉，火遇卯，木遇子，土遇午。

(2) 定位：水盗金气，金败于水中。火盗木气，木败于火中。木盗水气，水败于木中。土盗火气，火败于土中。

(3) 主事：课内遇四败，如乘车则系囚禁拘缚，口舌忧厄，斗讼官事，刑狱之灾，宜捕捉凶手用之，不宜问病，有丧门吊客主大凶。

6. 天鬼：

(1) 口诀：得春从酉起，三夏子方期，卯上逢秋住，言冬午位推。

(2) 定位：春天见酉，夏天见子，秋天见卯，冬天见午。

(3) 主事：课内见天鬼主有凶灾、鬼变、不测之灾。

7. 飞符：

(1) 口诀：若说飞符日上推，便于甲巳、乙辰知，丁寅、丙卯须当起，戊丑、己午、庚未期，壬酉、辛申、癸戌上，其神一干上居之，倘遇斯辰同一位，骤然横祸有危疑。

(2) 定位：以日干定飞符，即，甲日见巳，乙日见辰，丙日见卯，丁日见寅，戊日见丑，己日见午，庚日见未，辛日见申，壬日见酉，癸日见戌。

(3) 主事：主大凶及灾祸，伤残事，经商主损大财，连本带利一齐损。

第十五节　定课内应期

自然界中的万事万物都有因果循环关系。但是在生活中真正想知道事物的开始、中间与结束的必然关系时，往往又产生了偶然与必然的疑问。实际上，偶然是人们不清楚人、时、空统一的必然规律；只知道事情成功的瞬间好像是偶然的巧合。岂不知，一切结果都是从原因开始的。金口诀揭示了这样的必然关系，因此能知道万事万物的起因、过程与结果。金口诀说明了自然界的一切：没有偶然，都是必然。确定应期正是对世间万事万物必然规律的超前展示。现代的金口诀已经将应期的准确度拓展到分秒之上。

一、定应期方法

金口诀预测学定应期的方法，一般取合处为应，其合有五种：

1. 天地合德：

天地合德取用爻。

如甲己起五子元遁，得戊辰将，顺取癸酉为天地合德，求事望人必须到癸酉年、月、日、时为应期。

如是甲午，那么己未则是天地合德。

凡见天地合德者，求事、求财、寻人成功。逢冲破、空亡见此为不能成功。

2. 取将干近合为应期：

如六乙日起五子元遁得戊寅将，取癸年月日时为应期，不必取支全合。又取甲子得丙寅将，近取辛未年、月、日、时为应期。所谓干合，是指甲己合，乙庚合，丙辛合，丁壬合，戊癸合，一般要用爻干或旺相干合处。同样贵神为用，也可用贵神的干合处。

3. 取三奇合为应期：

天三奇甲戊庚

地三奇乙丙丁

人三奇壬癸辛

课内神干甲，将干戊，取庚年、月、日、时为应期。同样课内见甲庚，取戊年月日时为应期，课内见戊庚，取甲年月日时为应期。

地三奇与人三奇道理取用与天三奇一样。

4. 取三合为应期：

寅午戌火局

巳酉丑金局

申子辰水局

亥卯未木局

如，课内见寅和午，取戌为应期。课内见午和戌，取寅为应期，课内见寅和戌，取午为应期。

金局、水局、木局的取用。与火局同。

课中三合，在一课之中三位全出现为三合全。

若课中只有两位，少一位为破体课。如课中有午戌而无寅，可取寅年、月、日、时为应期，其余三合也皆如此。

关于取三合看应期，远则年、月，近则日、时，必待此虚一位透出为合，此为虚一待用。

5. 取六合为应期：

取课内用爻旺相的六合为应期，如用爻将神是子，则取丑年、丑月、丑日、丑时为应期。

如贵神旺相：则取贵神的六合处为应期，如贵神为寅，则取亥年、亥月、亥日、亥时为应期。

应期取用：还要以实际情况而定。一般来说，先取三合，再取三奇，后为六合，干合，天地合德。若实际情况不以三合为应，而与六合为应，则以六合为准。与三奇吻合，则以三奇为准。

二、如何使用应期

凡课中将、神与年、月、日、时同，为当年月日时为应，这叫占年遇年不出年，占月遇月不出月，占日遇日不出日，占时遇时不出时。如甲子日占课，课内贵神是玄武（甲子）主本日内事可成。

取应期之法，还有丁甲周数。

若课内前一辰见丁甲者，取近日干与本位将神干合为应期。

四位前一辰见丁甲者，三旬内逢本日为应期。

四位内后一辰见丁甲者，三旬以外逢本日为应期。

例一：子月、乙卯日、巳时，未位立课：

  癸   － 水
  甲申（白虎） ＋ 金
  己卯（太冲） － 木
  未   － 土

甲申为（未）前一位，应三旬以内为应期。

1. 因神将干合，甲己合，甲己相合，为近合。
2. 乙卯日课得己卯将，主今日可成。

例二：丁丑年、丁未月、己未日、甲戌时，问张老师几点回。

  甲   ＋ 木
  辛未（太常） － 土
  壬申（传送） ＋ 金
  子   ＋ 水

1. 课内以辛未为用，未为日建入课，占事不出日，今天回来。
2. 若以三合定应期，课内有申与子，应为辰时回来，可今日辰时早过，故不能断为辰时回。

3. 以三奇壬癸辛三奇断课，课内有壬辛而无癸，故可断癸时回，今日癸时为亥时，故断为亥时回。

4. 取应又可取冲动之时为应期，即今日未之驿马为巳，巳之冲处为亥，即亥时回。

5. 应，张老师在 9 点整回来了。

第十六节　解课程序总论

凡解课以用神开始，其次论神将旺相，人元与地分配合神将生克论之。在日常生活中，虽有错综复杂的关系与事情，纠其根源都存在上、中、下，左、中、右，前、中、后的相互对立、相互制约、相互补充，同时存有外与外、外与内、内与内、内与外的生克关系。这些关系在金口诀反映为课内关系与问事时年、月、日、时，用爻生克，冲破，空刑，三合，六合，奇合，天马，驿马，劫煞，灾煞，凶神，吉神，财神，五鬼，天医，地医，天罗地网，飞符，飞廉，天德，月德，天赦，等等诸多关系的汇集。金口诀最大的价值在于发现不利因素时，可借人、时、空统一理论借助时空能量或各种外有能量予以补充、化解，使其少受损失，真正做到趋吉避凶。

例如：公元 2005 年 5 月 11 日 13 时 50 分

乙酉年、辛巳月、乙未日、癸未时，地分卯。

一、定课式

人元：　己

贵神：**己卯** (六合)

将神：**庚辰** (天罡)

地分：　卯

（以下略去排课课式中的"人元"、"贵神"、"将神"、"地分"字样。）

二、定课内阴阳

　　　　己　　　　　－
　　　　己卯 (六合) －
　　　　庚辰 (天罡) ＋
　　　　卯　　　　　－

三、定课内五行

　　　　己　　　　　－ 土
　　　　己卯 (六合) － 木
　　　　庚辰 (天罡) ＋ 土
　　　　卯　　　　　－ 木

四、定位课内用爻

三阴一阳，以阳为用，以将神辰土为用爻。
主事在男。事物向正面方向发展，前途光明。

　　　　己　　　　　－ 土
　　　　己卯 (六合) － 木
　　　　庚辰 (天罡) ＋ 土
　　　　卯　　　　　－ 木

五、定课内用爻旺相休囚死

用爻将神辰土受地分卯木、贵神卯木克，所以辰土死而无力，求事难成。

　　　　己　　　　　－ 土 死
　　　　己卯 (六合) － 木 旺
　　　　庚辰 (天罡) ＋ 土 死
　　　　卯　　　　　－ 木 旺

六、定课内用爻空亡

乙未日，甲午旬，辰巳为旬中空亡，甲子、甲午旬无水，水为四大空亡。

课内用爻为辰土，处于空亡：

　　　　己　　　　－土　死
　　　　己卯 (六合) －木　旺
　　　　庚辰 (天罡) ＋土　死 (空亡)
　　　　卯　　　　－木　旺

当课内用爻空亡时，主事体虚假，不真实，有欺诈行为；问事人心中不实，非真心求问；此事本旬中不成，甲辰旬不空时才可能事成。

七、定课内四位五行主事

1. 课内木旺，木主家贫，主家内树木很多，有官司缠身，兄弟间不够和睦，家中有人婚姻不顺，子孙艰难，又无名誉。但木性之人很仁义，讲信用，爱交朋友，坚韧不拔。本人不聚财，艰难贫困，缺少资产，四壁空空。逢水年月日时家中发旺，逢土年月日时有斗打官司，逢金年月日时成国家栋梁之才，逢火年月日时有干枯树木之说。

2. 贵神为阴，主女家长、领导主事。

3. 将为阳，地分为阴，主求问是男人引起的。

八、定位课内五动

1. 神克将为贼动：因将主财爻，主财产被盗。男性问课，主妻子有病灾，或不贞。

2. 方克干为鬼动：下克上，内克外，事情由内部引起，自身占主动权，也主在外有意外事情发生，或见怪异之事。

3. 神克干为官动：一般人问事逢官动，可能牵扯官司，或本家亲友有官动现象。

九、定位课内三动

课内无有相生，所以没有三动。

十、定位课内干神将方主事

1. 贵神克人元，主自己算计他人，或自己在外斗讼，主有官司、疾病、伤灾。

2. 方克将：家中钱财散失，伤妻，出外损财先失后得，先忧后喜，因将神处空，所以空克而无事。

3. 课内下克上，并且地分旺相克用神，主受到下面人的攻击。

十一、定年月日时主事

1. 太岁酉金与用爻辰合，主有领导相助。
2. 无岁破，月破，日破，月建，日建入课。

十二、定位神煞主事

1. 月德庚入课，主和睦，万事顺达吉庆，并可化解凶煞，减少损失。
2. 禄倒庚入课，主事不顺，官职有损，求谋不成。
3. 四丘辰入课，主田土、房产之争。

十三、定位课内应期

将神为用，可取将神的六合处为应期。因此，应期为酉时、或酉日、或酉月、或酉年；或乙时、或乙日、或乙月、或乙年。

十四、综合分析

1. 用爻为庚辰阳土，辰为黄，庚为白合为黄白色，其人面色为黄白色。土圆金方，面呈团方形。土死，主其身材不高。辰阳土其性主坚，容量乃大，土有生万物之功，善于付出，为人厚道。辰为天罡，主斗打，故其人善斗打。庚主变化、其性主刚，情绪不稳。

2. 天罡主医生、药品、屠宰者。见木主官司。天罡临地分卯，主井水沟坎、惊怪、妇女凶灾。

3. 人元己阴土死，主其家贫寒。又主争田土、房屋、官司事。

4. 人元、贵神、将神为土木土组合，主有牢狱之灾或伤灾。

5. 六合主门户、婚姻、求财、交易、成合、阴私、喜美、庆会。受克时为凶，主官司、交易不明、损财。

6. 六合见金主口舌争执，分散婚姻，逢水火为有气，求财可得，求事可成，得赏赐，木旺主会计、技术人员，遇土主官司牢狱之灾。

7. 六合临地分本位卯，主其家喜庆，交往频繁，交易买卖兴隆，做官之人得宠幸，友人访问至门前。

十五、解课金钥匙——生活常见问题分类

1. 问财：

论财时将神财爻：旺、有生、有合、财动、外生内或将神有生为求财吉。

问财时将神财爻：休、囚、死受冲克有被盗、损失之虑。

问财时内克外、内生外主出外求财。若课内见天马、驿马，主已决定出外，很快就要动身。

问财外克内、外生内不易出外求财。且在得财的情况下，亦要防止无缘无故的损失。

财爻落空，求财无功。被神克主外来索取。被神与地分同克主财分之又分。

课内财爻不旺，若订合同则难成。课内财爻不旺，若借贷则无力偿还。

2. 问官：

问官以官爻旺相，有官动、鬼动、天马、驿马为吉。主其人志向远大，利出外求官。

官动必升官。官爻旺利求官。

官动见贼动主因升官索取钱财之意。

官动见鬼动主升官中有惊怪事，亦主其人志向远大，出外做官。

3. 问婚姻：

婚姻取六合、奇合、相生为佳，否则不利。三合多有婚外关系。

人元与贵神：为初恋关系。人元生贵神主人求己。人元克贵神外索己。

贵神生人元：为己求外，求必得，寻必见。

贵神克人元：为己强求外人。未婚时，配偶方位在西北方。

贵神与将神：为婚后关系。相生相合为夫唱妇随。相克相绝为婚姻破裂。

贵神克将神：婚姻中期不顺，妻子在外有情人，或被人勾引，妇女不能持家。

将神与地分：为婚后晚年关系。相生相合白头到老。相克相绝为婚姻破裂。

人元与神干同时生将干，表示有两个情人。

地分克将神：为晚年易出现婚姻破裂。

人元与地分：为夫妻寿限。人元受克夫先走。地分受克妻先行。

本课内贵神克人元为自己强求外人。

六合入课且旺相，如无冲克空亡，主婚姻美满幸福。

天德或月德入课主和睦，可化解不利，主夫妻感情好。

若问夫妻寿限，地分克人元主夫先亡。

4. 问病：

问病时，课内休囚死主病。旺相主无病，但老人问病逢旺相不吉。

内见五鬼、劫煞、丧门、吊客等，则不利课，见天医地医则病轻，好得快。

人元主老人，

地分主儿孙，

阴贵神主老妇人，

阳贵神主老翁。

阴将神主妇人，

阳将神主男人。

问病，贵神克人元：病在头部，也主家中老人有病。

地分克人元：主咽喉部有病，也主头部有病，头痛、头晕、头部有伤疤等。

贵神与地分同克将神用爻辰土主有肠胃病、皮肤病或胳膊有伤。主妻子有病，病在肚腹。土死无力、土主迟缓，病是因长期生气而得的慢性病。

5. 问射覆：

凡问射覆以用爻的阴阳、五行、旺、相、休、囚、死论，定其物色、形、性、状。根据五行生克知其损伤与完整。根据旺、相、休、囚、死知其新旧。

课内用爻庚辰死，其物色黄白，课内木旺，其物为长形。死为物破、旧、小，其物损坏在上部。

其形方中有园，其性质刚中带坚。

所放位置为物之中，因神与地分同克将神，为二木夹土。

因下克上，此物已被挪动，是从下往上移动

因地分与贵神同克人元，从中间拿到上面。

6. 问失窃：

以用爻论失窃。

外克内，物必失。外生内，外人将物送还。

内克外，财已失。内生外，物被人顺手牵羊。

地分克将神：下克上，其物已远移，难以寻回。

神克将贼动：有做内人线，里勾外连，勾结致失。

卯木克将神：木入土乡，会因失物发生诉讼纠纷。

课中卯为门户，其物在家内；卯又为床，可在床上、床下寻找。

凡见天罗地网、天旋地结、关、隔、锁物未失。

见驿马、天马、斩关、毁隔、破锁物失无还。

7. 问官司：

问官司以官动、鬼动、贼动论之。魁罡、朱雀、白虎、玄武。

贵神克人元，内克外，内胜外负，主民告官，官司牵扯很多人，亲朋都要涉及，官司打得很艰苦。

神克将贼动，外克内，主官事牵连。因财被谋害、有官司。

用爻天罡主斗打，死无力主只有争执、受外欺负。因临空亡，主事多虚假，反复不定。

8. 问家事：

问家事以四位关系论之。

贵神与人元：为外，为家外事，贵神克人元为外战，在外有口舌是非、官司事。

贵神与将神：主门户亲戚事贵神克将神主亲戚、朋友不和。主门户争执斗打事。

将神与地分：家内事地分克将神，家内以下犯上。小孩不听家长话与大人争执。

地分克人元：又主与外争吵不休，由家内引起，暗昧不明，争斗后又牵连他人，因小孩斗打引起。

官司，家宅不安。

内生内和，外生外和。内外相生，为和合之象。

9. 问合作：

问合作以四位关系论，神、将旺相、见六合、三合、奇合、相生皆主合作顺利，否则不利。

贵神克人元：为与对方内部意见不同。

贵神克将神：合作不成，主动权在对方。

地分克将神：己方内部意见不合。

地分克人元：又与贵神比，主己方索要更高条件。

神干生将干：此合作有亲戚关系搭桥，外生内，对方主动寻求合作。因双方内部关系不和，失去合作关系。

10. 测来意：

凡测来意，以课内四位旺相及三动五动论。

人元克地分：妻动，主婚姻不成，男方有意见，婚后有外遇，又主先伤妇女。

贵神克人元：官动，来人问官司事，主内胜外负。

贵神克将神：贼动，因外人盗窃引出官司。

将神克贵神：财动，主求财可得。

地分克人元：鬼动，在外亨通在家不顺争讼牵连他人。

地分生人元：父母动，为印授，卑尊長，父母有官祿，主吉庆喜美之合。

人元生地分：子孙动，主添子孙之喜；增加房屋，及田宅吉庆。

人元地分比：兄弟动，主克兄弟、朋友，斗讼口舌及斗打官司事

地分克将神主先失后得，占财为得自家财。由于神干生将干，里勾外连，主因亲戚牵线失窃。

11. 问升学：

升学与升官同论。用爻旺相自身素质高，学习好。休囚死求学无望。

课内用爻死、临空亡，主成绩不理想。升学颇费周折，很困难。贵神克人元升学有望。贵神克将神升学用钱。地分克人元志向远大，选远方学校。用爻将神死，临空亡，主学习成绩不理想，因身体素质差，学习成绩一般，所以需花钱上学。

12. 问求人办事：

内生外求人顺利。内克外求人有争执，外克内不可求人。

课内用爻被贵神克不可出外求亲戚、亦不可求他人。将神被地分克不可求部下、孩子。

用爻与人元比，被外人瞧不起。自己空亡，六亲无靠，需自力更生。

13. 问出行：

问出行主要看驿马、天马、关、隔、锁、天旋地结、天罗地网、飞符、飞天五鬼、往亡等。

贵神克人元官动，主出行见官。贵神克将神贼动，出行易招贼盗。地分

克人元鬼动,主出行见怪、虚惊、惊恐。

课内用爻是土,忌东方之行。课内将神被贵神与地分二木夹克,逢贼动,不宜出行。卯上见辰戌土为隔,也主不利出行,出行也不顺。

用爻临空亡,外出之事反复多次难定下来。

14. 问行人:

外生内,人在归途中。外克内,主归途不顺,也主其人不愿意回来。内生外,主其人继续外行。

以用爻受地分克,内克外,其人不想回来,虽有家人命其归来,途中必有阻碍。用爻为四季,应到家,但死临空亡,不能如期到家。

15. 问走失:

内克外:贵神克人元主走失在外、难寻,必经官司可寻。地分克人元走失在外,遥远,内克外,地分克将神,亦主走失之人不想回来。

外克内,神克将,被人强迫夺、抢而走。

内生外,被人引诱而走。

外生内,如问走失,为中途返回或根本无法成行。

课内卯木为行移之神,主难以寻回走失之人。

16. 问阳宅:

地分生人元,主此地生主人,主人身体健康。地分克人元,主此地克主人,主人身体不佳。地分生将神,主妻财兴旺。地分克将神,主伤妻损财。地分克贵神,损权贵、名利。地分生贵神,助权贵、名利。财动利求财。贼动遭盗贼。鬼动主灾怪。官动利求官。妻动主妻妾,婚姻有变。

课内二木二土,主家人有伤残,牢狱之灾。课内人元己土入课主家贫,有官司,主家宅破败,亲人不和。课内将神受克,主家宅不宁,课内木旺,主兄弟姐妹不和,纷争很多。卯木旺此宅大门朝东。

17. 问生育:

凡问生育,外生内有天赐之子,外克内主求子不利。重重克下频流产。

用爻空亡、劫煞主流产。凡见克、破主剖腹产。凡见刑害多难产。凡见死绝生产死。

十七、论补救

一是概括。宇宙间普遍存在相互恩赐、相互制约的生克关系。古往今来历代圣贤无不想超前知晓这种关系。孙膑金口诀的理论基础采用了自然公理，所以能解析世上政治、经济、军事、社会、科学、企业、家庭、个人以及生活繁杂的各种关系，并无所不应。正是兵法中上兵伐谋的理念，知胜而战的展现。是多算胜、少算不胜、知彼知己的法宝。

二是如何知。孙膑金口诀的理论与方法就是能提前预知人与自然界中的动物、植物、微生物的这种生克关系。知道了这个关系后，如何补救就是金口诀历代口口相传的秘密。

三是如何补救。其实补救原理的关键在于如何知其制约的根源与制约的性质，去有效地转换制约的角度与性质，变制约为恩赐，化干戈为玉帛。这就要求，我们精通五行生克原理、阴阳互变原理，用阴阳五行转化相互间的克制关系。金口诀有一句名言：生者为亲恩，克者为仇敌。凡课内以用神为主，取五行生克和用神的旺、相、休、囚、死论事。然后再以年、月、日、时的五行与课内用神的五行配合，知其用神在旺相休囚死的何地，取其吉凶，祸福，灾害，伤残，吉庆，喜美，欢乐。

四是举例说明。某人问向何方求财最好，如课内用神为卯木死，求财忌向申酉方，因金克破绝卯木，如非得去此申酉方，可按以下方案补救，一是把握好主动权不要被别人索取骗取。二是解决方法以转移法和移花接木法进行改变，或可借时间之能量，取壬癸亥子水日时用事，或取寅卯日之东向助你求财，可避免损失。三是求财最好向亥位，因其方位生合于你。四是到未位，为有人保护你，因至未位为入库。五是或到北方和本方，虽得财不多，但不至于损财。

借时空之理，用时空之法，组时空课式，解人生谜团。金口诀是能够帮助世人补救灾祸的金钥匙。

综合以上，可明了一课之事体，再结合旺相休囚死之力度，即可判断一课之吉凶。

第三章　课例精解

某男问装修工程合作求财如何？以子为地分定课。

2008年9月8日0时，即戊子年、己酉月、辛亥日、戊子时，子地分，甲辰旬寅卯空亡。

　　　　人元：　戊——阳＋土　旺
　　　　贵神：丁酉——阴－金　相
　　　　将神：壬辰——阳＋土　旺
　　　　地分：　子——阳＋水　死

一、定位分析

第一步：课内用神及其他爻均不空，亦无四大空亡。主合作不虚假，确有其事。

第二步：课内用神相，相者有力，表示这次求财主你自己握有主动权。

第三步：课内三阳一阴，以阴为用，主做事主动性不够，要更加主动一些建立关系。又，主合作是通过异性参与介绍。

二、解析课体

第一步：四位五行主事

(一) 四位所主

人元：上级、外、或名誉。

贵神：主、内。

将神：妻、财。

地分：员工、田宅。

（二）阴阳相生、相克

1. 人元戊阳土，生阴酉金，主有长辈关照和帮助，但会带来一些不利影响和误会，因金在受生时也被土埋，即土能生金也能埋金。

2. 神干丁阴火，生戊土，主去求领导办事时带有礼物，其礼物是明亮、珍贵之物，因丁酉为饰品，酉金不受丁火克不能成为饰品。

3. 人元戊土克将干壬水，与克将同论，主你合作中要被外人索取钱财，或做好打点的准备。

4. 将干壬水克神干丁火，与财动同论，但是壬见丁为五合，其并不以克论，以合论。主有亲戚朋友帮助撮合此次合作。

（三）五行生克

5. 此课将辰土与位子水半合局，主这次合作事已接近最后的定夺，只差最后签订协议，但有一些分歧。因子辰三合，又见壬辰与丁酉天地合，主双方已达成共识，但子辰半合为斗打格局，故有分歧。

6. 课内二位生一位，人元戊土与将神辰土同生酉金，主发用较吉，望事可就，喜庆合会，万事如意。但是二土夹金，为土埋金，占事主迟。

7. 课内见辰土天罡，主虽有暴恶之形，但神将相生相合，主处于和气之中，万事亨通则阻隔顺从，遇恶而逢善，相生为亲恩也。

8. 将天罡辰土克地分子水，主你对员工要求过于严格，或因购买房子、或不动产而常争吵。

（四）五行所主

9. 五行数：水一、火二、木三、金四、土五。

10. 五行纳音数：金木三六九、水土一五七、火主二四八，以其旺相休囚死取数。现酉金相，主求财数为六的倍数，约600万。

（五）四位五行旺相所主

11. 课内辰土旺，主你为人厚重，好行好事，心肠也好，做事比较固执。你家住的地理位置较高，因土旺主高岗。又，你善于独思，自幼六亲无助，自治其家。

12. 课内酉阴金相，主做事喜欢单独行动，秘密合作，善于与异性沟通。

13. 你求财适合做房地产，金融性或木材生意。

（六）四位内三合全身（无）

（七）四位五行生克所主

14. 四位五行相生主事：人元戊生贵神酉，主外生内，外人帮助，领导关心、支持此次活动。

15. 将生神主妻贤子孝，夫妻合和，富贵荣华，求事合顺。

16. 四位五行相克主事：课内取阴贵神是阴人家长主事，主此次合作由异性主事。

17. 四位五行生克共论吉凶：上生下，他人帮助自己，但也带来不利影响，因戊阳土埋酉阴金。

18. 下生上：将辰土生神酉金，主家内或本单位支持自己或参股，或内求外办事，支持你发财。

19. 如果课内的将神为阳，落在阳地分上，求问是男人引起的。

20. 凡求财问事：先取课中用神，见用神酉金相，主合作成功率高。

21. 凶神生吉神，辰土为凶神生酉金吉神，主先凶后吉，先必有争执口舌事，因天罡故。

22. 课内将辰土伤方子水：虽有斗打官讼之事，因将与方都为内爻，主此合作求财，主单位内部有争执事也。其家内也虽和但也有口舌争执事。辰土克位子水，为凶神克凶神，凶气减半，虽凶不凶，可能伤腿脚。将克地分为内战，主家内或单位内部争吵不合。

（八）主客生克所主

23. 上下相克所主：干克地分为是因外引起的内战，主家内或单位内部争吵不合，是因外部原因引起的。

（九）五行气化

24. 丁壬合化木，但见戊癸不化，现见人元戊，受合化中受阻，主这次求财合作有阻隔、反复。应以木旺日时为应期。

381

第二步：定位课内干支生克吉凶

25. 将辰与位子水为合中有克，主合作，即内部合作意见不统一，有犯上事，因将神辰见地分子逆合也。

第三步：定位课内干支所主事物

26. 用神酉主吃酒，这次求财要多请客，以吃请建立关系。你的电话也可换金性的，如我家的电话69375538就是金性与我家孩子相合相配。

27. 酉金被人元戊土相生，亦为与姓相生，人元为姓生贵神，主你人气旺，外面酒食朋友或官场朋友比较多，能帮你，如果处理不好关系也能影响你。

28. 上克下兮宅必下，指其工地在地下室或宅周围有水沟渠等。

29. 课内见二土旺：主工地在高岗上住，其工地必近坟地。由于克地分水，此工地之前为水坑，后被填实填高。

30. 课内见金相：金上见土神，主多灾危。二土一金，主先凶后吉。

31. 凡占宅四位内见土旺：主工地必在重岗上，必有坟墓，或近丘墓住。

32. 凡占宅四位内见金旺者：如旺金上见土神，主多般灾厄，比和合，主先凶后吉。

33. 壬癸长河及沟涧，湾环曲折见刑伤。再遁人元得壬水，壬水死，故工地原来有水现被堵塞，填平也。

(一) 贵神所主

34. 太阴金神：主你比较爱洁静，能歌善舞，有很多合作，都在此场合促成。太阴临辰土主你身有暗疾，要注意皮肤病、胃病。

35. 太阴碓磨共相连：课内见丁酉，可断工地环境中有碎石或装饰品为验证。断，此次工程千万要注意安全，因丁火克酉金，要注意电、火之类伤灾发生。

(二) 贵神休旺所主

36. 太阴白虎是金神，祸败必防子午寅。课内金神太阴见地分子，主你要防止子年月日时的安全问题或异性问题。因金水主情欲。

第四步：定位课内神将所主事物

37. 太阴酉金：属羽音姓、星嘴昂毕、金石，珍珠，铜器，果食，外亲，婢妾，妇女，门锁，口窍，相貌，阴贵人，子卷，手表，刀剑，耳门，刀鞘，皮毛，爪骨，鸽雉，碓磨，纸、线、白塔，痨疾；钗钏，石佛；石柱，卖酒人，石头，阴人财物，金银首饰，绵缎，钱物，阴私暗昧及夫妻分散事。如见丙火丁克，主逃亡奴婢，忧闷，金银财物伤损事。太阴石头必有眼，破磨，烂石，眼病，若搬动后能逢凶化吉。你靠装修合作正符合你的发财取向。

38. 天罡辰土：属商音姓、星角亢、麦地、岗岭、寺院、道观、丑妇、碾碓、瓷器、僧道、寡妇、技术、艺术及艺术家、书法家、高官、土堆、斗讼、争讼、流血、屠宰、凶恶、杀伐、血腥、坚硬、玉尺、田园、皮毛、缸、瓮、瓷、破皮、灰盒、搪瓷、甘味、坟墓、官职、印信、权利、田宅、官灾病患、田土文状勾连、走失及两重官司。见木，则口舌亡身、无衣禄一身贫。媒妇；鱼龙、争斗之徒、麻布、涧泉、陵墓、恶疮、癌死、胃病、孤儿；后妇、养生气功师、术数师。你装修与房地产有关，也生你装修之财。

第五步：课内五动主事：

（一）问求财以求财为主体

39. 干克方为妻动：

①妻动于妻妾：在求财中，牵涉到家庭的直系亲属或异性感情关系。

②官财防损折：问求财不成，因地分是财爻，并有失田宅，伤六畜、伤小口之说。同时防止被官府纠缠，在求财过程中惹上官司。

③占人人在家：地分是家，受外克，求财寻人对方在家。你去对方家中交易求财，可获利。

④访人人不悦：由于受克，在求财交往过程中会被对方索取，合作会不愉快，所以在联系的过程中，说话行事要小心，谨慎，否则对方会不悦见。

⑤外边来取索：外克内，主动权在你，不在他，所以你到对方家中或是厂家求财比较顺利。

⑥卑下防口舌：由于地分受克，在厂家谈事中，有可能对方的员工会说

三道四，所以要有耐心和技巧，此笔交易可成。否则定会产生口舌争执事。

⑦论物多反正：做事反复性比较大，或是此次去的路途上反复迂回走冤枉路。

⑧下旁或有缺：到地点后，谈交易时所坐的椅子底下有损伤。

第六步：课内三动主事（无）

第七步：课内干神将方主事

(一) 干类主事

40. 干生神：有外人在此次求财中帮你，助你财和权。人元是外，贵神是权柄，所以有人支持你。此次求财，有外人给予财力、权力、鼓励的恩赐与支持给你。

(二) 神类主事

41. 神被干生：同上。

42. 神被将生：在此次求财当中，妻子还偷偷地支持你，因辰酉合是阴私合和，异性也暗中给予支持和帮助。可以看出你家中，妻贤子孝。孝敬父母。生中再合，夫妻和谐，娶妻发家。见神将天地合主此次交易肯定会有合作。

43. 神生方：隔位相生，你去别人家时往往都带有礼物。会带些金玉饰品。

(三) 将类主事

44. 将干比：在此次求财中，有兄弟、朋友、同学、战友、同辈等干涉你。你在做事中往往也爱干涉别人。

45. 将生神：同上。

46. 将克方：此次求财还会发生争斗、诉讼等官事，这次合作中做事必须严谨，否则会惹来纠纷事。小心家中财产有损，要照顾好孩子。

(四) 方类

47. 干克方：你要小心，防止别人来家取索。

第八步：课内用神与年月日时的九种关系

(一) 用爻和其他的九种关系

戊子年己酉月辛亥日戊子时，子地分，甲辰旬寅卯空亡。

戊——阳 + 土　旺

　　丁酉——阴 - 金　相

　　壬辰——阳 + 土　旺

　　子——阳 + 水　死

冲：必动（本课无冲）。

克：必损干克方、将克方、受克者必损伤（同上）。

刑：官非（本课无刑）。

破：破散（本课无破）。

绝：绝裂（本课无绝）。

害：谋害（本课无害）。

比：同类干将比，主同类纷争干扰自己（同上）。

生：恩赐神生干、神生将、神生方，受生者为亲恩（同上）酉生太岁子，为送礼事。酉生亥日，为主动亲近同事。酉生子时，为对下实行奖励制度。

48. 六合：合作，本课见六合辰与酉合，主有人暗地帮助支持你。

49. 三合：合伙，本课有申子辰三合的半合，又与贵神酉组成六合，形成了三合带六合的联合格局，问求财主你多方合作（或是四方合作）。论人际关系，你左右逢源，广交朋友。

50. 月建入课：由于贵神是月建，为得令有力，占事主这月之事，本月应验。

第九步：定位神煞主事

51. 天喜入课（辰）：主本月内双喜临门，丁壬合，辰酉合是双喜。主家内有大喜，婚姻事，添人口，进财产，得钱财、外财，酒食宴会之喜事，家有升官、参军。

52. 课内无驿马、天马神煞。所以求财之事不会很快。

第十步：定位课内应期

53. 见子辰半合，应期虚一待用，取申年月日时应签订合同。由于神将丁酉与壬辰天地合，又得酉月之月建，所以在本月才真正签订合约。

太感谢您细致的解说，我有一个朋友要咨询，可以把您的电话01069375538、13371667758告诉他吗？可以的。

总结：

1. 课中求财见水土，辰土旺主争执事，见有申子辰半合局，水土主田宅事，酉为门户，均主有争执事。

2. 见有辰酉合，主阴私合和事，土夹金，二土生一金，还是阴私暗合争执事。

3. 二土克一水，田宅分争事。

4. 总之，在生意合作，必须谨慎小心，否则会带来官司，口舌，是非事，以及异性纠缠事。

5. 又因神丁酉与将壬辰是天地合处，此次求财，主要信息来源是你爱人的直系亲戚。

6. 课中有辰，有子，缺申，断申日时，构成申子辰水局，此生意成功。此事是申月开始，应成于酉月的申日，因酉为月建。因申子辰合局，又见六和，知是四方合作求财。

7. 由于神将是天地合和，又不落空，所以求财，合作可成。其数目应得3、6、9，由于酉金旺相，可断价值600万。

8. 课内六合带三合（半），酉辰为逆合，辰子半逆合，为顺中有阻，牵涉三至四人。

9. 两土生酉金，丁干又生戊土，表示先付出，后获取。

10. 凡问合作，神将天地合，论事已定。如将与地分合，为联合，主此次合作说明自己实力不够，与他方共同组成团队进行合作。在联合过程中，你由主动变为被动。装修合作工程是应在酉月签订合约。

11. 由于贵神生子水地分，此次合作成功后，第三方占了大便宜，得了更多实惠。因地分为内部的合作单位。这个内部合作是在申月达到的共识。

12. 从此课分析中，我们应该认识到事与事之间的合作之理，是同人与人的合作之理、时空与时空之间关系是统一的。所以借金口诀神课之生克制化之理，可以解析事物，可以转化角度，弥补不足。

后 记

想了解金口诀，研究金口诀，不要道听途说、不负责地对金口诀枉加批评，更不要轻易扣上迷信、玄学、伪科学等帽子。因为它是时空学、更是时间、空间、人、物、象、数能量合一的化身，它是不可复制的公理性理论体系，我们只有用自然的思想、自然的理法、自然法则的观点才能解读金口诀的本源理论。不论你是学习它还是研究它，必须打破旧的思想观念的约束，更换掉头脑中已经固化了的科学理论、哲学理论，必须以全新的心态重新认识天时、地利、人和、人需、物需、象术及数字、螺旋数、双螺旋数的本源，用远古时代的朴素思维去探讨自然界，研究自然界的天人合一现象，你定会发现金口诀不是迷信、不是玄学、不是伪科学、也并非科学，而是自然法则学、自然公理学。

为了将金口诀时空公理发扬光大，我们成立了"国际金口诀预测公理风水研究院"，望天下有缘人共研，有意者请与我们联系。在此谨向支持金口诀事业的亲朋好友们致以深厚的谢意，特别感谢田如意博士、张素华硕士、徐丙昕先生、张真语女士、石熊先生、刘铭扬先生、苏昭华大律师、赵一宇先生等。

联系电话：010-69375538，手机：13371667758、18901266375

地址：中国北京房山良乡嘉瑞通4号楼4单元

网站：www.zhangdeji.com　www.sjdw.net

张得计

2012年6月2日于北京